Re:Align

A Leadership Blueprint for Overcoming Disruption
and Improving Performance

by Jonathan Trevor

リアライン

ディスラプションを超える
戦略と組織の再構築

著　ジョナサン・トレバー

訳　安藤貴子
NTTデータ経営研究所Re:Align研究チーム

監訳　池上重輔

東洋経済新報社

『リアライン(Re:Align)』への賞賛の言葉

「ジョナサン・トレバーは、戦略的リアライン――企業、政府機関、社会的企業、あらゆるタイプの事業体にとって極めて重要なこと――を、実に魅力的で信頼できる言葉でうまく説明している。真面目な学生やリーダーシップの実践者必読の書である」

英国三等勲爵士（ＣＢＥ）ビクター・アデボウェル卿、
ターニング・ポイント元ＣＥＯ、リンカーン大学総長

「『リアライン』を通してジョナサン・トレバーは、なぜ核となるパーパス、戦略、組織の連携によって企業が混乱に打ち勝ち、業績を向上させることができるか、その理由を説明している。『リアライン』はこれらの重要な構成要素を結びつけて、私たちのチームが急速に変化していく未来を円滑に進んでいくための枠組みを明らかにしている」

デイム・アンジェラ・アーレンツ、
元アップル小売部門ＳＶＰ、バーバリーＣＥＯ

「たとえ自分自身の戦略のためであっても、ビジネス書の意見など受け入れるのはお断り、という者から言わせてもらうが、そんな私の関心を引き、そればかりか大いに学ぶものがあったのだから、ジョナサン・トレバーの『リアライン』はなかなかのものである」

英国四等勲爵士（ＯＢＥ）ジョン・クラブツリー、ウェスト・ミッドランズ州統監、
２０２２コモンウェルスゲームズ組織委員会委員長

「この新版は、混乱や予期せぬ出来事に襲われたとき最善を尽くすとはどういうことかを伝えるタイムリーな一冊だ。業績改善を目指す上級幹部チームにとって、この本は問題を特定し持続可能な変革を実行するための行動を選択する、明確な道筋を示すだろう」

デイム・サンドラ・ドーソン、ケンブリッジ大学名誉教授

「業績を上げ、企業の永続的なパーパスを実現させたいビジネス・リーダーは『リアライン』を必ず読まなければならない。トレバーは、「万能な」アプローチは存在しないと言い切って、会社が潜在能力をいかんなく発揮するための方法について、有益な見解を明らかにしている」

デイヴィッド・ミルズ、リコーヨーロッパCEO

「ジョナサン・トレバーの卓越した知恵と手法に注目するのが、今日の賢明な企業幹部というものだ。信念と行動の不一致やギャップによって窮地に陥るビジネス・リーダーがますます増えている。複雑化し予測不能になっていくばかりの世界で会社を繁栄させたいと思うなら、会社の価値や戦略や構造に全体的なアプローチで取り組む必要がある。アラインが実現すれば成功の持続が確実なものになるのは間違いない」

ポール・ポルマン、ユニリーバCEO（2009-19）、『ネットポジティブ「与える>奪う」で地球に貢献する会社』共著者

「『アライン』はこの2年間、私のベッドサイドの友であり、いつも傍らにいる守護天使だった。『リアライン』によって、企業の戦略的改革の取り組みにおける新たな知見を得ることができる。『リアライン』は『アライン』の続編の名に恥じず、公的セクターおよび企業セクターで戦略を実行するリーダーにとって必読の書である」

サー・ニコラス・ポープ中将、元英国陸軍参謀本部副長官、サービス・チャリティーズ・フェデレーション会長

「ジョナサン・トレバー博士の『リアライン』は、注力すべき戦略上の優先事項のみならず、より重要な、注意を散漫にさせるだけでまるで役に立たない手放すべきものを浮き彫りにする、戦略的アラインの力をはっきりと証明している」

トレント・スミス、チーフ・オブ・スタッフ・アソシエーション、エグゼクティブ・ディレクター

「ジョナサン・トレバー氏の理論は、地球温暖化問題に加えコロナ禍、地政学的リスクの顕在化等の世界規模の試練が次々と表出するこの時代にあって、組織のリーダーたちが混迷を乗り越え次世代への新たな成長を実現するのに最も必要とされる思考フレームワークであり、経営の舵取りを担う一人として大きな感銘を受けた」

地下 誠二、株式会社日本政策投資銀行 代表取締役社長

『アライン（Align）』への賞賛の言葉

「実践に役立つ知見と学術研究を独自の視点で融合したこの本は、企業アラインのための最も信頼できるガイドである。すべてのビジネス・リーダーが読むべき一冊だ」

ドミニク・バートン、マッキンゼー・アンド・カンパニー、グローバル・マネージング・パートナー

「ビジネス界が顧客、従業員、コミュニティ、株主の正しいバランスを見つけられれば、社会全体が恩恵を受ける。そのカギを握るのがアラインであり、ジョナサン・トレバーの本はホリスティック・マネジメントがこれほど重要になった理由について、独自の知見を与えてくれる」

セルジオ・エルモッティ、UBSグループAG　CEO

「企業の成功はさまざまな要素を効果的にアラインできるかどうかにかかっている。『アライン』はこのプロセスをマスターしたいすべてのビジネス・リーダーに必須のガイドだ」

唐宁、宜信公司創設者・CEO

「傑作。ジョナサン・トレバーは、パーパス、戦略、組織のアラインは成功の土台だと強く主張する。この本は数多くの実例を紹介し、混乱を乗り越え厳しい競争に勝つためにリーダーが自らに問うべき質問を提示する」

英国バス一等勲爵士（GCB）リチャード・ウィルソン卿、元内閣官房長、元内国省長官

リアライン

ディスラプションを超える
戦略と組織の再構築

This translation of *Re:Align: A Leadership Blueprint for Overcoming Disruption and Improving Performance, First Edition* is published by arrangement with Bloomsbury Publishing Plc through Tuttle-Mori Agency, Inc.

この本を妻、クララに捧げる。彼女が私にどんな要求をしようと、
万事において私がアラインし、リアラインしたいと思う人だ。

Contents

図表リスト

日本語版序文

多くの幸せな出来事がそうであるように、日本語版『Re:Align: A Leadership Blueprint for Overcoming Disruption and Improving Performance』（『リアライン』）も思いがけない幸運から生まれた。きっかけは、オックスフォード大学のかつての教え子の一人がＮＴＴデータ経営研究所と引き合わせてくれたことだった。

その偶然の出会いの場で、私は２０２２年6月にブルームズベリー社から出版された最新著書『リアライン』を紹介させてもらった。その後も何度か話をするうちに、私たちは日本企業にとっての戦略的アライン／リアラインの重要性について共通の理解を持ちはじめた。ＮＴＴデータ経営研究所は『リアライン』を高く評価してくれ、日本のビジネスリーダーに対して日本語でこの書籍の内容を伝えるべきと提案してくれた。こうしてＮＴＴデータ経営研究所のコンサルタントメンバーの献身的なサポートとコミットメントを受けて、出版社、翻訳者とともに２０２２年初秋より日本語版制作のプロジェクトがスタートした。あれからちょうど1年が経過した２０２３年8月、大変な作業を経てこの本が完成の運びとなったことをうれしく思う。

日本語版『リアライン』は、日本の読者の皆さんがグローバルなビジネス・リーダーシップとは何かを知る貴重な機会になるだろう。私個人にとって、それは重要な意味を持つ。偉そうな言い方をするつもりはないが、私は日本企業がグローバルな事業環境により適応でき、高い業績を上げられるよう、深くコミットしているからだ。

20年にわたる約50回の訪日を通じて、多くの日本企業と仕事をともにしてきたことは光栄であり、大きな喜びでもある。ビジネススクールの教員として、私はまずケンブリッジ大学で、そして現在はオックスフォード大学で数百名の日本企業の幹部の方々を指導し、マネジメント分野の著名な日本人研究者と共同で研究を行ってきた。さらに、顧問として、さまざまな業界の日本企業のアドバイスを行っている。このような活動を積み重ねて、主要企業と長期にわたる深い関係を築くことができた。

日本政策投資銀行（DBJ）を例に考えてみよう。これまで10年近くにわたり、私は、将来組織の経営を担うであろう有能な若手社員から現にリーダーシップを発揮している優秀な管理職に至るまで、ほぼすべてのマネジメント・レベルの人々に、戦略とは何か、組織とは何かを教えてきた。DBJというユニークな組織を率いるリーダーたちとのそうした交流は、非常に充実した有意義な経験になった。さらに、DBJの経営幹部に戦略的リアラインについて助言する機会にも恵まれた。彼らは私を「DBJファミリーの一員」だと言う。このありがたい称賛の言葉を、私はとても大事にしている。

私は何も自慢をしたくてこのようなエピソードを紹介しているのではない。重要なのは、

DBJやNTTデータ経営研究所といった企業と豊かな関係を築けたことで、日本企業が置かれている状況をより具体的に知ることができたという点だ。僭越ながら、私は現在の日本企業を取り巻く事業環境とリーダーたちが直面している課題をある程度正確に理解していると思う。だが、ここまでの経験を積んでようやく矛盾する2つの問題があることに気がついた。

1つは、何度も耳にしてきたおなじみの言葉だが、日本の事業環境は「ハイコンテクスト」〔訳注／意思疎通の前提となる相互の文脈（コンテクスト）、つまり言語や価値観などが近い状態。言葉で説明しなくても、表情などから互いに意図を察し合うことが求められる〕であり、独自の問題に独自の解決策が必要になるという認識だ。しかし経験から言うと、日本企業が直面している問題は日本だけのものではない。それどころか、どの業界をとっても、日本企業と欧米企業の間には違いよりも共通点のほうがはるかに多い。

企業が抱える共通の課題は、ビジネスとマネジメントにおけるあらゆる戦略の糸口になる。そして本書はそのすべてを取り上げている。例えば、説得力のある企業パーパスを明確に伝え、業績、ガバナンス、サステナビリティにとって重要な要素のアラインを生み出すにはどうすればよいか。あるいは、顧客の嗜好の変化に合わせ、競合企業との差別化を図るために、製品やサービスを刷新するにはどうすればよいか。高度人材不足、高い離職率、社員エンゲージメントの低下といった状況において、従業員を惹きつけ、引き留め、さらには意欲を高めるにはどうすればよいか。そしてもちろん、複雑さを増し、ディスラプションが頻繁に起きる、課題の多い事業環境下で、効果的なリーダーシップを発揮するにはどうすればよいか。そうしたことが本書には盛り込まれているのだ。

これらを含む多くの課題が、日本企業をはじめ世界中のあらゆる組織に影響を及ぼしている。しかし、日本の事業環境がハイコンテクストであるという認識は、自己成就的予言〔訳注／最初の誤った状況の規定が新しい行動を呼び起こし、その行動が当初の誤った考えを真実なものとすること。アメリカの社会学者R・K・マートンが提唱〕になりかねない危険がある。つまり、たとえ間違った考えでも、そう思い込んでいるうちにそれが本当になってしまうことがあるのだ。そうした思い込みには、新しいアイデアを考えたり、可能性のある別の視点を採り入れたりする意欲を妨げるリスクがあり、その結果、将来の戦略の選択肢やイノベーション、変革が限定される恐れがある。

2つ目の問題は、自分たちはほかとは異なると認識していながら、それと矛盾するように、私がこれまで仕事をしてきた日本企業では、欧米の実例や「著名な」ケーススタディ、いわゆるベストプラクティス、効果が証明されたマネジメントのテクニックを知りたがる幹部が非常に多かった。確かに他者の行動からインスピレーションを得ることはできるが、「ほかの企業にとって有効なものは、自分たちにも同じように効果をもたらすはずだ」と考えるのは間違っている。皮肉なことに、今日の欧米企業で実践されている経営慣行は、ピープルマネジメント、組織文化の管理、そして総合的品質管理やカイゼンといった有名なコンセプトを含め、多くが１９６０〜８０年代に日本企業が行ってきた経営管理のイノベーションに刺激を受けたものなのだ。

能力の高い日本の競合企業によるディスラプションにより、製造業や製品主導型産業に属する欧米企業のリーダーシップは、競争力を回復させるため抜本的なリアラインが必要になった。このリアラインを通じて、製品重視からサービス重視に移行し、製造部門よりもテクノロジー部門を優先するようになった。あらゆる形態のイノベーションを促進し、品質面やコスト面ではなく、身につけるのが難しいケイパビリティを武器に競争力を高めていった。

将来再び別のディスラプションが起きうるのは確実である。企業のリーダーは抜本的なリアラインを実行し、この先もうまく機能しつづけるように組織を設計し、リードしていかなければならない。とはいえ、これまでとは異なり、今やディスラプションは一部の地域や業界に特有のものではなく、グローバルな規模で発生するものだ。新型コロナウイルス感染症のパンデミックはその一例にすぎない。個人的な見解に基づく根拠のない洋の東西の違いなど、時代遅れで役に立たない。

ただし、日本企業とその幹部が直面している課題は普遍的（グローバルと言ってもいいかもしれない）なものだ。各組織に有効な解決策が同じであるはずがないし、同じであってはならない。そしてもちろん、ほかの組織が採用した解決策をそっくりそのまま持ち込んだところで意味はない。それが、この本を書いた主な理由だ。『リアライン』はすべての組織のリーダーに、パーパスに合わせて企業をアライン／リアラインするための価値あるコンセプト、枠組み、そしてツールを提供することを目的としている。そう考えると、上述した課題に対して正解も不正解も存在しない。戦略上の選択肢としてのよい答えと悪い答えがあるだけだ。そしてその結果は企業の業績の優劣となって表われる。

将来日本企業が対処しなければならない、密接に関連する2つの課題がある。その1つが「開放性（openness）」、つまり企業が外部のアイデアや価値、人材、慣行を受け入れる積極性のことだ。開放性が高ければ、多様性に富む労働力、海外進出、サードパーティー企業との提携や協業などを通じて、企業は内部リソースだけに頼るよりもはるかに多様な考えやケイパビリティを活用することが可能になる。そして、開放性と関連のあるもう1つの課題は「俊敏性（agility）」だ。これは包括的な変化を迅速に起こす能力を意味する。

開放性と俊敏性はイノベーションおよび国際化の前提条件であり、かつてないほど激しいディスラプションが起きうるグローバルな市場環境で生き残り、成功することを目指すすべての企業にとって欠くことのできないものだ。一方で難しいのは、組織としてのまとまりを維持しながら、開放性と俊敏性を高めることである。あるいは、「古きよきものを守りつつ、新しい原則、価値、事業慣行を受け入れること」と言い換えてもいい。成功したければ、日本企業の幹部は欧米企業の幹部と同様に、古いものと新しいもの、安定と変化、効率とイノベーション、ローカルとグローバルといった、相反するものに対する会社の要求を両立させなければならない。それがうまくいけば、ディスラプションや急激な変化に巻き込まれても、高い業績と適応力を維持することができる。バランスの取れた両立によって得られるのは、脅威ではなく機会であると考えるべきだ。

今日の事業環境で成功を収めるための近道はない。企業リーダーはそれぞれの状況に応じて、自らの会社を戦略的にアライン／リアラインするにはどうすればいいかを考えなければならない。でも、どうやって？　そんなときこそ、的確な質問をし、有意義な対話を重ね、可能な限り最善の選択をして混乱を乗り越え、業績を向上させるための青写真をすべての企業のすべてのリーダーに提供するこの本を役立ててほしい。とくにAPPENDIXには、日本企業がアライン／リアラインを実現する方法を考えていただく一助にすべく、特別なセクションを日本語版オリジナルとして組み込んでいる。

最後に、この本の完成に尽力してくれた方々や組織にお礼を言いたい。特別な感謝を伝えたいのはNTTデータ経営研究所の皆さんだ。山口重樹氏、浦野大氏、藤岡春氏、坂本新太郎氏には、大いなるサポートとコミットメントをいただいた。また、日本語版監訳者を務めていただいた、親しい同僚であり協力者でもある、早稲田大学大学院経営管理研究科（ビジネススクール）の池上重輔教授にも深く感謝する。そして、かつてのオックスフォードの教え子である三木言葉氏には、最初の出会いをくれてありがとうと言いたい。この最初の出会い以来、本プロジェクトを強力に推進してくれたNTTデータ経営研究所グローバルビジネス部門トップの石塚昭浩氏のおかげで日本語版の完成の日を迎えることができた。加えて、翻訳の手続きを進めてくれた、英語版の出版社のブルームズベリーと、日本語版の出版社の東洋経済新報社にもお礼を言わなければならない。

日本の企業にはさらなる発展を実現させる大きな潜在能力があり、もう一度世界の経営慣行をリードできると、私は心から信じている。だが、現状に変化を起こし、変わりつづける事業環境という新しい現実に適応するためには、肝の据わった有能なリーダーが求められるだろう。そうした目的に向かって、読者の皆さんがグローバルな環境で事業を進め、必要なときには自信を持って自らの会社をリアラインするために、この日本語版『リアライン』が力になることを願っている。頑張って、わがトモダチ！

ジョナサン・トレバー

はじめに

　この本の前作『Align: A Leadership Blueprint for Aligning Enterprise Purpose, Strategy and Organization（アライン――企業パーパス、戦略、組織をアラインするためのリーダーシップの青写真）』（未邦訳）が出版されたのは２０１９年11月だ。おかげさまで高評価をいただいた。『フィナンシャル・タイムズ』紙が毎月推薦する今月のビジネス書に選ばれたほか、２０２０ビジネス・ブック・アワードの最終候補に残り、ＣＥＯや上級幹部の必読書としてメディアにも取り上げられた。うれしかったのは、大勢の人々から共感をいただいたことだ。思いがけない読者のメッセージからは、『アライン』によって**戦略的アライン**の重要性に対する認識が高まりつつあることが伝わってきた。戦略的アラインのコンセプトと枠組みを活用して組織にプラスの影響を与えることに、私の本が役立っていたのだ。私の望みどおり『アライン』は変化を起こしていたようだ。

　そのようなプラスの影響は、私の**アライン**への飽くなき関心、そしてビジネススクール教員としての職務を支える永続的なパーパス――すべての企業が効果的に機能を発揮し、大きな業績を上げるよう支援すること――にとって、大きな意味がある。私は組織理論とその実践に魅了されている。興味の対象としてはエキサイティングとは言えないかもしれないが、私は大学生になって初めてこのテーマの講義を受けて以来その虜なのだ。マックス・ウェーバーや官僚主義といった古典的な経営理論、科学的経営、人間関係論、さらにはそれ以降の研究を学んだときには、講義室の照明がぱっと明るくなったように感じたほどだ。優れた理論がそうであるように、組織論は複雑な世界を正しく理解する力をくれた。

ビジネスとマネジメントを学んだおかげで、子供の頃に両親からよく聞かされていた、そして現在では自分を含め周りの人たちを見ていて感じる、仕事の充実感や不満がよくわかるようになった。それだけではなく、国内外の重大事件に関しても、例えば1984年にイギリスで起きた炭鉱ストライキ、2008年の金融危機がもたらした社会不安の原因や重要性を分析できるようにもなった。要するに、組織論は世界がなぜそうした状況にあるのかを解明する助けになるのだ。当時、講義に出席する同級生の数がしだいに減っていくのを見て、なぜ皆もっと組織論に興味を持たないのか――その状況は今も変わらない――、私は首をかしげるばかりだった。

本書で言う「組織」、つまり**事業体**は、すべての人々の人生に大きく関わっている。皆さんも、自分のことをふり返ってみよう。あなたはきっと病院の形態をした事業体とそのスタッフが最善の努力を尽くした結果、大切な命としてこの世に誕生したはずだ。そして学校や大学という形態をした事業体によって教育を受けた（受けている）だろう。どこかに雇用されている人も自営業者も、大人になれば起きている時間の大部分を何らかの事業体のために働いて過ごすことになる。老後の生活を経済的に支えるために年金の運用をするのは、民間または公的な事業体だ。そしてもちろん、好むと好まざるとにかかわらず、亡くなったあとは葬儀社などの事業体によって埋葬される。企業、政府機関、公的機関など、事業体は人生のあらゆる段階において人間が遭遇するさまざまな経験の重要な部分を占め、集団としても個人としても経済的・社会的な幸福に欠かせない存在なのだ。であれば、どのようにすれば事業体を最大限有効に機能させられるかを、もっと真剣に考えるべきではないだろうか？

ところで、高い業績を上げている企業にはどんな秘訣があるのだろう？　経営学には対立する2つの学派がある。これは、両者――普遍理論とコンティンジェンシー理論〔訳注／環境の変化に応じて、組織の管理方針を適切に変化させるという理論〕――で白熱した議論が繰り広げられている。簡単に説明すると、普遍理論はどんな状況下でも必ずすばらしい結果を生み出す、例外なくすべての状況に適用可能な管理方法が存在し、それに従えば、企業は最も効率よく機能すると主張する。事業規模の大小、国内企業か国際企業か、政府機関か企業か、製造業か銀行かに関わりなく、すぐに使える「ベストプラクティス」は万能薬、というわけだ。

皆さんはこれから至る所で、おびただしい数のベストプラクティスに遭遇するだろう。それらが経営についての議論の主役になることもしばしばだ（「この分野のベストプラクティスは何だ？」、「どこそこの企業は何をしているんだ？」、などといった具合に）。経営のカリスマが書く万人受けする書籍（正直言って、この本とはまったく違う）から、恐ろしく高額なもっともらしい経営専門誌、増えつづけるビジネス・インフルエンサーやエグゼクティブ・コーチが投稿する専門用語を多用したブログ記事に至るまで、あらゆる場所で誰もがベストプラクティスを口にする。ベストプラクティスの伝道師によって、あなたも経営の最大の課題は標準的な実務の効率的な実施に尽きると信じるようになるかもしれない。

しかし、それほど単純ならばどんなに楽なことだろう。残念ながら、そうはいかないのが現実だ。

私が断然支持するコンティンジェンシー理論は、普遍的なベストプラクティスなる概念を否定する。万能な経営のアプローチなど存在しない。コンティンジェンシー理論は、個々の企業ならではの状況に最も適した――つまりアラインしている――方法がその企業にとっての経営のベストプラクティスと考える。それに、それぞれの企業の状況は異なっており、何がベストなのかは、具体的な要件と適用される状況によって決まるのだ。つまり、成功のための戦略や組織化する方法には、標準的なレシピや取扱説明書、効率的な近道は存在しないのである。企業リーダーからすれば、これはなかなか手ごわい課題だ。リーダーは、膨大な数の選択肢から、手に入る最良の情報を駆使し、選択を誤った場合に起こりうる結果を認識したうえで、各自の状況に合った方法を慎重に選ばなければならない。好調な企業がある一方で、多くの企業が結果を出せないでいるのはなぜか。リーダーによる意思決定の優劣が、その大きな――おそらく最も重要な――理由である。

社会におけるほかの分野、とりわけビジネスやマネジメントと同様に、学術界でも流行り廃りがある。かつて人気を誇ったコンティンジェンシー理論だが、研究発表の数は減り、少なくとも今のところは普遍理論のほうが優勢だ。にもかかわらず、私がともに仕事をする多くの企業リーダーたちは、学術用語こそ使わないものの、直感的にコンティンジェンシー理論に賛同している。彼らは永続的なパーパス――組織の存在意義――の実現を目指して、企業の事業戦略や組織構造をはじめすべての流動的要素をアラインさせる方法を選ぶことが、業績改善には必須の条件だとよく理解しているのだ〈参1〉。

企業リーダーたちはどんなときも、複雑化する世界を正しく理解し、先を見据えた的確な意思決定をしなければならない。彼らが理解していないのは、今後直面する不測の事態の性質、企業の核となる要素におけるすべての選択をうまく組み合わせるための方法、そしてそれらの選択が企業の業績にとって極めて重要であるということだ。

それでも、これまでのところは問題ない。だが、果たしてこの先は……。

アラインの崩壊と『リアライン』

『アライン』の出版からほどなく、2020年2月中旬に私はトップレベルの優良企業の経営幹部を対象にワークショップを実施した。ミュンヘンに集まり、『アライン』から生まれたともいえる1つの疑問――仕事の未来はどうなるか、そして企業として私たちはどのような方法でアラインし、未来を受け入れるべきか?——について検討した。続いて、人工知能、機械学習、ギグエコノミー、ネットワーク、プラットフォーム・ビジネスモデルなどの可能性を中心に、示唆に富んだ議論が行われた。前向きな発言が多く、イノベーション、実験、学習を通じたよりよい働き方への長期的な変革の構想が生き生きと語られた。私たちは未来を、そして未来が与えてくれるバラ色の可能性をしっかりと見据えていたのだ。

私が本書を執筆しているのは、それから1年余りの歳月が過ぎた2021年夏である。あの日をふり返って、先を見通そうと最善の努力を払ったにもかかわらず、この先どうなるのか、目先のことでさえもまったく見通せていなかったのだと思うと、ひどく屈辱的な気分になる。あのワークショップのわずか数週間後に、人々が終わりの見えない在宅勤務を余儀なくされることなど、誰一人として予想していなかった。生活必需品を売る店を除くすべての小売店が閉まることも、海外旅行が90%も減少することも、数百万人の従業員が自宅待機を命じられるか失業することも。

政府の緊急財政支出により、多くの国々が第二次世界大戦終結以降初めて債務超過に追い込まれ、世界の産業界が現代の人々の記憶では前例のない公衆衛生上の危機対応に追われることになるとは、予想だにしていなかった。法的強制力を持つロックダウンが敷かれ、家族に会いに行くことも、死期の迫った親族の顔を見に行くことさえも禁じられることを誰が予測できたというのだろう。1年と経たぬうちに300万人近くの命が治療法のない新種の病気で失われているという恐怖を、どうすれば想定できたというのだろうか[注1]。言うまでもなく、これらは新型コロナウイルス感染症のパンデミックに伴って起きた出来事であり、本書の執筆時点でも依然パンデミックは続いている、いや猛威を振るっている。

私たちは、危機の到来に気づけなかったほど甘かったのだろうか？　そうかもしれない。しかし、だとしても、あのような事態を予測できた人など誰もいなかったのだ。そう考えれば少しは気が楽になるが、しかし今回の危機は重大な警告でもあるのだ。私たちが当たり前と思っていることはとても多い。新型コロナウイルス感染症のような災いは、ときに私たちの前に立ちはだかり、当たり前だと思っている前提を見つめ直し、必要に応じて異なる対応方法を選択するよう迫る。

パンデミック発生から最初の数カ月間は、まるでジェットコースターに乗っているようだった。皆さんも同じだったに違いない。私が勤務するオックスフォード大学はキャンパスも研究室も封鎖されたため、授業も会議もすべてZoomやTeamsなどのプラットフォームに頼るよりほかなかった。私は対応に大わらわだった。世界的なパンデミックの発生から1カ月が経過すると、私たちが対処すべきことが少しずつ明らかになってきた。当然ながら、短期的、中期的に見ても「平常どおり」の生活に戻るということは夢物語でしかなかった。以前からの計画は棚上げになり、アジア、中東、南北アメリカへの書籍のプロモーション・ツアーは無期限延期となった。予定されていたクライアントの仕事も立ち消えとなった。現地調査は断念するよりほかなかった。誰からも連絡が来なくなった。彼らを責めることはできない。あのときは、生き延びることがすべての人々の最優先事項だったのだから。

数カ月の間、講義と執筆に追われながら静かにすごすうちに、企業からの連絡が少しずつ来るようになった。会話が再び始まった。彼らは現状を把握するための知識や見解を求めていた。ほかの会社がどう対応しているのかを知りたい人もいれば、リモートワークにおける最新のコツやヒント、バーチャル・チームの活用方法などをじっくり考えたい人もいた。また、少数ではあるが、こんな危機だからこそ機会があると実感し、もっと根本的な何かを求める人もいた。まさに有名な言葉のとおり、「絶好の危機をムダにしてはならない」のである。何も新型コロナウイルス感染症がもたらす恐ろしい痛みや苦しみを軽く考えろというのではない。しかし、事業環境の観点から考えると、先見の明を持った人たちにとってこの未曽有の混乱は、いわゆる平常時には不可能な、あるいは口にすることもできないような根本的な組織変革を考えるには好機でもあったのだ。

さまざまな企業の人たちと戦略についての話をする中で生まれたのが、「戦略的リアラインン」の概念である。それは、短期的な視点だけでなく、未来に目を向けて危機に対処することを意味する。核となる要素を変革し企業をこれから先の事業環境にうまく適応させるチャ

[注1] 出典：ジョンズ・ホプキンス大学、各国の公衆衛生機関。2021年4月に英国放送協会（BBC）が報道。

ンスだと、危機を受け止めるのだ。つまりその狙いは、今後さらに強烈で存在を揺るがすほどの危機が起こっても、そこから巧みに脱出することにある。たいていの企業が身を潜めて嵐が過ぎるのを待っていたのに対し、将来、確実に優位に戦うためにパンデミックの終焉を待たずに重要かつ長期的な改革を導入しようと決めた企業もあった。

また、すぐに明らかになったのは、高度にアラインされていた企業は、そうでない企業と比較してパンデミックに伴う混乱にうまく対処できたことだ。よく耳にする話だが、新型コロナウイルス感染症は、すでに進行中だった改革のペースを大幅に加速させたという。そのわかりやすい例が、デジタル・トランスフォーメーションだ。高度なアラインを実現していた企業は変化に速やかに対応できた。それに、企業か公的機関か非営利団体かを問わず、そうした組織は事業基盤が揺らいだときの回復力が大きいことも明らかになっている。

アラインには適応度〔訳注／生物がどれだけ多く子孫を残せるかの尺度〕と同様の意味があり、ほかのすべての条件が同じなら、どんな環境においても生存の可能性が最も高いのは適応度が最も高い者（最適者）である。リーダーたちと話していると、決まって話題になるのが、この重要な問いだ――現在の危機を乗り越えて（パンデミック後の）未来で長期的な発展を遂げるため、どうすれば会社をリアラインすることができるだろうか？　戦略的リアラインはマイナスをプラスに、逆境をチャンスに変えるための手段だ。

このような話をし、考察を深めるために『アライン』の内容が役に立った。その枠組みやコンセプトが論理の土台となり、それをもとにリーダーシップ・チームは体系的かつ包括的に、魅力的な戦略を構築することができた。気がつくと私は、同僚やクライアントや協力者が戦略的アラインの考え方を活用して長期的な優位性を確保するために、それぞれの事業、あるいはそれらの重要な要素をリアラインする方法を明らかにする手助けをすることに忙しくなっていた。そんなやりとりと、ブルームズベリーの担当編集者のありがたい後押しのおかげで、リアラインに注目した新しい本のアイデアが生まれた。

この本のテーマは、混乱に打ち勝ち、高い業績を持続する手段としての戦略的リアラインである。そして本書は主に、どうすれば企業を成功させられるか（アライン）、そして変化の速い事業環境で優位性を維持するためにどのようにすれば企業を変革できるか（リアライン）について考察している。と同時に、「メタ」な観点から言わせてもらうなら、この新作『リアライン』自体がパンデミックの影響を受けた前作『アライン』のリアラインなのだ[注2]。皆さんがこの本を読むころには、新型コロナウイルス感染症がもたらした混乱がもはや現実ではなく過去の記憶となっていてほしい。それでも、教訓は残るはずだ。これからも混乱は起きるだろうし、変化の激しい事業環境においては、それらは単なる転機にすぎないからだ。

[注2] 参考までに、Cambridge Dictionaryでは「メタ」は次のように定義されている。「(書かれていること、行われた何らかのことについて) それ自体またはそれを含む同種の概念の性質を説明すること」

新型コロナウイルス感染症のパンデミックを、この本では混乱の1つの原因として扱っている。ほかにも、新しい技術の導入から地政学に至るまで、リーダーが考えなければならないことは山ほどある。事業環境に変化をもたらす要因は尽きることがなく、そう考えると、戦略的リアラインは将来成功するチャンスを手に入れたいすべての企業やリーダーにとってのコアコンピタンスにならなければいけない。つまりこの本のテーマは、どうすれば企業が規模の大小も期間の長さも異なる変化や混乱に、目的に合った思慮深く実践的な方法で対処し、高度なアラインを確保・維持することができるか、なのである。

新たなテーマを明確にするため、タイトルも新しくした。本書が目指すものは、まさにそのタイトルに込められている――『リアライン――ディスラプションを超える戦略と組織の再構築』。

この本の目的

私は優秀な大学生、大学院生、経営幹部を教えるという、ありがたい機会に長年恵まれてきた。また、世界中のあらゆるセクターの大小さまざまな企業の顧問も務めてきた。そして、研究の多くをほかの大学や研究機関の一流の専門家たちと共同で行い、現代および未来の事業環境で企業がどう機能するか、どんな形態をとるべきか、どうすれば最も効果的に価値を高めることができるかを解き明かそうとしてきた。

残念なことだが、ただアラインに成功しなかった、あるいはリアラインを実行しても事業環境の変化という新しい現実に対応することができなかったという理由だけで、潜在能力を発揮できないでいる企業が世界には何千とある。私の経験から言えば、最も優れた企業とは、リーダーたちが常に重要な質問をぶつけ合い、戦略的、構造的、体系的な方法で意思決定に取り組み、エビデンスを活用してその選択に情報を与え、関係者に説明することで最大のエンゲージメントを実現している企業だ。多くの企業が苦労しているのは、業績や競争力を左右する要因であるアラインをリーダーが戦略的に実行できていないからであり、その点が変わらない限り、これからも苦戦しつづけることになるだろう。

本書の中で、私は1つの問題を掘り下げている——混乱を乗り越えて業績を向上させつづけるため、どうすればリーダーはよりよい選択をして会社をアライン／リアラインすることができるだろうか。その目的は、的確な質問をし、自らのチームと有益な話し合いを重ね、アライン／リアラインに関する最良の選択を行う助けとなる青写真を、リーダーに与えることにある。それがこの本の大きな役割なのだが、だからといって読者の皆さんが遭遇するビジネスやマネジメントのあらゆる状況に対処するための「答え」が、ここに用意されているわけではない。

「～すべし」を定めたベストプラクティスとは異なり、本書の青写真は何を考え実行すべきか（Ｗｈａｔ）を指示するものではない。目指すのは、役職を問わずリーダーの視点から企業とそのアラインを**どのようにして戦略的に考えるべきか（How）**を読者の皆さんに教えることだ。それは、（1）企業を首尾よくアラインさせて業績を向上させ、（2）パーパスに適した企業でありつづけられるようにリアラインすることで、変化を続ける事業環境に適応し、混乱を乗り越えるためである。社会の大変動は変革を促して創造性を刺激し、その結果、新しい物事のやり方が生まれる。今日、目覚ましい成功を収めている企業でさえ、変化していく戦略要件や組織要件のアラインを効果的かつ実践的な方法で実行することを想定しておかなければ、この先高い確率で苦境に陥るだろう。高度なアラインを実現した企業。それがすべての企業リーダーが追い求めるべき理想的な**状況**だ。戦略的リアラインは、その理想を実現・維持するための**プロセス**だ。どちらも戦略上の重要事項である。したがって、この本ではそれらを「戦略的アライン」および「戦略的リアライン」と呼んでいる。

このような視点がリーダーシップにとって不可欠なのは、今も、この先もずっと、「最高のアライン〔状態にある企業〕が最高の業績を達成する」からだ。ただし、そのためには計画的に進めなければならない〈参2〉。中にはひどい混乱から抜け出したあと、前よりも強くなる企業がある。それは、そうした企業のリーダーが今後長期的に発展を続けるために、企業をリアラインさせる方法を想像力を駆使して大胆に思い描くからだ〈参3〉。こんな混乱の時代、いやどんな時代でも、現状維持や回復を狙うだけでは、今日存在している企業の多くは生き残ることができないだろう。

戦略的アライン・リアラインはすべてのリーダーにとっての重要事項であるべきだ。なぜなら、たとえごくわずかでも企業の業績が上がれば、利益が増えるだけでなく、顧客やコミュニティの人々や社員の生活までもが劇的に変化する可能性があるからだ。例えば、生産性の1%の伸びは、収益性の観点から見てあなたの会社にどんな意味があるだろう？ 10%ではどうか？ あるいは、病院の生産性が10%上昇したら、患者治療の効率と質はどこまで向上するだろう？ その考えが正しいことは頭ではわかるだろう。だが重要なのは明らかに、**どうやって**そうした変化を起こすかだ。本書ではそのための考え抜かれた実践的な方法を紹介していこう。

本書の読み方

学術研究を実務への適用につなげ、役職も業種も経験年数もさまざまな、現場に立つ人々の力になるようにとの思いでこの本は書かれた。実例や重要なコンセプトをふんだんに盛り込んでおり、企業の形態を問わず、経験豊富な幹部、野心に燃える高い潜在能力を秘めたリーダー、職務の専門家、ビジネスや経営を学ぶ学生など、リーダーとして企業の価値を高めたいすべての人たちが、当事者の立場に立って考えることができるだろう。『アライン』を読んでくださった皆さん、ありがとう。『リアライン』には新たな知見がいくつも含まれているので、学びがあるはずだ。（残念ですが）読んだことのない方も、どうぞご心配なく。『リアライン』は前書の内容をふまえつつ、同じ基本的概念をアップデートして盛り込んでいる。最初から順に読み進めていってもいいし、お望みならとくに興味を引かれた章から読んでもかまわない。
- 第1章 戦略的アラインのコンセプトの概要
- 第2章 混乱を克服し長期にわたって業績を維持するために不可欠な戦略的リアラインのプロセス
以下の5つの章では**企業内バリューチェーン**の個々の要素——企業の構造をアラインの観点からどう考えるべきか——に焦点を当て、それぞれをじっくり考察する〈参2〉。
- 第3章 企業パーパス——企業の永続的な存在意義
- 第4章 事業戦略——永続的なパーパスを達成するための方法に関する戦略の選択
- 第5章 組織ケイパビリティ——選んだ戦略を巧みに実行するために必要なケイパビリティ
- 第6章 組織アーキテクチャー——戦略上価値のある組織ケイパビリティを構築するために必要なリソース
- 第7章 経営管理システム——大きな目標を実現させ高い業績を上げるために必要な機能別の経営管理システム

各章はいくつかのセクションに分かれている。セクション1は、各章のテーマをわかりやすく説明するために、現実に起こった出来事を、実名を伏せて短い物語にまとめたケーススタディだ。セクション2は、重要なコンセプトや必要不可欠な知見を盛り込みながらその章のテーマについて論じている。第2〜7章のセクション3では、企業内バリューチェーンの特定の要素の高度なアラインを実現させるための、リーダーシップの課題を明らかにする。第4〜6章のセクション4は、本書の黄金の糸——状況の把握と困難を乗り切り業績を改善するためのよりよい選択に役立つ**戦略的アラインフレームワーク**（第2章で説明）——について検討する。第2、4、5、6章のセクション5は、戦略的リアラインのプロセスを導く**リーダーシップの機会**について説明する。各章は、戦略的アラインフレームワークをさまざまな企業の状況に実際に適用して得られた知見や調査結果、実例で締めくくられている。

本書で言及している現実の世界で起きた例やケーススタディでは、研究のテーマやクライアントの秘密を保持するため、匿名や仮名が使用されている。ともあれ、最も示唆に富む実例はあなた自身の企業だ。この本を読みながら、皆さんにはたびたび立ちどまり、じっくり考え、得られた知識を自らの状況に当てはめてみるようお勧めする。ぜひそうしてほしい。その結果、自分の周囲のことが少しずつ理解でき、ひいては的確な問いかけをし、有意義な対話を重ね、最善の選択ができるようになるのだ。何より、それによって読者の皆さんが先頭に立って会社をリードし、さらには他者に手を差し伸べることができるようになれば幸いだ。新型コロナウイルス感染症が引き起こしたパンデミックが何かを教えてくれたのだとしたら、それは私たちみんなが同じ経験をしている、ということではないだろうか。昨今お決まりの挨拶だが、皆さん、どうか安全にお過ごしください。幸運を祈っています。

JT

第1章 戦略的アラインの概要

Introduction to Strategic Alignment

1-1 どこかで聞いた話？

エアコンの効きすぎた、ごくありふれた会議室で震えながら、私はある会社の役員たちと2日間を過ごしていた。その会社のパーパス、戦略、組織設計についての根本的な問題に対処するためのワークショップの進行役を務めていたのだ。ビジネススクールの教員としてその会社の経営幹部層にコンサルティングを行っていたのだが、それは簡単な仕事ではなかった。まず、誰もそのワークショップに参加したがらなかったし、多くの幹部たちは、「また通常業務の邪魔をされた」と思っていたことだろう。だが、私はCEOがそれなりの理由があって経営幹部たちへ不満を募らせていることを知っていたし、その会社の先行きは不透明に見えた。

一見するとその会社の業績は好調だった。約25年の間にその地域の主要なプレーヤーへと成長し、国内市場では2番目に大きな規模を誇るまでになっていた。これほど順調な成長を遂げたことは、当然ながら大きな誇りであった。だがその反面、数年前から世界的な不況の影響を受けていた。利益を稼ぐことは難しくなり、投資家も冷ややかな目で見ていた。その昔、古い体制に挑むスタートアップだったその会社は、いつも新たな技術革新を真っ先に採り入れてきた。ところが20年が経過し、もはやそれらの技術革新は差別化要素ではなくなっていた。

その一方で、同社の顧客はますます進化しており、他社への乗り換えに何の抵抗もなかった。画一的な製品やサービスでは満足せず、より多くの選択肢とパーソナライゼーション〔訳注／顧客一人ひとりのニーズに合わせて、提供する側が製品やサービスを最適化すること〕を期待していた。しかも、顧客はあらゆるニーズに対応するワンストップサービスを好んだ。競合企業の数はかつてないほどにまで増えていたにもかかわらず、困ったことに、経営幹部たちは競争相手がいつまでも同じ顔ぶれ——同じ業界内の既存企業——だと思い込んでいた。しかしながら、世界に目を向ければ、破壊的な新規参入者がどんどん市場へ参入してきていた。「デジタル」という言葉はよく使われているが、デジタルにどのように対応すればチャンスとなるのか、あるいは脅威になるのかが、その会社ではあまり理解されていなかった。

かつてCEOは、会社の課題に対してすべての解決策を示し大きな成功を収めてきた。社員からの人望も厚く、如才ない心の広いカリスマ経営者として評価も高かった。オフィスを歩けばスタッフの称賛を受け、「ビッグボス」と自撮りされた写真がフェイスブックに投稿されることも珍しくなかった。それが今や、明らかにCEOだけでは適切な解決策を打ち出せなくなっており、経営幹部たちの力を借りることにしたのだ。CEOは未来のための長期的なビジョンを策定すると同時に、投資家が求める短期的な成果にも対応したいと考えていた。

それに対する経営幹部たちの準備の悪さは嘆かわしいほどだった。どう見ても、彼らは1つのチームというよりは、CEOの直属の部下の一人として戦略についての議論の場に集まっただけだった。問題が提起されても、世の中や業界で何が起きているのかを誰一人として詳細に理解していなかった。この分野において最も競争の激しい市場の一領域で事業を展開している同社にとって、それは由々しき事態だった。経営幹部たちはそれぞれ自分の担当領域を超えて、会社の方向性を1つの企業体として考えることに苦労していた。幹部同士のライバル意識が取締役会を支配し、誰かが失敗をすればその分ほかの人の株が上がるとさえ思われていた。決算書への関心は共通していても、目的意識の統一が欠如していたのだ。

さらにややこしいのは、経営陣の関心事が目先の問題対処にばかり向いていたことだった。彼らには、未来を見据えた議論をする時間も意欲もなかった。その結果、未来どころか、すぐ先の将来のための一貫性のあるビジョンや戦略が十分に浸透していなかった。あちこちでせわしなく動き回っていたかもしれないが、企業としてよい方向への進展はほとんどなかった。

長期戦略に替わって、同社は既存のビジネスモデルを強化することで問題に対応した。つまり、既存事業をさらに推進し、コストを最小限に抑え、資産から「果汁」を一滴残らず搾り取ろうというのである。資産の中には同社の社員も含まれていた。戦略的に注力するのはイノベーションではなく実行、つまりこれまでやりつづけてきた仕事のやり方を少しだけ改善することだった。具体的には、より効率的なリソース配分、パフォーマンスの管理、運用ガバナンスの強化が試みられた。このような「官僚主義的強化」プロセスにつきものなのが、より革新的に、より連携し、とくによりアジャイルにといったバズワード〔訳注／多様な意味を持つ流行りのキーワード。定義が明確に定められていない場合が多く使用者がそれぞれの解釈で使うことが少なくない用語〕を並べ立てた意見表明である。しかしながら、言葉と行動が一致しておらず混乱を招くだけだった。

外部の視点で見ると、その会社は競合企業との差別化を図ることが難しい状況であった。ほかの企業と比べて革新的でもないし、正直なところ、効率化の面で優れているわけでもない。そのうえ、その企業は相変わらず同じやり方に頼って競合企業と競っていた。差別化の必要性が叫ばれているにもかかわらず、どうすれば顧客ニーズの変化に首尾よく対応し、競合企業から抜きん出た存在になれるかという点について、わからないでいたのだ。

たとえ取締役会が別の事業戦略を策定したいと考えたとしても、実行には大きな障壁があっただろう。その会社の組織構造は、「ハブ＆スポーク型」に近かった。意図的ではなく、むしろ時間の経過とともに自然とそうなっていったのだ。事業が成長するにつれ、製品領域やターゲット市場を多様化していった。そのたびに、新しい市場を開拓する目的でチームを立ち上げていった。必然的に、複数の専門家チームが枝分かれしていくつかの異なる事業部門がつくられていった。そうしたことが続き、やがて覚えられないほどに巨大な組織図ができあがった。

この企業の規模が小さくシンプルであった頃は、ハブ＆スポーク型の組織構造は有効に機能していた。各事業部門はそれぞれの事業領域で、顧客や競合他社からの圧力に対応するための十分な裁量を持つことができていた。とりわけ最前線で働く社員のエンゲージメントは極めて高く、各々の役割を果たせるようスタッフへの投資も十分に行われていた。

とはいえ、そのような組織構造には各事業部門がそれぞれに独自に進化してしまったというマイナス面もあった。もちろん、企業ロゴもスローガンも同じ（誰一人簡単には覚えられないが）ではあるが、異なる事業部門のスタッフ同士が日常業務で協力することはほとんどなく、明らかにシナジーは発揮されなかった。社員に求められるのは、自分の所属する部門の業績の最大化、それだけであった。ただ以前はそれでもあまり問題にはならなかった。この企業が急速な成長を遂げたのは、さまざまな部門が業績を伸ばし、各自の力で存在感のある市場プレーヤーへと成熟したからにほかならない。しかし今や、その会社はとんでもなくサイロ化〔訳注／各部門が独立して存在することで業務や情報が分断し、全体の連携が図れない状態にあること〕していたのだ。

つまり現場では、各部門がそれぞれの異なる優先順位に従って業務をこなし、ほかの部門が何をしているのかまったくわからないでいた。事業部門同士や地域間の縄張り争いは日常茶飯事であった。社員一人ひとりが顧客との関係を大切にするあまり、顧客のコントロール権を失うことやボーナスの減少を恐れ、他部門の同僚へビジネス機会を共有しなかった。あたかも、社外にではなく社内に敵がいるようだった。

組織のサイロ化は顧客にとっても問題だった。顧客は、1つの窓口を通して、その会社のあらゆる製品やサービスに簡単にアクセスできることを望んでいた。ところが現実は、同一顧客が2つの部門と取引がある場合、それぞれの部門で別々の顧客として扱われ、顧客はまったく異なる2つの業務の流れを経験することになっていた。

同社が小規模でこれほど複雑でなかった頃、CEOはいつでもどこにでも顔を出せたし、少なくとも社員にはそのように見えていた。当時も全社共通のマネジメント・スタイルがあったわけではなかったが、トップであるCEOがすべてに介入できる限りにおいてそれは重要でなかった。CEOの仕事は、最高のパフォーマンスを発揮してライバル企業に打ち勝つこと、そして会社の主張を貫くことだった。

しかし、現在では市場は成熟し、その会社の成長のペースは鈍化していた。かつて成長を勢いよく牽引した組織構造が、逆にその企業の足を引っ張っていた。成長するにつれ、ますます複雑化し、社員数は数百名から数千名に増え、単一の事業から多角的なポートフォリオへと拡大した。また、1、2カ所しかなかった事業拠点は、今や多くのオフィスを有し地域で大きなプレゼンスを発揮するまでに広がっていた。取引相手は地元企業に限定されていたが、複雑な国際的パートナーシップ網を形成するに至っていた。社内のほかの事業部門、機能、階層レベルとのミスアラインが、有意義な組織変革の実現をいっそう困難なものにしていたのだ。

顧客に最も近い中堅層の社員からの意見は、取締役会は「自発的に抜本的変革」を遂げる必要があるということだった。危機的な状況に追い込まれるまで待つのではなく、積極的に会社をリアラインすべきであるという意見であった。しかし、いくら彼らがそう望んでいたとしても、会社の上層部がリアラインの議論にどうやって手をつけたらよいのか見当すらついていないのは、私には一目瞭然だった。企業をアラインし、時間の経過に合わせてリアラインさせる戦略的な思考のための青写真が、彼らにはなかったのである。要するに、どんな問いかけをし、どんな会話をし、どんな選択をすれば会社に最良の未来をもたらすことができるのかを、彼らは知らなかったのである。

目先の成果を求める投資家の強いプレッシャーも厄介だった。会社が低迷するほど、投資家たちはパニックになり、四半期ごとの業績に余計にプレッシャーをかけてきた。そのため幹部が長期戦略の検討に充てる時間はますます削られ、それがさらなる業績の悪化につながるという悪循環に陥っていた。突破口が必要であったが、トップが意味のある全社的な方向性を示さないため、何一つ変わらないままだった。

私は3カ月間その会社に出入りし、幹部に本質的な考察をしてもらうことを目的とした「基本的だが本質に迫るための」質問をしては、混乱を乗り越え業績を上げるための確実な方法を考えるよう促そうとした。まるで壊れたレコードみたいに聞こえたに違いないし、我ながら口うるさい奴だとも思っていた。そんな働きかけは当然の結末を迎え、私は次のステップに進み、ほかの大学で職に就いた。半年後、私は、その会社が目標を達成できず投資家が納得していないことを知った。利益が2桁の落ち込みを見せていたのだ。

その後9カ月ほどで、25年を超える輝かしい実績がありながら、CEOはあっさりとその地位を追われた。後任が見つかるまでの暫定的な措置として会長がCEOの座に就いた。元CEOが採用した取締役数名も会社を去ったが、なかには退職を免れた人もいたという。先日聞いたところでは、ほかに選択の余地がなく、依然として会長が会社の舵取りを担っているそうだ。

いま考えてみると、業績低迷の理由すべてが社内にあるという現実を直視するのは、確かに辛いことである。無論、外部環境は変化しているが、それは競合企業を含め誰にとっても同じ条件である。会社の足を引っ張っていたのは、ほかならぬその会社自身だったのだ。

1-2 戦略的アライン

現実にインスパイアされたこの物語、どこか聞き覚えはないだろうか？　私の経験からすると、前のセクションで取り上げた会社のようなケースは決して珍しくない。私が一緒に仕事をするリーダーたちのほとんどは、事業戦略や組織構成をはじめ、企業の核となる要素のアラインが業績にとって不可欠であると直観で理解している〈参2〉。そうした生得的な知識を「総合的に考える必要がある」、「万全の準備をしなければ」といったわかりやすい言葉で表現することもある。問題は、いざ作戦開始となったとき、行動を起こす助けになるしっかりとした思考体系――青写真――がないことだ。だが、それは何も彼らだけに限った話ではない。世界中の何千もの企業が、賢くアラインが図れないために潜在能力を発揮できないでいる。この本はそうした現状を変えることを目指している。

アライン、すなわち「適応」や「一致」の概念は新しいものではないが、その反面、それぞれの立場によって違う意味に受け取られてしまうという難しさがある〔注3〕。参考までに紹介すると、人事研修の専門家は、「アライン」を従業員の努力と積極的な行動の強化で示される従業員エンゲージメントと同義語とみなしている。戦略の専門家にとって、「アライン」は実行の別名だ。実際、「戦略実行」が戦略マネジメントの個別分野として扱われる場合もある。ソフトウェア・エンジニアの場合、「アライン」は山のようにあるさまざまなコードをうまく相互連携できるようにすることを意味する。もっと範囲を広げると、私が思いつく限り、施術中のカイロプラクターも、車のタイヤ交換をする整備工も、本質的に同じことを言い表すのにこの言葉を使っている。

この本を最大限有効に活用するために、私たちは標準的な意味を超えて広い範囲で「アライン」についての理解を一致させることが不可欠だ。つまり「アライン」の概念は、本書で「企業（事業体）」と呼ぶ「事業組織」をどう定義するかの核心に関わっているのだ。形態、規模、セクター、地域を問わず、事業体というものはすべからく、「共通の目標を達成するためにともに行動する人々の集まり」、と考えることができる。そこには以下に示す4つの重要な前提が示唆されている。

[1] すべての企業にとって何よりもまず肝心なのは共通の目的意識であり、それは全体の目標またはパーパス（この文脈ではこれらの言葉は同じ意味で使われる）として明記される。

[注3] 以下の画期的な論文を参照のこと。Tushman, M. & Nadler, D. 'Designing organizations that have good fit: A framework for understanding new architectures'. In Gerstein M., Nadler, D. & Shaw, R. (eds.) (1992). *Organization Architecture*. Jossey-Bass, San Francisco; and Lawrence, P.R. & Lorsch, J.W. (1967). 'Differentiation and integration in complex organizations'. *Administrative Science Quarterly*, pp. 1–47.

2企業に雇用される人々（請負業者およびパートナーの請負業者を含む）は、その目的を実現させるための手段であるため、指示されたことを実行できるだけの能力を備えていなければならない。

3共通のパーパスを果たすには、右記の人々がまとまり、うまく力を合わせて個々の努力の総和以上に大きな価値を生み出す必要がある。

4企業パーパスのもとで1つになればなるほど――アラインすればするほど――、人々が熱心に働き、意欲とロイヤルティを証明し、戦略上望ましいとみなされる行動をとる可能性が高い。

分野を問わず、高度なアラインが達成されている企業は一般に明確な目的を持ち、顧客とのアラインに優れ、競争力を持った企業となる。従業員のエンゲージメント・スコアは最高で、表明された企業の価値に対するコミットメントも最大である〈参4〉。

右記の定義は、現代の企業についての考え方、企業のパフォーマンスの決定要因は何かの本質的な基準となる。すべての企業は多くの流動的要素（リソースの1つとしての人間も含む）で構成されるシステムだ。効率よく稼動するには、部品それぞれが役割を果たしながら均衡のとれた状態――アライン状態と言ってもいいかもしれない――で存在する必要がある。アラインをテーマにしたマネジメントについての論文は長年、その思考の枠組みを形作るのに、自然界からヒントを得てきた〈参5〉。例えば人間の体のような生体システムは、恒常性が維持されている、つまり体温と体液が所定の範囲内でバランスが保たれ、安定しているときに健全とみなされる。

生体システムは、長期にわたり多様化、選択、維持といった進化のプロセスを介して均衡状態を実現、つまり適応する。ただし、生体システムとは違い、企業は「社会的に構築されている」（詳細は「第2章 戦略的リアライン」で考察）ため、はじめから適応力を意識して「設計する」ことが可能だ。言い換えれば、高度なアライン、ひいては高いパフォーマンスを実現できる企業を築くのはリーダーシップの実力の1つである。そしてそれは、リーダーが正しい選択をするかどうかにかかっているのだ。

確かに理屈のうえではそのとおりなのだが、いま述べたのは理想的な企業の機能だ。現実の企業はもっと複雑な社会的主体であり、たいていは「皆それぞれの目標を達成するためにともに行動する人々の集まり」、と表現するほうがしっくりくる。このように定義すれば、ほかよりも抜きん出る企業がある理由について、有益で重要な考え方が見えてくる。最初の定義とは異なり、こちらのほうは企業内で働く人々は何らかの形で共通の目的のために協力できると考えているのだ。グループによって程度の差こそあれ、企業のパフォーマンスにマイナスの影響を及ぼす可能性はあるものの、力を合わせて多少なりと効果を上げることができるのではないか、と。

例を挙げると、企業内の利害や優先順位、想定事項の対立——ミスアライン——は、個人の問題（個々の従業員がさまざまな理由で仕事に不満を感じている）かもしれないし、全体の問題（従業員グループが雇用条件を巡って雇用主と対立している）の可能性もある。プアアライン〔訳注／アラインが中途半端となる〕の原因はおそらく、企業の戦略の方向性や優先順位が明確にされていないせいでもあるだろう。そうなると、意欲があるにもかかわらず従業員が間違った目的のために仕事をするといった事態が起こりかねない。アラインは、生産性、パフォーマンス、競争優位にとっての極めて重要な決定要因だ。要するに、高度なアラインを実現した企業がそうでない企業よりよい結果を残すのである。

こうした考えを現場に適用するために、自分自身の、または自分がよく知る企業について以下の問いの回答を検討してみてほしい。あなたが選んだ企業を、「1＝非常に悪い」から「5＝非常によい」までの5段階で評価してみよう。

1 企業パーパスが明確で、従業員の意欲を促しているか？
2 企業の従業員は指示されたとおりにパーパスを果たす能力が高いか？
3 従業員が協力して仕事にあたれるような、きちんとした企業の仕組みになっているか？
4 企業内の個人やグループが共通のパーパスのもとで団結しているか？

図1・1　企業のアライン・レベル

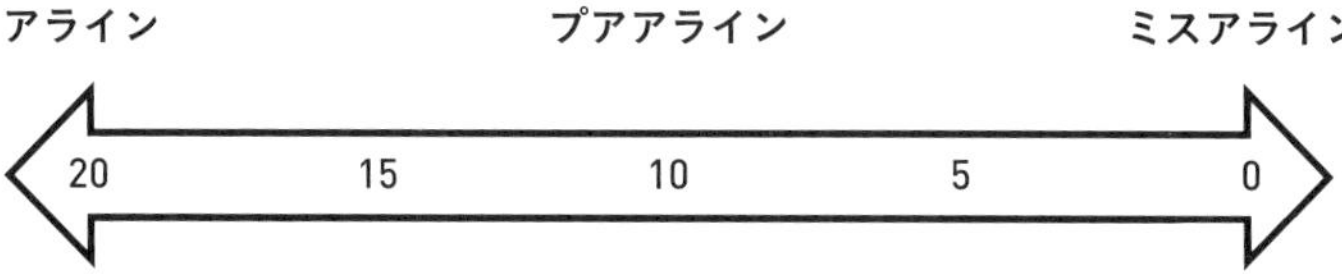

- パーパスが一致している
- ビジョンを共有している
- エンゲージメントが高い
- ロイヤルティが強くコミットメントが大きい
- 信頼できる環境が整っている
- 戦略上望ましい行動をとる
- 組織がまとまっていて結束が固い
- 組織のコンピテンシーが際立っている
- 変化に対応し、時代に取り残されないよう努力している
- 回復力が高く、長期にわたって活動できる

- 利害が対立している
- 明確なビジョンも方向性も定められていない
- 共通のパーパスに対するコミットメントが小さい
- スタッフの離職率が高い
- 戦略が十分に実行されていない
- 変化に抗う
- 価値を台なしにするような行動をとる
- ムダが多く効率が悪い
- 縄張り争いが横行し不信感が募っている
- 一体感に欠けている

Alignment, poor alignment and misalignment (Source: adapted from Trevor, J. (2013). 'From New Pay to the *New*, New Pay?'. *WorldatWork Journal*, 22(1), pp. 19–28.) Copyright © Jonathan Trevor, 2022.

20点満点で何点をつけただろうか？　その点数をつけた理由は何だろう？　とくに懸念される要因はあるか？　あなたが選んだ企業は、**図1・1**の目盛りのどの辺りに位置しているだろうか？

　ほかのすべての条件が同じなら、図の左（20点）に近いほど企業が高いパフォーマンスを発揮すると考えられる。右側の企業は優先事項、利益、前提、行動の面で対立が生じ、悪影響に悩まされる。そうなれば企業からリソースが失われ、価値創出の機会も減ってしまう〈参6〉。同じ質問をしたとき、チームのメンバーはあなたと同じように評価するだろうか？　さらに範囲を広げて、同僚はどうだろう？　彼らがつける点数は、間接的に、前述の4つの質問に加えられる5番目の質問――企業のリーダーシップは有能か？――の答えにもなる。点数が低ければ、改善の余地があるだろう。

本書のここから先の内容を理解するためには、以下に示す2つの点を頭に入れておくことが役に立つ。その1つは、アライン――すべての要素を連携させること――は企業の成功を確実にするうえで重要ではあるものの、結果が不透明であるとして往々にして見過ごされている、ということだ。実際は、成功する企業と失敗する企業の差を説明するのに、アラインは最も重要な要因である。それなのになぜこれほどまでに注目されないのだろうか？　実は、アラインを確実にするプロセスは非常に入り組んでいるために、短期的な成果を出すよう強いプレッシャーで追い詰められている経営幹部は、あっけなく挫折しがちなのだ。企業全体のアラインを成し遂げるには、骨の折れる社員対話を続け、とんでもなく難しい意思決定を行わなければならず、しかも目に見える結果がすぐに出ることは滅多にない。

もう1つは、たとえその重要性に気がついていても、多くのリーダーは戦略上の重要事項であるはずのアラインを**どう考えたらよいか**、皆目見当がついていないということだ。意思決定の結果をふまえて時間の経過とともにアラインを向上・維持していく方法もわかっていない。このセクションの冒頭で指摘したとおり、この本はリーダーシップ・ツールキットのこうしたギャップに対処するための青写真を提供することを目的としている。なぜ青写真が不可欠かというと、複雑な企業内部のアラインは偶然や幸運によって生まれるものではないからだ。それは正しい選択の結果以外の何ものでもないのである。

ほぼ間違いなく、すべてのリーダーシップ・チームに課された最大の責任は、企業をアラインさせて可能な限り業績を向上させ、その後も移り変わりの激しい事業環境のもとでパーパスに適応した行動をとりつづけるために、必要に応じてリアラインすることである。アラインとリアラインは戦略上重要な課題だ。これは、この章の焦点である**戦略的アライン**と次の章で注目する**戦略的リアライン**の本質である。

戦略的アラインとは何か?

何十年にもわたり市場のリーダーとして君臨する世界的ファストフード企業、マクドナルドについて考えてみよう。マクドナルドは規模の経済を最大化し、できるだけ多くの製品をできるだけ効率的に販売することで成功している。毎日7000万人の顧客に商品を提供し、年間200億ドルを超える収益を上げている〈参7〉。世界120カ国以上に3万4000軒ある店舗では、前線で働く130万人の従業員がハンバーガーを1秒に75個以上売る〈参8〉。忠実な顧客層の好みを熟知しているため、正確に需要を予測しムダなく商品を提供することができる。大規模経営を可能にするには、標準化された単純な製品だけを市場に投入しなければばならない〈参2〉。マクドナルドはメニューを標準化してバリエーションの数を減らし、その結果スケーラビリティ〔訳注／規模の拡張に対応できる能力、度合い〕を最大化すると同時にムダを最小限に抑えているのだ。

標準化は、マクドナルドの業務設計のほか、職場文化を含むワークフォース・マネジメント〔訳注／従業員の生産性を最適に維持するための施策全般〕のアプローチにも反映されている。しかも国による違いがほとんどない。マクドナルドの「プレイブック」は、現場の従業員がほぼすべてのタスクをどのように実施するかを定めたものだ（マクドナルドの店舗を思い浮かべてみよう）。現場の業務は意図的に細部までルーティン化されており、スタッフは厳密に規定された作業の強度、質、安全性の標準に従ってタスクをこなす。マクドナルドの店舗を基盤とした文化では、形式化、密接に協力するチームワーク、エラー回避行動、規則遵守が重視される〈同上〉。これらの要素のすべては、あれだけ大規模な組織を厳密に管理しつづけ、オペレーショナル・エクセレンス〔訳注／現場の業務遂行力やその効率が、競争優位性を獲得するレベルにまで磨き上げられており、競合他社と同じことをよりうまくできること〕を安定的に実現するために必要とされる。マクドナルドは精密な較正《こうせい》がなされた機械——どんなときもすべてのシリンダーにスムーズに点火するエンジン——のようなものだ。そして、それが奏功している。マクドナルドが世界最強ブランドの1つに数えられつづけているのは、偶然ではない。そのロゴであるゴールデン・アーチは、世界で最も認識されているシンボルなのだ〈参9〉。

それに対しアーム社は、初めて聞く名前かもしれないが、おそらくあなたの生活に大きな影響を及ぼしている企業だ〈参1〉。アームのマイクロプロセッサーは、スマートフォン、タブレット、コンピューターから拡大を続けるIoTに至るまで、多種多様な世界のスマート・デバイスの大半を動かしている。世界で1800億台を超えるスマート・デバイス（約95％）が、アームが設計したチップを採用しているのだ〈参10〉。アームの物語は、イギリスのケンブリッジ大学の周辺地域、「シリコンフェン」〈訳注／ソフトウェア、電子機器、バイオテクノロジーを中心とした大規模なハイテク企業が集まるイギリス版シリコンバレー〉のエコシステムで行われている最先端の研究と密接に結びついている。アームの成功を最初から支えつづけているのがその技術革新力だ。マクドナルドとは異なり、アームはあえて規模を小さくしている。6500名の社員は主にケンブリッジにある本部に勤務している。社員は共通の目的と堅固な共通価値を堅持している。これは、技術チームと市場担当チームの協働、高いレベルの技術的自律性、創造的な問題解決への障壁を減らすことを目的としている〈参1〉。

アームは知識経済企業だ。かつてないほど強力かつ効率的なマイクロプロセッサー（つまりはバッテリー寿命の改善）を目指し最先端の設計を生み出している。マクドナルドとは異なり、アームの場合、技術革新力を強化するのに必要な知識の多くは社内にはない。アームが活用するのは、数千名の外部パートナー（ほかの企業や研究者）のネットワークなのだ〈同上〉。彼らはソフトウェアやハードウェアの設計はじめ、オリジナル装置の製造、製品開発、システム統合、販売、研修などのさまざまな分野で業務に当たっている〈参11〉。そのパートナー・エコシステムによって、アームは人工知能、インフラ、セキュリティなど、事業にとって不可欠な分野で新しい知識を手に入れ、統合することができている〈参12〉。

マクドナルドが巧みに機械化されたエンジンだとしたら、アームは有機的なネットワークだ。数百億の異なる主体（細胞）が（シナプスという接合部を介して）つながり合っている人間の脳に例えればわかりやすいだろう。これらのネットワークを通じて知識が生み出され、やりとりされ、統合されて、各部分の総和よりはるかに価値の高い企業（脳）がつくられる〈参13〉。

これを執筆している時点（２０２１年）で、グラフィック・チップを生産するアメリカの企業エヌビディアは、アームの親会社のソフトバンクグループに約４００億ドルでアームの買収を持ちかけた。狙いはアームの力でエヌビディアを「人工知能時代の卓越したコンピューター企業」にすることだという〈参14〉。この話は物議をかもし、まだ成立には至っていない（訳注／２０２２年１月にエヌビディアは買収を断念した）〈参15〉。とはいえ、この一件によって、ケンブリッジで七面鳥小屋を改装してスタートした少人数のエンジニア・チーム――アーム――が、わずか30年で「世界の半導体産業を牽引する存在」に成長したことが証明されたのだ〈参16〉。

一見したところでは、マクドナルドとアームはどちらも非常に大きな成功を成し遂げた企業でありながら、共通点はほとんどないように思える。だが、そう結論づけるのは間違いというものだ。というのも、両社の成功要因は同じ――アラインの強さ――なのだ。どちらの場合も、会社を導いているのは明確な長期目標で、それが社内外で正しく理解され、尊重されている。企業と消費者間（B2C）市場（マクドナルド）か、企業間（B2B）市場（アーム）かの違いはあるが、両社とも選択した事業戦略と市場提供価値にレーザー光線のごとく注力している。マクドナルドもアームも戦略の実行のために何を優先すべきかを明示し、何に焦点を当て、どちらの方向に進むべきかを従業員とパートナーの両方にはっきりと示している。

両社はまた、高度な業務遂行（マクドナルド）、あるいは高度な技術革新（アーム）において、ライバル企業が容易に模倣できないほど際立って高い能力を発揮するために、惜しみなくリソースを投入してきた。どちらも組織の文化、構造、プロセス、人材、そしてテクノロジーを含め、選択した戦略の実行を支えるという目的のもとに会社が組織されている。優秀な人材、IT、業務運用管理システムを活用し、貴重なリソースからハイレベルなパフォーマンスを引き出すところも同じだ。最後に、おそらく最も重要なのは、両社ともにリーダーが企業のあらゆる側面のアラインを戦略上の重要事項と捉えていることだ。彼らは何が正しく機能しているか、さらなる向上が見込めることは何かを常々分析している。そして、他社の成功要因を模倣しようとせず、短期的**かつ**長期的に見て自社に特有の状況に合致したソリューションを自らつくり出そうと努めている。

まさに戦略的アラインを実践しているのだ。つまり、「長期的な目標の達成を最も効率よくサポートするために」〈参1〉、市場アプローチや企業の組み立て方を含め、企業を構成する主要な要素を目的に合うよう調整しているのである。戦略的アラインでは、すべての企業を「事業戦略、組織ケイパビリティ、文化、組織構造、業務プロセス、人材、経営管理システム」〈参2〉からなるバリューチェーン〔監訳注／バリューチェーンは主活動と支援活動におけるさまざまな活動が最終的な付加価値にどう貢献しているかを示すツールとしても使われるが、本書では〝パーパス、事業戦略、組織ケイパビリティ、組織アーキテクチャー、経営管理システム〟を企業内バリューチェーンと呼んでいる〕と捉える。これらすべての要素のアラインの度合いに応じて、企業はそのパーパスを達成することが可能になる。「企業内バリューチェーンの強さは、最も脆弱な要素に依存する」〈同上〉のだ。

したがって、戦略的アラインの対象になるのは、企業の存在意義〔企業パーパス〕や業績〔目的達成度〕をはじめ、その中間やあらゆるレベルに存在するすべての要素、つまりビジネスとマネジメントのほとんどの側面である。そこには企業レベル〔企業全体〕、各部門／事業部門、チームおよび個々の従業員も含まれる。戦略的アラインの考え方は、戦略的に重要な単発の活動にも適用される。例として、プロジェクトマネジメント協会の調査によれば社内横断型プロジェクト・マネジメント・オフィス（ＰＭＯ）〔訳注／組織が実行する複数のプロジェクトの統括管理やサポートを担う部門〕が戦略とアラインしている企業では、ＰＭＯのアラインが不十分な企業と比べて当初の目標と事業目的を達成したプロジェクトは38％多く、失敗したとみられるプロジェクトは33％少ない〈参17〉ことが示唆されている。営利目的か政府機関か非営利団体かを問わず、戦略面で高度なアラインを実現している事業体は、以下の点で優れている。

- **パーパスがはっきりしている**──企業のアラインを支える価値観と優先事項が明確に定められている
- **顧客の立場で考えられる**──変化する顧客の好みとニーズに気を配る
- **差別化されている**──ほかの事業体が模倣できない際立った能力がある
- **焦点が定まっている**──戦略の方向性が十分に理解され、「『有効』と思われる戦略」のイメージがある
- **生産的である**──業界平均を超えるアウトプット、効率的なインプットがある
- **回復力がある**──どんな混乱にも耐える力があり、変化に対応する用意がある
- **魅力がある**──企業の人々の高いパフォーマンス、コミットメント、ロイヤルティを引き出すことができる

それに対し、アラインがうまくいかない事業体の業績は平均を下回る。加えて、市場シェアを巡る競争（商業市場）であれ、リソースを巡る競争（公的および非営利セクター）であれ、市場の競争の凄まじさにはなすすべがない。エコノミスト・インテリジェンス・ユニット〔訳注／イギリスの経済誌『エコノミスト』の調査分析部門〕によれば、大企業の上級管理職500名を対象に実施した調査で、回答者の9割が戦略と遂行のミスアラインにより全部の戦略目標を達成で

きなかったと答えたという。さらに、53％は十分な能力がないために企業がことさら競争や混乱に弱いと答えている〈参18〉。

ほかの条件が皆同じである場合、繁栄する企業もあれば苦労したり失敗したりする企業もある理由として、戦略的アラインは最も重要な要因の1つである。そして、これはリーダーとして重要な注意を払う価値が大いにありながらも、生かされていない強みでもあるのだ。では、戦略上の重要事項として、アラインをどう考えるべきなのだろうか？

1-3 戦略的アラインが実現した企業内バリューチェーン

私の講義を受けているクライアントやエグゼクティブたちに、彼らの会社の現状を説明してもらうと、とても興味深いことがわかる。彼らに自覚があるかないかは別として、それぞれの考え方や自分の役割において何を優先しているかがさらけ出されるからだ。ほとんどの人は、業界（「家電業界に属しています」）や財務諸表（重要な財務活動）の話をするか、（まさに）機械工学の図にそっくりの、いろいろなボックスを線でつなげた組織図を描いたりする。問題は、そうした偏ったレンズを通して企業を見ていると、支離滅裂な意思決定、相反する優先事項、一貫性のない情報伝達、混乱を生み出しかねないことだ。

図1・2を見てほしいのだが、このセクションでは、バリー・ヴァルコー博士との協働[注4]によって生まれた「企業内バリューチェーン」という重要な枠組みについて検討する。このセクションの目的はリーダーが適切な問いかけをし、全社的な対話を充実させ、可能な限り最善の選択をして戦略的アラインを達成するのに力を貸すことにある。

すべての企業内バリューチェーンを構成する普遍的なつながりを順番に説明していこう。

1 企業パーパス　企業パーパスとは企業の不変の存在意義である〈参2〉。企業が存在し、好不調の波はありながらも存在しつづけている理想的な理由と言ってもよい。企業パーパスは、事業が世の中にプラスの影響を発揮したいという願望、そして外部の人々に関心を持ってもらいたい理由を的確に伝えるものでなければならない。自分の会社について、以下の点を考えてみよう。

[注4] それ以外の知見と実例は、以下を参照。Trevor, J. & Varcoe, B. (2017). 'How aligned is your organization?'. *Harvard Business Review*. 7 February. Harvard Business School Publishing.

図1・2　戦略的アラインが実現した企業内バリューチェーン

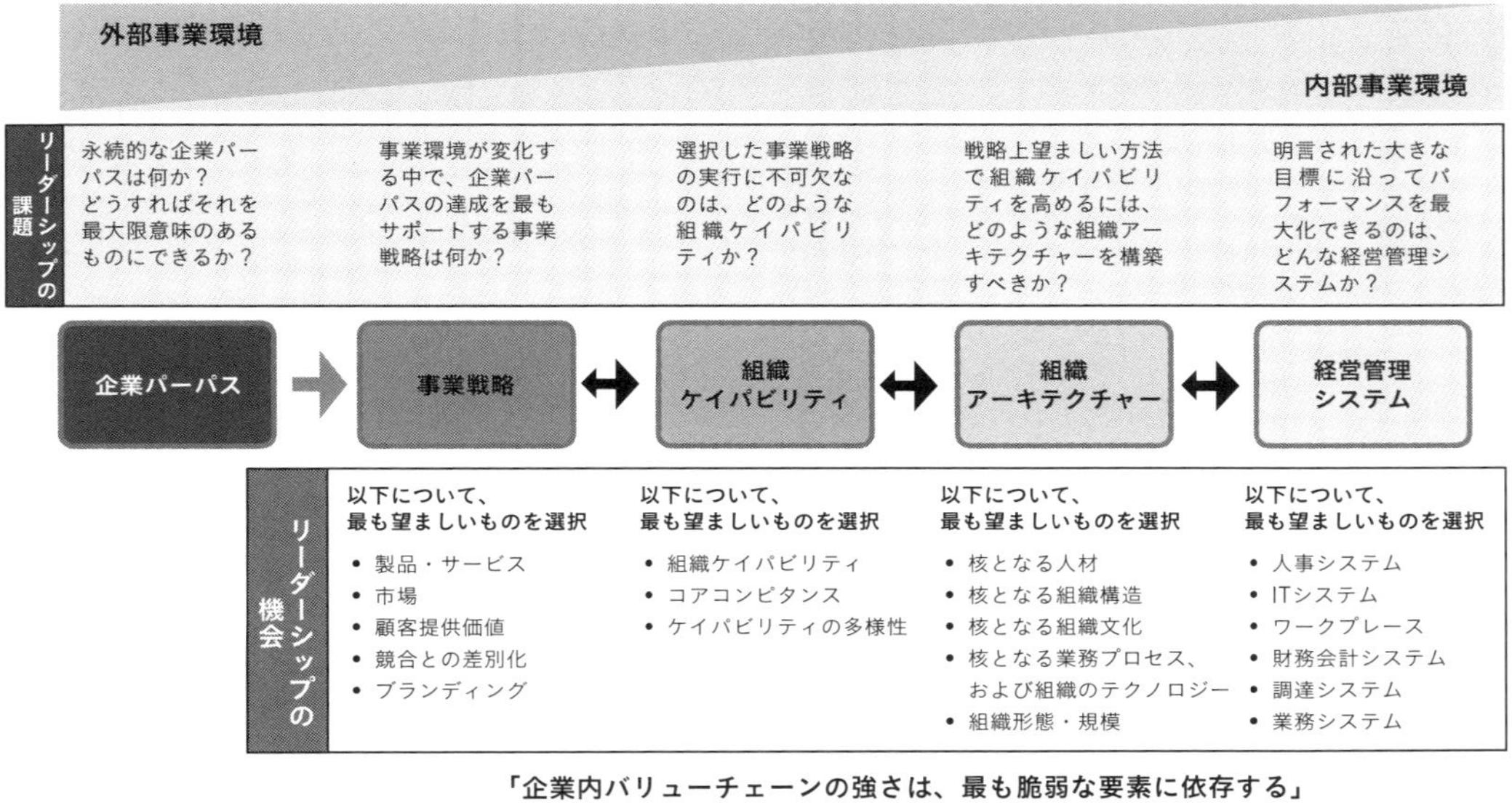

外部事業環境
内部事業環境
リーダーシップの課題
永続的な企業パーパスは何か？どうすればそれを最大限意味のあるものにできるか？
事業環境が変化する中で、企業パーパスの達成を最もサポートする事業戦略は何か？
選択した事業戦略の実行に不可欠なのは、どのような組織ケイパビリティか？
戦略上望ましい方法で組織ケイパビリティを高めるには、どのような組織アーキテクチャーを構築すべきか？
明言された大きな目標に沿ってパフォーマンスを最大化できるのは、どんな経営管理システムか？
企業パーパス
事業戦略
組織ケイパビリティ
組織アーキテクチャー
経営管理システム
リーダーシップの機会
以下について、最も望ましいものを選択
• 製品・サービス
• 市場
• 顧客提供価値
• 競合との差別化
• ブランディング
以下について、最も望ましいものを選択
• 組織ケイパビリティ
• コアコンピタンス
• ケイパビリティの多様性
以下について、最も望ましいものを選択
• 核となる人材
• 核となる組織構造
• 核となる組織文化
• 核となる業務プロセス、および組織のテクノロジー
• 組織形態・規模
以下について、最も望ましいものを選択
• 人事システム
• ITシステム
• ワークプレース
• 財務会計システム
• 調達システム
• 業務システム
「企業内バリューチェーンの強さは、最も脆弱な要素に依存する」

The strategically aligned enterprise value chain (Source: adapted from Trevor, J. & Varcoe, B. (2017). 'How aligned is your organization?'. *Harvard Business Review*. 7 February. Harvard Business School Publishing; Copyright © Jonathan Trevor and Barry Varcoe 2016.)

● 永続的な企業パーパスは何か？　企業として何を行っているか？　それはなぜ重要なのか？

● 企業パーパスによって影響を受けるのは誰か？　ステークホルダーは誰で、なかでもいちばん重要なのは誰か？　その人たちは企業パーパスをどの程度理解しているか？　その価値をどれくらい評価しているか？　それは彼らの意欲や行動にはっきりとあらわれているだろうか？

企業パーパスは、顧客、投資家、規制当局、政府、一般市民といった外部の人たちに高く評価されるほど、長期的に影響を与えられるポテンシャルは大きい。企業パーパスについては第3章で詳しく考察する。

企業パーパスが、あらゆる要素をアラインする際の目印となる**永遠に**光り輝く北極星だとしたら、それ以外のバリューチェーンの要素はどれも皆**絶えず変化している**〈参1〉。それらは外部環境の変化に合わせて、変化していかなければならないからだ。では最初に、事業戦略という動的な要素について検討しよう。

2 事業戦略　企業の事業戦略とは、優位性を求めて競争する市場でパーパスを達成するための手段である。事業戦略には基本的に以下を含めなければならない。第1に、製品やサービスなど、企業が市場に何を提供するかの選択。第2に、顧客やステークホルダーのニーズをくみ取り、競争力を獲得するための理想的な戦略的アプローチ。第3に、市場シェアかリソースか、競争の対象が何であれ、競合企業が最善の努力を払ってもかなわないレベルの差別化を図るための方法〈参2〉。意思決定者が目指すべきは、現在そしてこれからの市場ニーズにできる限りマッチした戦略を立てることであるのは明白である。多様な企業の複数の事業部門には、それぞれに異なる戦略的アプローチが必要になるかもしれない。すべての意思決定者にとって重要な基準は、選んだ市場提供価値が永続的な企業パーパスの実現にどれほど貢献するかでなければならない〈同上〉。自分の会社について、以下の点を考えてみよう。

- 企業パーパスを果たすため、あなたの会社は外部市場にどんな製品・サービスを提供しているか？　それらの需要はどれぐらいあるか？　成長のために優先されるものはどれか？　外部市場に予測される機会と脅威をふまえて、例えば今後5~10年の間にどの製品・サービスを提供しつづける、提供しはじめる、または提供をやめるべきだろうか？
- そうした製品・サービスそれぞれについて、競争力の差別化を図るためには、どんな方法――仮に効率性や技術革新で選ぶとしたら――が顧客要件に一致した製品・サービスを市場に提供し、競合他社から抜きん出る可能性を最大にできるか？

●選んだ戦略を説得力のある顧客提供価値として、そして筋の通った戦略的物語《ナラティブ》および社員のための優先事項として、関係者に明確に伝えるにはどうすればよいだろうか？

右記の問いに対する答えによって、事業戦略の最初の原則、つまり、短期、中期、長期的に企業パーパスを首尾よく実行できるかどうかが決まる。企業の事業戦略は一般的にビジョン・ステートメント、優先事項、計画、施策といったかたちで表現される。事業戦略については第4章で掘り下げたい。

どんなにすばらしい事業戦略を立てようが、実行できなければそれは立派な志でしかない。企業を戦略的にアラインしたければ、組織ケイパビリティ、組織アーキテクチャー、経営管理システムの根本を変えることも考える必要がある。

3 組織ケイパビリティ　組織ケイパビリティとは、選んだ事業戦略を実行に移す能力、コンピテンシー、力量を指す〈同上〉。最も基本的なレベルで言えば、能力のある企業は一般的または業界特有のノウハウ、すなわち事業を日々展開していくのに必要な機能的知識を持っている。とはいえ、機能的な知識は手に入りやすく、それだけで競争の激しい市場で効果的に差別化を図れるなどということはめったにない。競争優位を維持しつづけるには、他社と一線を画す事業戦略と同じぐらい飛び抜けた、そしてそれらに適した組織ケイパビリティを構築する必要がある〈参19〉。

例として、シナジー主導型の事業戦略を実施するのであれば、複合企業は事業部門間で補完し合いながら「クロスバリュー」〔訳注／価値と価値をかけ合わせ、新しい価値を生み出すこと〕の可能性を実現させる必要がある。これには、貴重な顧客インサイトの共有、革新的な実践方法の交換、リソースの共有、新しい市場提供価値を協働で生み出す、といったことが含まれる。あるいは、顧客中心主義を競争力の差別化の基本と仮定したらどうだろう。その場合、企業は顧客に対して高い俊敏性、つまり顧客の好みの変化に極力合わせて市場提供価値を構成・再構成する能力がなければならない〈参2〉。加えて、どのような組織ケイパビリティを伸ばすべきかを選ぶ際には、重要なトレードオフについても慎重に考慮しなければならない。効率と柔軟性の両方をかなえるのは難しい〈参20〉。となると、企業リーダーは戦略上の要件に沿って長期的に成長させるべき組織ケイパビリティ（複合企業の場合は複数のケイパビリティ）を賢く選択しなければならない。あなたの会社はどうだろうか？

- 選択した事業戦略の実現のために、組織全体としてどんなケイパビリティが必要か？　マクドナルドのような最大限の効率性だろうか、それともアームのような最高の柔軟性と技術革新だろうか？　成長のために何を優先するべきか？
- あなたの会社の現時点の能力は？　競合他社の現状は？　どうすれば、同業者が模倣したり身につけたりするのが難しい際立った能力──組織のコアコンピタンス──を獲得することができるだろうか？

● あなたの会社には現時点でどれくらい多様なケイパビリティが求められているか？ 事業戦略と同じように、企業は1つのことだけ（単一の事業部門のために）実行できるケイパビリティがあればよいのか、それともさまざまな数多くのこと（複数の事業部門のために）が実行できなければならないだろうか？

これらの問いに対する答えによって、組織の優先事項が明らかになり、企業をどう組み立てるべきか、つまり組織アーキテクチャーの基準が決まる。組織ケイパビリティについては第5章で検討する。

4 組織アーキテクチャー 組織ケイパビリティには企業の**機能**、つまり企業をそのようにつくった理由が反映されているとするなら、組織アーキテクチャーは実際の企業の**形式**（形態）だ。形式は機能によって決まり、組織アーキテクチャーは組織の核となる構成要素──組織の**文化**、核となる組織**構造**、核となる業務**プロセス**、核となる**人材**──の組み合わせである〈参2〉。構造が適切ならば、それらの要素は戦略上重要な組織ケイパビリティの向上に貢献する〈同上〉。

このような核となる組織の構成要素にはさまざまな形式がある。例えば、組織構造は階層型かネットワーク型か、流動的か固定的か、オープンかクローズか、といった選択肢があるのだ。組織文化なら、個人主義か全体主義か、社内重視型か社外重視型か、コントロール型かエンパワー型か。リーダーは、組織ケイパビリティの要件に合わせて核となる組織の構成要素の理想的な形式を注意深く選択し、組織を正しく設計しなければならない〈参2〉。また、技術革新によって市場競争力を得たい企業であれば、個人の創造性、長期的業績への注力、リスクをとる意欲などの個人の資質を高く評価する。あるいは、コスト抑制戦略を推進する企業であれば、従業員のコスト意識や所定の基準を満たすための業務習熟度、エラーを減らす行動をより高く評価する傾向が高い。自分の会社について以下の点を考えてみよう。

- 自分の会社のケイパビリティを著しく高めるのに必要な、最適な組織アーキテクチャーの設計とはどのようなものか？
- 核となる組織の構成要素——核となる組織構造、文化、業務プロセス、人材——のそれぞれについて、どんな形式を選ぶのが理想的で、できる限り補完的なものにするにはそれらをどのように統合すればよいか？

右の質問に対する答えによって、組織設計の優先順位が決まる。組織アーキテクチャーについては第6章で取り上げる。

5 経営管理システム

経営管理システムは、企業のリソースを活用して望みどおりの成果を達成するのに役立つ方針、手順、慣行である。大半の企業では、人事、財務、業務オペレーション、IT、不動産などの専門分野別に経営管理システムがある。組織アーキテクチャーと同じで、経営管理システムも企業の戦略上の要件を念頭に入れて設計しなくてはいけない（同上）。

企業の人事システム（多くの機能別経営管理システムの1つ）の一要素である、従業員パフォーマンス管理のアプローチを考えてみよう。その管理システムは、個人、チーム、あるいは会社全体（またはそれらすべて）のパフォーマンスを重視するよう設計することができる。手法は主として定性的か定量的か（またはその両方）のいずれかで、目的は前もって決めておくこともできるし、あとで決めてもいい。評価方法は実績重視か成長重視か（またはその両方）のいずれかが考えられる。高度なパフォーマンスを実現するシステムを設計するためには、リーダーはこうしたさまざまな選択をしなければならないのだ。

加えて、どんな形式の従業員パフォーマンス管理システムを選ぼうと、それは企業の人事のその他の側面の管理方法を補完するものでなければならない。その他の側面とは、従業員の報酬、能力開発、キャリアアップ、採用、コミュニケーションなどである。最適な形式を選ぶために、人事部門の専門家など各部門のリーダーは、ほかの部門のリーダーと同様に、未来予測や意思決定の際には部門の垣根を取り払い戦略的に臨む必要がある。企業のリソース管理のために、以下の問いの答えを考えてみよう。

- 各部門（人事やITなど）の戦略およびシステムは、組織アーキテクチャー要件に従って、業績の向上にどの程度貢献しているか？
- 人事、IT、財務、業務オペレーションの管理方法の改善のために、何を変えることができるか？

経営管理システムの詳細は第7章で考察する。

右の問いはいずれも戦略上の選択についての質問だ。あなたの答えから、企業の核の部分、つまり**現状**と**あるべき姿**が見えてくる。戦略的アラインがなされている企業であれば、両者に違いはない。

企業内バリューチェーンでは機能によって形式が決まり、各要素にふさわしい形式を選び、可能な限り企業内バリューチェーンをアラインするのは極めて重要なリーダーシップの役割だ。例えば、企業の事業戦略はそれが永続的な企業パーパスの達成をサポートする限り効率的とみなされる〈参2〉。組織ケイパビリティが戦略的に重要かどうかは、それらが企業の選んだ事業戦略の実行にどの程度役立つかによって決まる。人材やテクノロジーをはじめさまざまなリソースへの投資は、戦略にとって有益な組織ケイパビリティの構築に貢献するのが望ましい。経営管理システムは、企業の核となる構成要素（人材などのリソース）を活用し期待どおりの高度なパフォーマンスが得られるなら、効果的と言える〈同上〉。

問題は、リーダーがしばしば一度に1つの要素だけに注力し、その結果プアアラインが起こり、悪ければ企業内がミスアラインの状態になる可能性があることだ〈参1〉。業績にとって重要なのは、企業パーパスを達成するために、企業内バリューチェーンの全要素をどこまでうまく**アライン**できるかである〈同上〉。戦略という観点で考えると、アラインとはそういう意味になる。戦略的と言えるのは、それが企業の業績と優位性を向上させ、長期にわたって維持するための、明確な目的に従った組織的かつ全社的な試みだからなのだ。

これまでのセクションで行った自己評価をふまえ、自分の会社についてさらに考察を深めてみよう。

1 企業内バリューチェーンはどの程度アラインしているか？ あなたが選んだ事業戦略は永続的な企業パーパスをどの程度サポートしているか？ 同じように、目指す事業戦略を実行するための組織全体のケイパビリティはどれくらいか？〈同上〉 アラインが不十分だとすれば、それはなぜか？ 企業のアラインを阻む障壁として考えられるものは何か？ そして、企業の業績と価値にどんな影響が及ぶか？　とりわけ心配な構成要素はあるか？　アラインを高めるためには、何に注意を集中させるべきか？　そのための話し合いには誰が関与すべきか？　顧客はあなたと同じように考えているだろうか？　外部のビジネス・パートナーはどうか？

2 企業内バリューチェーンの強さが最も脆弱な要素に依存するのだとしたら、それをアラインする責任は誰にあるのだろうか？　そう尋ねたとき、よく聞かれるお決まりの答えは、「CEOと取締役会に決まっているだろう！」である。しかし、限定合理性〔訳注／経営主体は、どんなに合理的な行動をとろうとしても、人間であるがゆえに、さまざまな制約条件によってあくまで限定された合理性しか持ちえないこと〕というものを考えれば、会社の上層部に対する信頼にも限界がある——個人、あるいは少人数のグループが正しい選択をするには、今日の複雑な事業環境には考慮すべきことが多すぎるのだ〈参21〉。ならば、「みんなで」責任を負うべきなのだろうか？　だがその場合、「みんなで責任を負う」は「誰も責任を負わない」に変わりかねないという欠点がある。連携を確保する責任の所在を広げすぎても、まったく意味がない〈参2〉。上述の質問には簡単に答えは出せないが、私の経験からすると、事業環境が極めて不透明な場合はとくに、会社にとって最も有効なのは従業員が積極的に意思決定に参加できるシステムである。

3 企業リーダーの戦略的アラインの能力はどれくらいか？　それが誰であれ、企業リーダーはアラインの重要性を認識しているだろうか？　リーダーは企業内の戦略的アラインに責任を持ち、さらにはそれを実現するだけのスキルと知識を備えているか？ 私がこれまで仕事をしてきた中でいちばん有能な企業のリーダーは、さまざまな点において「マルチ(multi)」である──複数のステークホルダー(multi-stakeholder)に責任を持ち、分野横断的(multi-disciplinary)な知識を有し、マルチレベル(multi-level)でものごとを考え、短期、中期、長期、いずれの場合もマルチフェーズな(multi-phased)計画を策定し、複数の国(multinational)の環境分析を実行する〈参22〉。あなたが働く企業のリーダーは誰で、その人たちは自分に何が求められているか自覚しているだろうか？ どうすればリーダーの能力をもっと向上させることができるか？ 最後にいちばん重要なことを聞くが、リーダーシップ・チームはどの程度アラインしているだろうか？ アラインがお粗末なチームに高度なアラインの実現を目指して企業を率いることなどできるはずがない。

ここまで、戦略的アラインとは何か、そして業績や競争力の強化を目指してそれを「正しく実行する」ための**考え方**を中心に検討してきた。アラインを巡る問題にはもう1つの側面がある。「失敗」した場合どうなるか、ということだ。あるいはこんなふうに問うこともできる。ミスアラインにはどんなリスクがあるのだろうか？

1-4 アラインがパフォーマンスに直結するなら、ミスアラインはリスク

1-1は実在する企業にヒントを得た、ミスアライン状態にある企業の物語だ。リーダーたちは的確な質問をせず、全社で戦略についての議論を行うこともせず、会社を1つの企業として率いるために足並みをそろえて行動していなかった。事業戦略には、変化する顧客の嗜好や競合企業のケイパビリティといった新たな現実も反映されておらず、他社から抜きん出る、すなわち差別化が容易な構成でもなかった。焦点はぼやけ、市場で成功するにはどうすればよいか、どのように構成すべきか、といった視点も失っていた。

世界的金融機関のバークレイズは、プアアラインがリスクとなったもう1つの例である。ほかの銀行同様に、バークレイズは不適切な業務処理で過去10年間に数え切れないほど制裁金の対象になっている[注5]。バークレイズの苦境は周知の事実だが、私たちはそれを一部の悪人や不正を働く従業員が引き起こしたものと思いがちだ〈参1〉。ところが、2013年にバークレイズの委託により実施された独立した調査は、それは組織文化を管理できないリーダーシップによる企業全体の失敗によるものだと非難した。「当然ながらバークレイズが批判を受けている事業慣行は、主として不安定な基盤の上に立つその企業文化によって形づくら

れたものだった。20年足らずの間に著しい成長を遂げ多様化してきたグループには、共通の目的意識というものがなかった」〈参23〉。組織全体のガバナンスと業績を向上させる（すなわちよりよいアラインを図る）ため、現在のバークレイズは社員数、銀行業務の範囲、世界的なプレゼンスのいずれも大幅に減らし、イギリスおよびアメリカでのリテールと投資銀行に注力している〈参24〉。

アラインは裏表のあるコインだ。だが、確かに業績に直結するものの、その逆、つまりミスアラインが必ずしも業績の悪化を引き起こすとは限らない。アラインがうまくいかないときに生じるのは、**不必要なリスク**のほかに、機能不全、ムダな努力、思慮に欠ける行動、偏ったリソース配分といった、価値を破壊する企業行動なのだ〈参22〉。例えば、部門間協力の文化を生み出そうとしても、異なる事業部門や職能部門の人たちと関係を構築しようという従

［注5］例を挙げると、国際緊急経済権限法および敵国貿易法違反（2010年に2億9800万ドルの和解金支払い）、支払保障保険の不適切な販売（バークレイズは2011年に不適切に保険を販売した顧客に10億ポンドの補償金を確保することに同意）、外国為替レートの不正操作を巡るイギリスおよびアメリカ当局との和解（LIBOR〔訳注／ロンドン市場の金融取引における銀行間取引金利〕およびEURIBOR〔訳注／欧州銀行間取引金利〕、2012年の罰金額は4億5000万ドル）。また、共謀のうえ外国為替相場を固定したとしてアメリカ司法省などから罰金を科された（2015年に7億1000万ドル）（出典：www.corp-research.org/barclays）。これらをはじめとする処分は、今もなお同行の利益に打撃を与えている（出典：www.telegraph.co.uk/business/2018/10/22/serious-fraud-office-presses-case-get-criminal-charges-reinstated/）。

業員の努力が階層型組織構造によって阻まれれば、完全に失敗するだろう。同様に、組織に適さない（人材やITなどの）経営管理システムを導入すれば、戦略目標や企業の価値観に相反する動機や業務慣行を生じさせ、企業のエンジンルームに有害な摩擦を引き起こす。戦略的アラインのためのアプローチは、リーダーが企業の業績を最大化すると同時に不必要なリスクを最小限にするための手段なのだ。

ではなぜこれほど多くの企業がアラインの確保に苦労しているのだろうか？　考えられる理由は山ほどあるが、とくに顕著なのが次の3つである。単刀直入に言って、第1の理由はリーダーの力不足だ。これはしばしば業績向上へのプレッシャー、時間的余裕のなさ、あるいは不測の事態に対する認識と理解の欠如に起因する〈参2〉。企業リーダーはベストプラクティスの処方箋の甘いささやきに惑わされ、いやそれどころか欺かれた末に、企業パーパスに合わない戦略や手段やシステムを導入しかねない。また実行面では、リーダーはアラインを実現した企業に関するビジョンを、顧客、投資家、従業員などのステークホルダーに関心を引くわかりやすい方法で伝えることができていない。ギャラップ〔訳注／アメリカの世論調査およびコンサルティング会社。世界各国の企業を対象に実施したエンゲージメント調査が有名〕の調査からは、自分が働く企業の存在意義や競合との差別化要因を理解している従業員は10人中4人（41％）にとどまることがわかっている〈参25〉。

これまでに私はあらゆるセクターで苦戦するリーダーシップ・チームを見てきた。苦戦の

図1・3 戦略的アラインについてチーム内で話し合う頻度

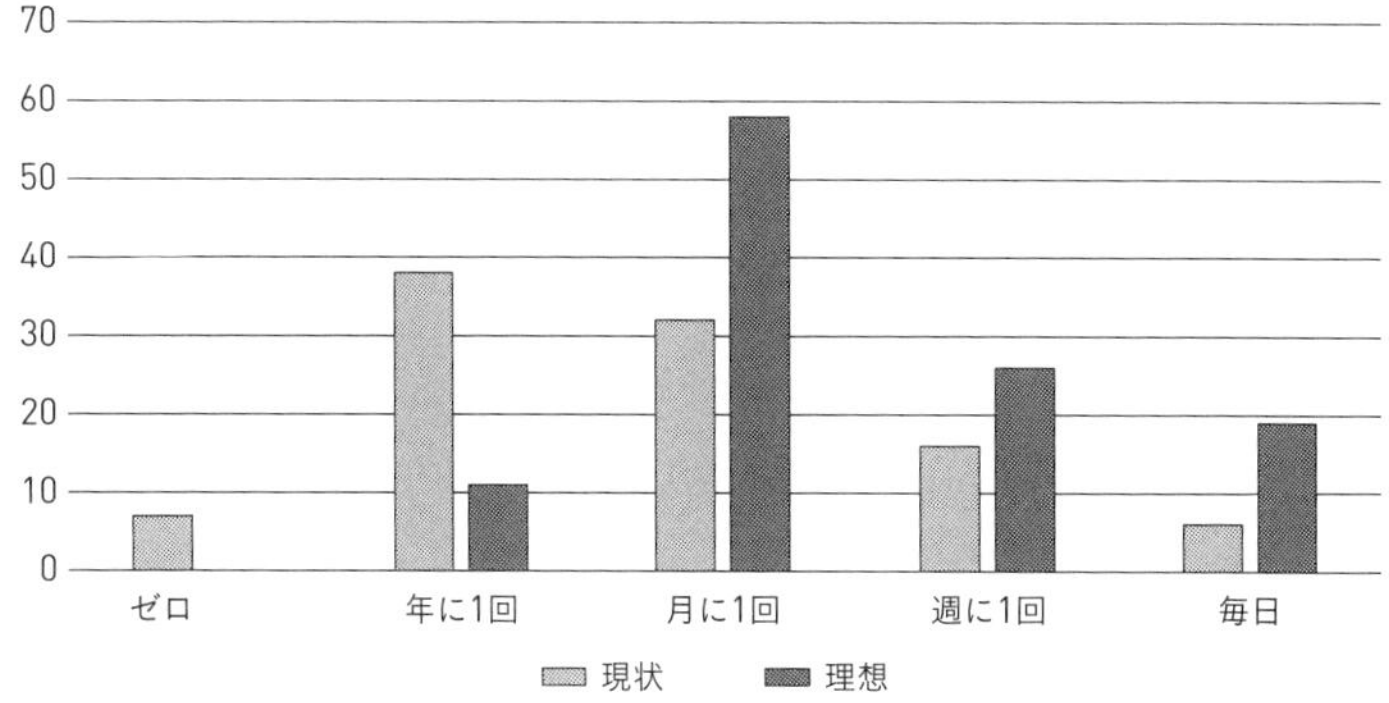

Time spent talking about strategic alignment within teams (Source: Oxford IEDP Survey, April 2021.)

理由は多くの場合、戦略上の重要事項についての議論に十分な時間をかけていないからだが、それは経営幹部を対象にした幅広い調査の結果とも一致する〈参26〉。**図1・3**が示すのは、80社の企業リーダーに戦略的アラインについてチーム内で話し合う頻度を尋ねた調査結果だ。その結果は驚くべきものであった。データによれば、戦略的アラインの議論をいっさい行っていないと答えた人もいる。議論をしていると答えた場合でも、大部分は年に1度かせいぜい月に1度のペースがいいところだ。にもかかわらず、回答者のかなりの割合が、企業パーパス、戦略、組織のアラインについて毎月、毎週、いや毎日でも話し合うのが理想的だと考えているのだ。

リーダーが実施すべきと思っているような頻度で戦略的アラインの議論をできていない

ことは明らかだ。この事実が重要なのには2つの理由がある。1つは、戦略的な方向性が示されていないと活動自体を進捗と勘違いしてしまいがちだが、もちろんそうではない〈参2〉。もう1つは、戦略的なリーダーシップの欠如は、企業内のプアアラインが発生し、さらにはミスアラインの可能性までも引き起こしてしまうからだ。

そもそもなぜ本来すべき頻度で議論ができないのだろうか？　私の経験では、上級幹部たちの多くが業務上の問題に忙殺され、ほとんどの時間をその対応（主導ではない）や火消し、問題解決に費やしている〈同上〉。あなたはチームと戦略的アラインについてどれくらいの頻度で話し合っているだろうか？　それはあなたの希望どおりだろうか？　そうでないとしたら、なぜ思うようにいかないのだろう？　そして、もっと頻繁に話し合いの機会を設け、これから先不意に現れるに違いない混乱を避けるために、何ができるだろうか？

しかも、事業環境はこれまでにないほど複雑化している。今から100年前（第2章で詳述）、組織論として広く重視されていたのは規模と単一性からくるシンプルさだった。一般的に、企業は1つの市場と1種類の標準的な製品の提供に注力していた。企業と人員を含むその流動的要素を最大限単純な形にし、最も効率的かつ標準的な方法で機械的に管理するのが正しい経営慣行とされていたのだ。決まった業務の繰り返しが企業の性質として高く評価され、変化など想定外だった――「壊れていないものを直すな」という理屈である。このような考え方は現在でもある程度は通用するものの、事業環境は、あらゆる形式や規模、あらゆる分野の企業に対してより厳しい要求を突きつけている。

グローバリゼーションと自由貿易は、既存のプレーヤーに新たな市場における莫大な機会を与えたが、よいことばかりではなかった。業績に連動し高額のインセンティブが支払われる企業幹部に対し、高収益を求める投資家は明らかに強いプレッシャーをかけるようになった。また、市場では往々にして、成長が止まった企業は今後失速していくとみなされる。拡大を続けるのは非常に過酷なだけでなく、過剰なリスク負担を招く恐れもある。成長と競争力を求めて、多くの企業は製品・サービスと業務展開する市場を多角化してきた。複数の事業部門を有する数多くの多国籍企業には、製品と地理的条件の二次元のマトリクス（さまざまな市場に複数の製品を提供すること）という共通の特徴がある。事業部門と市場では成功のために必要な条件は異なり、絶えず変化していくため、そうした企業はとてつもなく複雑になる恐れがある〈同上〉。

成長によって複雑化が進むと、企業リーダーには、明白な解決策も容易な解決策も見つからない、いわゆる「厄介な問題」までもが突きつけられる。それらは、情報が不完全だったり、矛盾していたり、意見が対立したり、ほかの問題と複雑にからみ合い解決が難しい〈参27〉。最も優秀なリーダーシップ・チームでさえ、油断していると現代の組織運営が抱える複雑さに足をすくわれかねない。どんな企業も、ましてや複雑化した企業ならなおさらのこと、エントロピーの増大——ムダな資本支出（財務資本のほかに人的資本、社会資本、技術資本を含む）という形のエネルギー損失――に陥りやすい。具体的には、入り組んだ多国籍企業はミスアラインを起こし、積極的な管理がなされることなく、あっという間にエネルギーが浪費される傾向がかなり強い。そして、複雑な企業は、本章で前述した事業組織の2番目の定義――それぞれの目標を達成するためにともに行動する個人やグループ――に言い表されているように、崩壊や業績悪化のリスクがいちばん大きいのだ。

また、事業環境は以前と比べて極めて移り変わりが激しくなった。しかも変化は一時的でなく、絶えず続くのである。成熟した市場では、品質とコストによる競争力の差別化の余地が少なくなるのに伴い、製品、サービス、そしてビジネスモデルのイノベーションの存在感が大きくなった。今日、ライバル企業とは別格の製品やサービスを提供し、移り気な顧客に訴求したければ、いつまでも同じ製品・サービスを市場に送り出すわけにはいかない。もっと範囲を広げ、顧客の購買行動（彼らの好みやニーズ）と企業の経営方法の両方の観点から考えると、デジタル技術の導入はあらゆる業界で変化のペースを加速させている。新しい製品やサービスの開発（上流）から流通（下流）に至る企業内サプライチェーン全体に沿って、デジタル・トランスフォーメーションはすべての領域でそれぞれの事業をどうこなすかを根底から変えつつあるのだ。

アラインの観点から見ると、絶え間ない変化は2つの難題を突きつける。まず、企業パーパスはほぼ変わらなくても、事業環境の変化に足並みをそろえるために、戦略と組織構造は変えなければならない〈参2〉。常に変化が起きている状況で企業内バリューチェーンのすべての要素をアラインするのは、とうてい手に負えないモグラたたきをしているようなものだ[注6]。

次に、リーダーが意図的に別の方向に舵を切らない限り、企業はいつまでも同じ道を進もうとする。こうした現象は専門用語で「経路依存性」と呼ばれ、もはや意味をなさなくなっても既存の習慣や慣行に固執する原因となる。とくに顕著なのは、成果が不透明であるにもかかわらずリーダーが戦略的な意思決定を求められる場合だ。未来にとって何がベストかの確信がないままでは、マネージャーはしばしば現状維持を望み、対応する準備もろくにしないでいるうちに、結局は遅かれ早かれ事業環境の変化に巻き込まれる。現時点で最高度のアラインがなされている企業でさえも、環境が変わるペースについていけなければ、いつか必ずほころびが見えはじめるだろう。

典型的な例として、ゼロックスについて考えてみよう。1970年代、ゼロックスはコピー機供給の紛れもない市場リーダーだった。電気掃除機のフーバー（Hoover）のように、ゼロックス（Xerox）もまた書類をコピーする行為を意味する動詞として辞書に加わった〔訳注／英語のhooverには「掃除機をかける」、xeroxには「コピーをとる」という意味がある〕。印刷機器という中核

[注6] ご存じない方のために言っておくと、ゲームセンターの「モグラたたき（whac-a-mole)」はウィキペディアでは「ランダムに顔を出すおもちゃのモグラを木槌で叩いて穴に戻す」ゲームと説明されている（https://en.wikipedia.org/wiki/Whac-A-Mole)。

事業に加え、ゼロックスはパロアルト研究所で新たなテクノロジーの開発にも投資していた。1973年、ゼロックスは「アルト」を発明し、新興のパーソナル・コンピューター市場で競合企業より優位に立った。グラフィカル・ユーザー・インターフェースにスクロールできるマウスを備えたゼロックスのアルトは、世界初の現代版パーソナル・コンピューター（PC）の称号に最もふさわしい存在だ〈参28〉。

にもかかわらず、ゼロックスは新しいテクノロジーを生かすことができず、（スティーブ・ジョブズの言葉を借りれば）「ぐずぐずしている」間にあっという間に他社に追いつかれた——ビル・ゲイツがマイクロソフトを、ジョブズがアップルを設立したのだ〈同上〉。ジョブズはこうも述べている。「ゼロックスはコンピューター産業を手中に収めることができたかもしれない。90年代のIBMに、90年代のマイクロソフトになれたかもしれないのだ」〈同上〉。あれから30年後、そして現在（2021年）まで時間を早送りしてみると、アップルとマイクロソフトは時価総額世界一の座を巡って争い、それぞれの時価総額は2兆ドルを超える〈参29〉。対するゼロックスの時価総額は45億ドルだ〈参30〉。

ゼロックスはなぜ、当初の技術的優位性を巧みに活用し、20世紀後半に最高の収益性を誇る市場のリーダーになれなかったのか？　調査の結果、その答えが「コンピテンシー・トラップ」と呼ばれる現象にあるかもしれないことがわかった〈参31〉。「コンピテンシー・トラップ」とは、既存の知識、行動、能力（または、企業内バリューチェーンの用語を使うなら「組織ケイパビリティ」）だけにとらわれて、外部の脅威や可能性に効果的に対応できなくなる状況のことである。過去に企業を成功に導いたものが、必ずしも将来の成功を保証するとは限らないというのに、すでに熟知し効果が証明されている事業を無視するのは難しいものだ。ゼロックスは新しい市場機会をつかみ取ることができなかったのに対し、競合企業は素早く行動し長期的な強みを手に入れたのである。

1-5 アラインによって混乱を乗り越え、業績を向上させる

今日の事業環境で変化が常に起きているのは確かだが、世の中には経済や産業、企業のほか、日常生活をも根底からひっくり返しかねない極端な変化——ディスラプション・混乱——がもたらすエピソードがいくつも転がっている。新型コロナウイルス感染症が引き起こしたパンデミックがその一例だ。それは私たち全員にとてつもない影響を与えたが、業界や企業によって混乱の程度はさまざまで、ある者にとってそれは機会であり、またある者に

とっては脅威でしかなかった。

例として多くのテック企業、なかでもＺｏｏｍに代表されるオンライン会議プラットフォーム、ネットフリックスをはじめとする映像ストリーミング・サービス、アマゾンなどのオンライン・ショッピング業界の企業の業績は右肩上がりだ。アマゾンの収益は２０２０年３月の25億ドルから２０２１年３月には81億ドルと3倍以上に増えた〈参32〉。グーグルの親会社であるテック企業アルファベットは、２０２１年第１四半期の純利益を１６２％と大幅に伸ばした。これはパンデミックのさなかに検索、ストリーミング、その他のオンライン・サービスを利用する人の数がこれまでになく増え、広告収入が3割以上増加したことによるものだった〈参33〉。

ロックダウンの期間には、オンラインで購入し家で利用できる製品やサービスも爆発的に売れた。エクササイズ機器メーカーのペロトンは、２０２０年に売上高を１７２％増やしている〈参34〉。ペロトンは一般的なエクササイズ製品と、専用の動画配信サービスを介し提供されるパーソナル・トレーニング・セッションを組み合わせることで成功した。困ったことに需要に供給が追いつかず、一部報道によるとペロトンは苦境に陥っているという〈参35〉。

それに対し、小売および娯楽業界は大打撃を受け、政府の支援にもかかわらず、客数の落ち込みから大手チェーンを含む数多くの企業が撤退に追い込まれた。世界的な旅行産業も同様に、パンデミック当初から窮地に立っている。２０２０年３月の時点で、アメリカ発の国際線定期便の数は前年から72％減少。イギリス発、中国発の便数はそれぞれ81％、90％減っている〈参36〉。

国際的な航空会社の英国航空（British Airways: BA）は業界全体を揺るがす大混乱に打ち勝つべく、大胆なコスト削減策をとった。新型コロナウイルス感染症が招いた難局を乗り切るため、パンデミックの初期に（4万2000人中）1万2000人の人員削減を発表した。BAだけではない。同じくイギリスに拠点を置くライバル会社のヴァージン・アトランティック航空は、2020年に従業員の3分の1をレイオフした。同じ頃、多くの航空会社では乗客数減少に対する革新的なソリューションを見つけようという動きが加速した。なかでも全日空は、新型コロナウイルス感染症による旅行制限への対応策として、検査結果やワクチン接種履歴を明示する世界共通の画期的なデジタル証明書「コモンパス」をいち早く試験導入した〈参37〉。全日空はまた、顧客とのつながりを維持するために、飛行機を使った旅が制限される中で「地上」の生活を楽しんでもらおうと、ロイヤルティ・プログラム会員を対象に、オーダーメードのメディア・コンテンツやエンターテインメント・サービスをはじめとした幅広いデジタル・サービスも提供している。

こうした例からわかるように、将来成功するチャンスをつかむには、当然ながら現在の企業とそのリーダーは**戦略的リアライン**──変化する環境にうまく適応するために企業を再構築すること──を図る能力がなければならない。これは、リーダーが複雑化に直面する中でアラインを向上させようとしているか、すでにアラインのとれた企業を事業環境の変化に合わせて変えようとしているか、新型コロナウイルス感染症のような深刻な危機を乗り切ろうとしているのかにかかわらず、いずれの場合にも言えることだ。

以下にこの章の重要ポイントをまとめておこう。

1 アラインはあらゆる企業の業績にとって不可欠であり、戦略上の重要事項として扱われなければならない。

2 すべての企業は共通の要素で構成されるバリューチェーンである。そのうちの最も脆弱な要素が企業の強さを決定づける〈参2〉。

3 アラインは業績に直結し、ミスアラインは企業運営のあらゆる側面において不必要なリスクを招く。

4 アラインが実現できるかどうかは、企業内バリューチェーンのすべての要素におけるリーダーの選択の質にかかっている〈参22〉。ある企業に有効な戦略と組織設計が、別の企業にも奏功するとは限らない。

5 最後に、今日の流動的な事業環境では変化とディスラプションがいつ起きてもおかしくないことを考えれば、巧みなアラインを実現している企業であろうと、今後長期的に見てアラインがうまくいかなくなる、あるいはまったく機能しなくなる可能性はある。リアラインはそんなときの打開策だ。

最後のポイントがとくに当てはまるのが、ディスラプションが起きて企業の成長が見込めないときである。戦略的アラインは、極めて健全で最高の業績を上げることができる企業の最適な均衡**状態**と考えていいだろう。対して戦略的リアラインは、企業がアラインを強化する、あるいは事業環境が変化しても目的に適合しつづけられるように企業を変革する**プロセス**だ。言い換えるなら、戦略的アラインは、現状をよりよくするために**何を実行すべきか**ということであり、一方、戦略的リアラインは現状をよりよくするために**いかに実行すべきか**という方法である。

どちらも企業リーダーにとって戦略的に何よりも重要であり、主要な務めでもある。次の章では、企業をリアラインして混乱を乗り越え業績を向上させる方法を見つけるのに効果的な思考プロセス、枠組み、指針となる実例を提示する。

第2章

戦略的リアライン

Strategic Realignment

2-1 必要は発明の……いやリアラインの母

「ポピュラー・ブランド・タバコ（PBT）」（仮名）はまるで物語のような過去を謳歌し、150年以上にわたり国際的なたばこ市場で主要プレーヤーとして君臨しつづけた。PBTはヨーロッパで誕生し、20世紀半ばから終盤に至るまで成長を続け、わずか4社しかない真のグローバル・プレーヤーの1つとなった。世界のライバル企業と同様に、PBTの製品ポートフォリオを構成するのは多数の国内向け銘柄といくつかの国際的な銘柄だ。銘柄を問わず、PBTの製品は品質と口当たりのよさで知られ、どの地域の市場でも最高の水準を誇った。数十年にわたって高い収益性を維持していたPBTは潤沢な資金を有し、堅調な業績と安定した成長で株主に応える企業だった。PBTでは歴史と伝統と卓越性がほとんど神聖視されていた。PBTといえば名門であり、その強いルーツは安定性と一貫性を意味した。

21世紀になっても、PBTは相変わらず名門企業の雰囲気を漂わせていた。豪華な造りの本部では、幹部たちが見事な眺望の高級ダイニングルームで食事を楽しんでいた。PBTは高度に分権化された企業であるため、本社はいかにもこの会社の管理部門の中枢――脈打つ心臓部ではなく頭脳部――のように感じられた。以前からPBTは、非常に優秀な人材を海外駐在員として世界中に派遣し、大きな潜在能力を持つ新興市場で事業を確立し、継続的な成長を確保するという方法に頼っていた。多くの地域や国のオフィスはそれぞれがほぼ独立して業務を行っていたのだ。本部が定めるガイドラインの範囲内ではあるものの、各オフィスは独自のリソースを活用し、地域のリーダーに従ってそれぞれの市場で販売促進に尽力していた。それは実に有効な戦略だった。

既存の市場で長年存在を脅かされる脅威に直面していたPBTにとって、新興市場における成長は思わぬ幸運だった。その脅威の発端は、かねてより大々的に報道されていた訴訟に歴史的な判決が下され、喫煙の健康リスクに大きな注目が集まったことだ。それをきっかけに、喫煙は身体に有害であるというイメージができあがり、すっかり定着してしまった。それ以上に悪かったのは、たばこ産業は著しく中毒性の高い製品の摂取が招く健康リスクをずっと前から認識していたのに公表していなかったという批判の声だった。業界は人間より利益を優先してきた、というのだ。世論はたばこ産業にとってずっと逆風だった。「罪深き業界」などと呼ばれることも珍しくなかった。同じように賛否の分かれる業界の企業は、たばこ産業の動向をじっと見つめていた。

たばこ会社に及んだ影響は明白だった。たばこは罪悪感を伴う楽しみに変わり、喫煙率は年々下落の一途をたどっている。それはいっときの現象ではない。PBTが事業を行ってきた成熟市場においてはとくに、消費抑制策として歴代の政府があらゆる形式のたばこ製品に税金をかけた。わずか数年でたばこ1箱の価格は倍になった。新たに法律が施行され、バーやレストランをはじめ公共の場や閉鎖的空間での喫煙は禁止された。また、規制により業界は、たばこのパッケージに喫煙によって引き起こされる健康被害のショッキングな画像を載せ、購買意欲をそそらないデザインとするよう義務づけられている。テレビや公共の施設に広告を出すことも禁じられた。企業の社会的責任に対する懸念と評判悪化への不安から、業績自体は好調であるにもかかわらず多くの機関投資家がたばこ業界から離れた。優秀な人材は物議をかもす業界にわざわざ就職しようとしないため、採用活動も難しくなった。

結果的に、40年の間に事業環境はとてつもなく過酷になり、主力市場は絶望的なほど衰退した。社会、規制、および政治的環境における心情の変化が喫煙率の低下を招いたのだ。業界に未来はあるのか。そんな声さえ聞かれた。もちろんPBTもこうした困難と戦いつづけた。それでも、崩壊のペースも規模も加速するばかりだった。

会社を抜本的に――ある幹部の言葉を借りれば「スープからナッツまで」[注7]――リアラインする必要があった。具体的には、明示された企業パーパスから市場で成功するための戦略、選択した戦略をどのように構成し実行するかなど、会社のバリューチェーンのすべての要素を見直さなければならなかった。

長期に及ぶ見直しを経て、PBTは新たな目的を掲げ意気揚々と再出発した。最高品質のたばこ製品の製造から、ライフスタイルと健康にフォーカスを移したのである。科学的に低リスクが証明された製品を提供し、有害なたばこを根絶することがPBTのミッションになった。その新しい目的のもとで、ＰＢＴはたばこ会社ではなく「ライフスタイル企業」へと生まれ変わったのだ。

それと同時にブランディングも、男性中心のモータースポーツのスポンサーなどの従来型チャネルからシフトした。替わって注力するようになったのは、多様なマーケティングの「ペルソナ」――ＰＢＴが将来ロイヤル・カスタマーになると期待する人々のタイプ――に向けたウェブ主体の広告である。若くて健康で道徳的にも健全な彼らのイメージは、かつて製品広告を独占していた、たばこを吸う白人男性という象徴的なヒーロー像とはまったくかけ離れていた。

最も顕著な変化は、たばこに替わる新たな製品ラインの導入だ。それは「パワーパック」と呼ばれ、見た目も使い方も従来のたばことは似ても似つかないものだった。マウスピースと充電部がなめらかに一体化したその形状は、スマートフォンにそっくりだ。しかもまさにスマートフォンと同様に、個人の好みに合わせて色やポーチを選ぶことができるカスタマイズ可能なファッション・アクセサリーなのだ。そのうえペンタイプのものを含む電子たばこと同じ充電式であり、使い捨てではない。化学的に見ればニコチンが含まれていることに変

［注7］「スープからナッツまで」は、ヨーロッパの伝統的な晩餐会の食事では最初にスープが、最後にナッツが供されることから転じて、「最初から最後まで」、「何から何まで」といった意味がある。

わりはないが、たばこではなく風味つきのジェルを使用し、健康リスクを低減したと科学的には言われている。

パワーパックはたばこの風味と代替品によるリスクの軽減、それぞれの長所を体現したという。それらは公衆衛生上の問題の技術的ソリューションとなった。PBTは大きく崩壊した市場で差別化を図ることができる新製品、パワーパックに賭けていた。

組織全体として見ると、この会社をリアラインするには形態と規模の変更が必要だった。最盛期、PBTは世界中で数万人の社員を雇用していた。現在でもまだ規模は大きいが、以前のように各国の支社ではなく地域の主要拠点の社員数を減らすことで、今後はスリム化が進むだろう。PBTはグループとしての構造化が緩く地域の独立性が強い分散化した組織だったが、今後は極めて中央集権型になるかもしれない。新製品は共通のグローバル標準に沿って一元的に設計・生産されるようになった。多くの銘柄はすべて1つのグローバル・ブランド、「パワーパック」に統合されつつあった。

このアプローチは効率的だっただけではない。1つの標準化された製品ユニット、パワーパックは、顧客からすると実にカスタマイズ性が高い製品だった。有形製品を補完するアプリが開発され、それを活用すれば、「ユーザー」(「喫煙者」とは呼ばない)だけに提供される、生活を豊かにする幅広い「体験」にアクセスすることができる。一般的な20本入りのたばことは提供価値がまるで異なっていた。

それを実行するには、根本的に新しいケイパビリティが必要だ。採用活動の主眼は技術者と科学者に置かれるようになる。新入社員は総じて若く、ほとんどがたばこ業界での経験はゼロだった。「古参」の社員にしてみれば腹立たしいのだが、新生ＰＢＴにとってそんなことは問題でなかったようだ。再出発に合わせてオフィスも改装された。お役所のような堅苦しい雰囲気だったオフィスは、明るく風通しのよいオープンプラン式のオフィスに生まれ変わり、まるでテクノロジー・スタートアップのようだった。鮮やかな色遣い、気取らない雰囲気、フレックスタイム制、階層とはまったく無縁の職場。そうした変化の何もかもが好意的に受け入れられた。

だがその反面、長くこの会社に勤め、上司としていまだに「ミスター」、「ミセス」の敬称つきで呼ばれる社員の多くには、それは耐えがたい変化だった。業界が苦境にあえいでいても、彼らはＰＢＴとその歴史に誇りを持っていた。勤続25年を超える社員が多く、会社へのロイヤルティは凄まじいほど高かった。しかし彼らの愛着心は諸刃の剣だ。扱いを間違えば、たちまち反発の声が上がる恐れがある。その難しさは単純な製品変更の比ではない。

幹部たちからは、ＰＢＴのリアラインは空中で航空機を修理しようとするようなものだという、率直な不満の声が聞こえてきた。市場で短期的に業績を上げろという要求を満たそうとすれば、地上に着陸して修理や大幅な改革を行う（つまり利益を出す活動を中止する）余裕はない。変革を進めている間も、ＰＢＴは引き続き従来製品に大きく依存していた。その一方で、事業のやり方に著しい変化を起こさない限り、ＰＢＴに長期的な未来はない。ビジョンは大胆に、それでいて変化は漸進的でなければならなかった。ＰＢＴのＣＥＯはこう言った。「短期的な生き残りと長期的改革の微妙な境界線を、慎重に歩かなければならないと思うと夜も眠れない」

戦略的アラインが奏功するかは時間が経てば明らかになるだろう。だが、避けられない事業環境のディスラプションを乗り越えるために組織をリアラインさせようと試みたことで、少なくともＰＢＴは未来をつかむべく戦うチャンスを手に入れた。

2—2 戦略的リアライン

前の章は、複雑化が進む、変化の激しい混乱した事業環境に適応できなければ、企業の業績は悪化し、価値が破壊され、機能不全に陥るのは避けられないとの警告で締めくくられている。多くのリーダーシップ・チームは、企業内バリューチェーンの動的な要素を見直し、変化する市場の要件に対応した、最も適切な事業戦略または組織設計、あるいはその両方を選ぶことを何より優先しなければならない。これが私の言う「戦略的リアライン」のプロセス（そして本書にこのタイトルをつけた理由）である。当たり前ではあるが、そうした「プロセス」の結果、企業の現状に程度の大小はともかく変化が生じる。さらに、高度なアライン「状態」を確保して長期にわたりそれを維持するために、そしてさらに重要なのは事業環境の混乱を乗り越えるために、戦略的リアラインは不可欠なのだ。

外部環境が変化する中、企業リーダーの主要な目的は新たな機会と脅威に対応するための改革だ。この分野の考え方には立派な起源がある。チャールズ・ダーウィンの非凡なる研究としていちばん印象深いのは、おそらく自然淘汰説の原則だろう。自然淘汰とは個々の種のゲノムと環境の相互作用により変種（変異）が生み出されるプロセスである。環境適応に優れた変種は数世代にわたって生きつづけ進化していく〈参38〉。反対に、適応力のない変種はやがて淘汰されるのだ。

生物として生き延びられるかどうかを左右するのは、環境の変化に合わせて特定の変種として進化するそれぞれの種の能力だ。つまり適者生存の法則というわけである[注8]。同じ原則が市場と企業行動にも当てはまる。本書の「はじめに」に記したように、アラインは適応

[注8] 多くの人が誤解しているが「適者生存」という言葉は、チャールズ・ダーウィンではなく、1864年にハーバート・スペンサーによってつくられた。出典：Spencer, H. (1864). *The Principles of Biology* (two vols). London: Williams and Norgate. *A System of Synthetic Philosophy, Volume 2.*

度と同意語であり、環境の要件にいちばん「適応」、つまりアラインできる種が最強なのだ。しかも環境は常に変化しつづけているのだから、企業が生き残り、繁栄を目指すのならば、リアライン――ダーウィンの言葉で言うなら「変種」――は絶対条件なのである。

環境の変化はさまざまな形で起こり、個人、チーム、部門、企業、そして業界にさまざまな方法、さまざまなレベルで影響を及ぼす。例えば、変化は繰り返すかもしれないし、一時的かもしれない。変化の小さいものもあれば大きいものもあり、影響が及ぶ期間にも長短がある。絶え間なく変化が起きれば、その影響で大きな混乱が発生し環境は激変する。新型コロナウイルス感染症のパンデミックがその一例だが、これが唯一の例ではない。政治的、経済的、社会的、技術的、法的な変化の要因を含め、変化と混乱の源はあらゆる社会の側面に存在し、多くの既存戦略と働き方をいとも簡単に時代遅れにする。それに対処するための方法がリアラインだ。経営学教授レオン・C・メギンソンの言葉を借りると[注9]、「生き残るのは最も強い種でも、最も知能の高い種でもなく、最も変化に対応できる種である」〈参39〉。

ただし、生物的存在の「身体で構成される」世界の原則と法則で説明できるのはここまでだ。なぜなら企業をはじめとする事業体は「社会的に構築されている」からだ。基本的な事業体の形態である企業や慈善団体、政府機関などは、人間がそれらを受け入れるからこそ存在する主観的な概念である。事業体は自然発生するものではなく、よって自然の法則に完全に従うものでもない。人間が行動を起こすことによってのみ、企業、政府機関、公共団体、慈善団体は生み出され、長い間存在しつづける。私たちが身を置く物理的に構築される世界と社会的に構築される世界のこうした重要な違いを頭に入れたうえで、自然淘汰と**人為淘汰**を比較する必要がある。その名が示すとおり、自然淘汰には何の意図も働いていない。結果を意識せず自然に発生するプロセスだ。それに対し人為淘汰は意図的なプロセスで、そこには、変化する環境に最適かどうかという基準に照らして、長い間保持する価値がある性質や特徴を淘汰（選択）し、基準に合わないものを選択対象から除外する人間の行為が伴う。

人為淘汰は人間の経験の重要な側面であり、種としての成功のカギを握っている。そして、人為淘汰には選択が正しいかどうかの慎重な判断が伴う。そのような判断は人間の「活動」そのものだ。この場合で言うなら、それは人間が自らの意志で行動し、個人、家族、コミュニティ、社会全体として充実した人生を送るために利用する事業体の形態と機能を選ぶという、私たち人間だけが持つ能力である。この控えめなビジネス書でことさらドラマティックな話をするつもりはないが、戦略的アラインと戦略的リアラインという行為は、幅広い意味で捉えるなら、私たちの人間らしさの本質的な表れなのである。私たちは自分の手で現状をよくする方法を選ぶことができる。これはほかのどんな種にもない人間だけに与えられた特

［注9］インターネットによると、「適者生存」と同様に、「生き残るのは最も強い種でも、最も知能の高い種でもなく、最も変化に対応できる種である」もやはりチャールズ・ダーウィンの言葉であるとたびたび間違って紹介されている。

権である。何と重い責任だろうか！

政治とビジネスと社会の境界が曖昧になる一方の昨今では、とくに私たちはしばしば感情に訴える言葉を使ってリアラインの試みを表現する。国連の持続可能な開発目標は、なかでも不平等を減らし、環境の持続可能性を向上させ、人権を保護するために企業や社会の行動をリアラインしようという提案の一例だ。より最近では、新型コロナウイルス感染症のパンデミックから生まれたキーフレーズの1つ、「ビルド・バック・ベター（Build Back Better：よりよい復興）」がある。政治かビジネスか、あるいは双方の共通部分かを問わず、新型コロナウイルス感染症がもたらした混乱はリーダーに未来のために行動を変える機会を与えた。それはリアラインに踏み出し、以前よりよい状況をつくるための重要なチャンスだが、これを生かすには私たちがそうすることを選び、そして実際に正しい選択をしなければならないのだ。

ビジネスとマネジメントの文脈では、戦略的リアラインは人為淘汰のプロセスに似ている。企業のリーダーは意図的に、今後の事業環境の要件により適した新たな形を選択して現在の企業をリアラインしようとするべきだ。リーダーの選択の質が、リアライン・プロセスの結果を左右する。間違った製品に注力する、あるいは戦略に合わない組織構造を選ぶなどの選択ミスを重ねれば、やがて企業は不調になり、結果として競争の激しい市場からはじき出されてしまう（ずばり言うなら、倒産に追い込まれる）ことだろう。

前述のたばこ会社ＰＢＴは、そのバリューチェーン全体を抜本的にリアラインし、大きな政治的、社会的圧力（喫煙に対する考え方の変化）に起因する事業環境のディスラプションを克服しようと考えた。これには、パーパス（存在意義）、戦略（新しい顧客提供価値に注力する）、新製品（パワーパックやジェル化技術という革新的なテクノロジー）、構造改革（中央集権型組織構造への移行、従業員の新しい役割とスキル）が含まれた。

もう1つの例として、エネルギーと石油化学企業のロイヤル・ダッチ・シェル社が実行している大胆な戦略的リアラインを掘り下げることにしよう。2020年、シェルは同社が精製・販売する化石燃料の炭素集約度を2035年までに45％削減するという思い切った計画を発表した。そしてもう1つ、二酸化炭素の排出量を2050年までに実質ゼロにする目標を掲げている（これには同社の製品を使用する顧客も含まれる）。2019年を石油生産量のピークとして、シェルはこの削減計画に従ってかつての炭化水素ベースのビジネスモデルの戦略的リアラインを大々的に実行する。製品を確実に「低炭素またはゼロ炭素」にするための新たな長期戦略の一環として、シェルは再生可能エネルギー、バイオ燃料、水素などの代替燃料源の開発に注力している（参40）。戦略のカギとなるのは、代替燃料である水素の開発を加速させることだ。燃やしても環境を汚染しない水素を安全かつ低コストで生産・販売できれば、環境へのメリットはとてつもなく大きい。

シェルは生産（製油所）および給油所のインフラをすでに所有しているため、移動や輸送だけでなく暖房用のエネルギーを含め、新興の水素市場で著しい成長が見込まれる。戦略の要として、ほかにもシェルのガソリンスタンドで利用できる電気自動車の充電スポットを、現在の6万から2025年までに50万カ所に増設する計画だ。経営幹部の報酬も削減目標に対する成果に応じて決まることになっている〈参41〉。

そんなところへ司法の判断が新たな試練のように混乱をもたらした。2021年にオランダの裁判所が、温室効果ガス排出量削減計画を加速させ、二酸化炭素排出量を2030年までに45％削減するようシェルに命じたのだ〈参42〉。しかし、**2**―**1**に登場したPBT同様に、短期の財務実績を上げるには、シェルは本書の執筆時点でその収益の大部分を占める化石燃料の生産を続けざるをえない〈同上〉。シェルはこの先比較的短い期間で現状から抜本的に脱却しなければならない。とはいえ、戦略的リアラインは、石油化学企業としての均衡状態から、再生可能エネルギー企業としての新たな均衡状態へと移行する、段階的なプロセスなのだ。

次に、電子部品メーカー、台湾のフォックスコンの「自己破壊」について考えてみよう。フォックスコンといえばアップルの主要サプライヤーとしてその名を知られている。10年以上にわたりフォックスコンは、絶大な人気を誇るiPhoneのほぼすべての世代の製造に大きな役割を果たしてきた。あなたもフォックスコンがつくったアップルのデバイスでこの本を読んでいるかもしれない。アップルは毎年製品ラインアップを更新するが、そのためには極めて厳密に管理されたグローバルなサプライチェーンにおいて、（アップルが行う）製品のデザインおよび開発と（フォックスコンをはじめとする部品サプライヤーが行う）製品製造の間に非常に密接な関係ができていなければならない。

アップルとの共生関係が原動力となり、その主要サプライヤーであるフォックスコンは電子部品製造で市場をリードする世界的なプレーヤーに成長した（そして同社の主要顧客は世界最高の時価総額を誇る企業となった）。しかし、既存の主力市場を拡大しただけでなく、フォックスコンは消費者向け電子機器分野での成功を生かし、急成長を遂げる新たな市場でも成長機会を手に入れた。いま最も注目を集める電気自動車の市場だ。今後の自動車業界で優位に立つために確立すべき主要な技術は、（1）プラグイン・ハイブリッド電気自動車（ＥＶ）、（2）48ボルトＥＶ、（3）バッテリーＥＶの３つである〈参43〉。プラグイン・ハイブリッドＥＶは、２０２１年の１４００万台から２０２５年には３０００万台超と、今後数年間で売り上げが倍以上に増えると予想されている〈同上〉。

世界で最も成長の速い市場の１つで立場を確保するために、フォックスコンは２０２０年にほかの企業たちとＭＩＨ（Mobility In Harmony）と呼ばれるアライアンスの結成を発表した。「電気自動車製造のための完全なソフトウェアおよびハードウェア・プラットフォーム」としての役割を果たすことがその狙いだ〈同上〉。市場に対するこうした新たな価値提供は、フォックスコンのそれまでの仕事のやり方とはまったく異なる。電気自動車製造で成功するにはフォックスコンを市場のリーダーに押し上げた組織のコンピテンシーの多くが必要であると考えると、それは極めて理にかなっている。そうした組織のコンピテンシーには、（自動車製造技術のみならず）電子機器やバッテリー技術における卓越性に加え、迅速に製品を製造し非常に短い製品のライフサイクルに合わせて供給できる（技術革新に対応し製品を素早く市場に投入できる）ケイパビリティが含まれる〈参43〉。

その規模と確固たる市場プレゼンスのおかげで、フォックスコンはパートナーと手を組んで一気にドリーム・チームを結成し、スタートから電気自動車市場に揺さぶりをかけることができた〈参44〉。すでにMIHにはソフトウェア開発事業者（第1章で考察したアームもその1つ）、自動車メーカー、そして自社の手による自動車製造に意欲を見せるアップルのような顧客など、1200もの企業が加盟している〈同上〉。

その既存の巨大業務インフラ――中国だけで100万人以上の労働者を雇用している――を活用し、フォックスコンはただちに電気自動車の設計・製造・販売に本格的に乗り出すものとみられる。電気自動車への方向転換は大がかりな事業戦略の戦略的リアラインだ。その狙いは、電子部品製造分野で培った卓越したコアコンピタンス（組織ケイパビリティ）の転用のしやすさをうまく活用し、発展の途中にありながらすでに競争の厳しいグローバルなEV市場で、ごく短い期間に競争優位性を確立することにある。

第1章で検討したアライン同様に、リアラインもやはり新しい概念ではない。それはMBA課程のカリキュラムやビジネス書の主要テーマである事業変革と変革のマネジメントに密接に関連している。そしてリアラインは幅広いトピックである。しかし、経営上の重要事項として大きな関心を集めながらも、変革のマネジメントの取り組みのほとんどが実際に目的を達成できずに終わっている。経営コンサルティングのマッキンゼーの報告によると、変革プログラムの7割が、幹部のコミットメントの欠如と変化に対する社員の抵抗が原因で失敗しているという〈参45〉。

そういった調査の結果は私の経験とも一致する。例えば、選択した事業戦略をどの程度実行できたか評価するよう企業のリーダーに求めると、40～60％という答えが返ってくる。一方で（実行できたかどうかではなく）戦略そのものの有効性についての評価はそれより高く、70～90％と答える。つまり、プアアライン（もしくはミスアライン）の状態にある組織の文化、構造、プロセス、人材といった内部要因が、企業内バリューチェーンの最も脆弱な要素であるケースが多いのだ〈参1〉。

「内部」でプアアラインが起きれば業績の伸びが妨げられるが、それだけでなく、社員や文化、構造、プロセスなどの構成要素のリアラインもやはりとても難しい。適切に管理しなければ、好ましい変化の障害になる。戦略策定は本質的に机上の作業であるため、企業の事業戦略を練り直すのは組織文化の改革と比べれば容易だ。組織ケイパビリティやアーキテクチャーやシステムの戦略的リアラインは、組織改革のいちばんの要である。その実現のためには、企業のリーダーはあらゆるレベルにおいて最大限集中して取り組まねばならない。

範囲を意図的に限定して行われる場合が多い変革のマネジメントとは異なり、戦略的リアラインで重要なのは短期、中期、長期にわたって企業内バリューチェーンのすべての要素を根本的に変革することだ。さらに、戦略的リアラインは企業の一部だけで行うものではない。企業として新たな事業戦略を実行できるようになるには、組織アーキテクチャー（人材、構造、文化、プロセス）と経営管理システムをリアラインする必要がある。こうした考えを現場に反映させるために、あなたの会社について以下の質問に答えてみよう。

- 企業の事業戦略は、新しいテクノロジーにどれくらい適切に対応しているか？
- これから発生する機会と脅威に対処するためのケイパビリティはあるか？
- 既存のケイパビリティが事業戦略の選択肢の幅を狭めるのを避けたければ、企業の何を変えるべきか？
- 将来技術革新を進めるうえで必要な人的資源（人材）は備わっているか？
- 現在の経営管理システムは、最も有能なスタッフの能力を最大限に引き出しているか、それとも彼らの可能性を狭め成果をじゃましているか？
- 変化しつづける事業環境という新たな現実に適応するためのリアラインに失敗すれば、どんな結果が待ち受けているか？

もう1つ重要な問いがある——企業はどのくらいの頻度でリアラインすべきなのだろう

図2・1　先回りするか、後手に回るか？

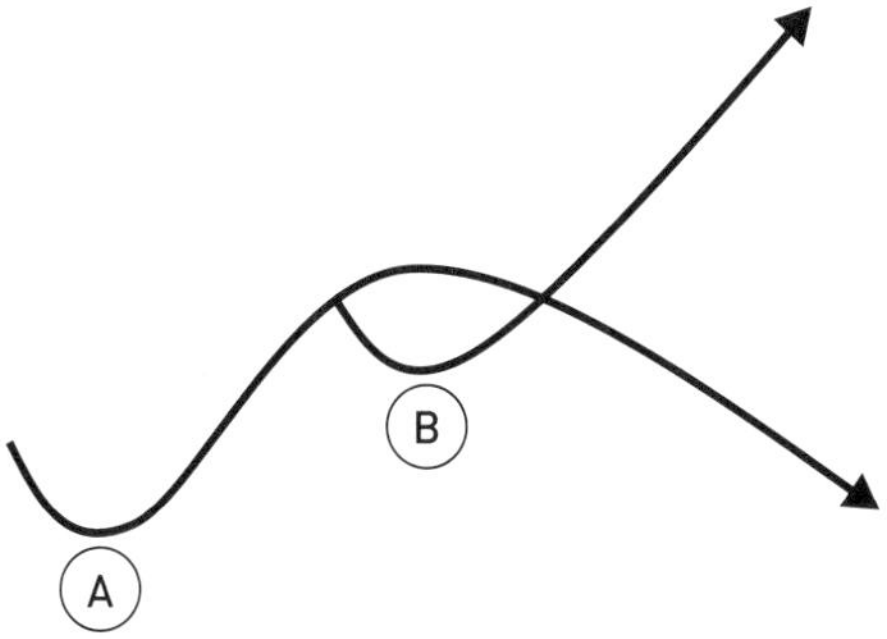

Ahead of or behind the curve? (Source: adapted from Handy, C.(2016). *The Second Curve: Thoughts on Reinventing Society*. Random House.)

か？　いささか不親切ながら正直に答えさせてもらうと、それは事業環境に起きる変化のペースや範囲次第で決まる。厳密なルールというものはないが、一般的なパターンはある。著名な経営学者で著述家のチャールズ・ハンディが用いた興味深い例えは、リーダーが変化の、いや私たちの好きな言葉で言うなら「戦略的リアライン」の本質と頻度について考えるうえで役に立つ。**図2・1**に示すように、ハンディはシグモイド曲線なる数学的概念を利用して、企業が例えば財務資本や人的資本に初期投資を行い（図のポイントA）、結果としてインプットとアウトプットの比率（業績）が低下するサイクルを説明している〈参46〉。

　投資はそのうちリターンを生み出すようになり、業績は上向く。やがて市場の成熟度、顧客の嗜好の変化、新たなライバル企業の出現といった外部要因の変化によって、その戦略はかつてのような価値を生み出さなくなる。変化の続く環境では、過去に機能したものが将来機能しなくなる可能性があり、（製品やサービスを含む）既存の事業戦略や組織ケイパビリティには当たり前だが有効期限がある。よって、そうした「壊滅的な状況」は遅かれ早かれ必ずやってくるのだ〈参46〉。

そうならないために、外部の機会を有効活用し未来の脅威から企業を守るのにより適した新たな戦略、ケイパビリティ、そしてリソースに投資して、2つ目の曲線（図のポイントB）を目指そう〈同上〉。ハンディが記したように、重要なのは2つ目の曲線に切り替わるタイミングだ。理想を言うなら、それは最初の曲線がピークを迎える前でなければならない。これを外せば企業は下落局面に入りリソースが尽きるリスクがある。前述のシェルの例を思い返してみよう。図のポイントAは卓越した石油化学エネルギー企業としての現在の状況と捉えることができる。対してポイントBは「低炭素ゼロ炭素」を目指してリアラインを実行する期間を表し、ある均衡状態から別の均衡状態に移行するときに業績が落ち込んでいる。

移り変わりの激しい環境で事業を行う場合、時代遅れの戦略を続けようとすればやがて業績は下降するというのは理屈どおりだ。1つ目の曲線から2つ目の曲線への移行は、まさに戦略的リアライン——企業を計画的にリアラインして混乱を乗り越え、新しい道を進み、高い業績を維持するプロセス——の実行によって起きる。そして言うまでもなく、リアラインを実現した企業は以前とはまったく別の企業に生まれ変わる可能性がある。それに対し、リアラインに失敗した企業は遅れをとり、回復が難しくなりかねない。

こんなふうに考えてみよう。新しい均衡状態を確立する戦略的リアラインは、変化が起こり混乱した事業環境で企業が業績と競争力を保つのに不可欠だ。そして、戦略的リアラインの結果に違いをもたらすのが、リーダーシップの優劣である。ならば、リーダーは重要な責任の1つである戦略的リアラインにどのような方法でアプローチすべきか？　挑戦でもあり機会でもあるリアラインに、どのようにアプローチすべきなのだろう？

この章の目的は企業のリーダーに、リアラインについての考え方を身につけるための判断材料や実践的なツールキット――本書の原題にあるように、青写真――を示すことである。主要な検討事項は以下のとおりだ。

- 事業環境の変化を引き起こす複数の要因
- 環境の変化と混乱がもたらす影響の複数レベルの分類
- 混乱を乗り切り業績を上げるために重要かつ喫緊とみなされることに従い、戦略的リアラインのさまざまなアプローチを特定するためのフレームワーク
- リーダーが事業戦略、組織ケイパビリティ、組織アーキテクチャーをアライン／リアラインするのに採り入れるさまざまな戦略的アプローチを理解するのに役立つ、カギとなる新たな枠組み――「戦略的リアラインフレームワーク」――の導入

●そして最後に、リーダーがアラインを実現した未来の企業のビジョンを打ち立て、変化を触発し、変化の結果を「ニューノーマル」としてしっかりと定着させるための機会

「はじめに」にも記したとおり、事業環境の変化や混乱は、先見の明のあるリーダーにとっていわゆる平常時にはできない根本的な改革を導入する機会である。以降のセクションを読み、どうすればよい方向に企業をリアラインさせられるかを大胆に考えてみよう。まずは大事なことから。あなたの会社はなぜリアラインを必要としているのだろうか？

戦略的リアラインの必要性を生じさせる複数の要因

第1章で、新型コロナウイルス感染症のパンデミックが何をもたらしたかは、大きな苦難でもあれば成長の機会でもあるなど、業界によって異なると述べた。大事なのは、近年で最大であったのは確かだが、あれが唯一の混乱要因ではないという点だ。また、事業や経営にとっての変化や混乱が政治、経済、技術、および法的環境から生じていることを把握するには、すでに定着しているPESTL（政治的、経済的、社会的、技術的、法的）〔訳注／Political、Economic、Social、Technological、Legalの頭字語〕のフレームワークを使うのが非常に有益だ〈参47〉。

ブレグジットや昨今の米中貿易摩擦などの**政治的**な出来事は、市場の地合いや取引状況に

大きく影響しかねない。同じく**経済**動向も市場の状況を左右する。これらには政府による金利などの中央集権的なコントロールや、2008年の世界的な金融危機など、10年以上が経過してもなおその後遺症が明らかであるような衝撃的な出来事も含まれる。人口構造の変化、大量の人口移入、社会動向、市民感情といった**社会的**な要因は、顧客の購買行動や従業員の期待、企業を判断する尺度である社会的基準を形作る。**法的**要因とは新しい公共秩序や法規制を指し、これによって国内、国外を問わず企業が業務を行う公共・民間のすべての領域における規則が決まる。

2021年に主要7カ国財務相会合（G7）が達した多国籍企業に対する課税を巡る合意を例に考えてみよう。その目的は、事業を展開する国に適正な税金を納めるよう企業に義務づけ、税逃れを防止することにあった。一部の国の課税額が低くならないようにするため、法人税の最低税率は15%に定められている〈参48〉。多国籍企業に対する増税は長年にわたる課題として、大いに議論を呼んでいる。

さらに、この問題が近年とくに熱を帯びているのは、テック企業が驚異的な成長を遂げたからである。そうした企業の多くが、世界中で販売活動を行って収益を得ているにもかかわらず、法人税率が相対的に低い国でのみ収益を申告しているのだ〈同上〉。課税制度はそれぞれの国で異なるため、足並みをそろえた国際的な取り組みはなおのこと難しくなる。だが、この合意は国際協調によって共通の方針や標準が定められた前例となり、多国籍企業の今後の事業展開に影響を及ぼすだろう。

事業環境の混乱は画一的な現象ではない。たいていの場合、どんな混乱が起きるかは状況に応じて異なるのだ。先述の変化を引き起こす要因は多岐にわたり、さまざまな業界や企業に多方面で影響を及ぼす。参考までに、偉大なるハーバード・ビジネススクール教授の故クレイ・クリステンセンとその同僚は、現状を**維持する**新しいテクノロジーと現状を**破壊する**新しいテクノロジーとを区別した〈参49〉。これを受け、事業環境とそこで事業活動を行う企業に変化をもたらす多様な要因がどこまで**影響**を及ぼすのか、考えてみるのに役に立つ。

技術的要因は新しいテクノロジーの導入だが、これは古くから事業環境に加えて政府、顧客、投資家、企業、企業の人材など、すべてのステークホルダーにとてつもなく多大な影響を与えてきた。産業化時代の破壊的テクノロジーとして有名なのは、複動式蒸気機関、可動式組み立てライン、材料技術である。同様の規模でもっと最近の例で言えば、ITはコミュニケーション、接続性、パーソナル／モバイル・コンピューターの世界に爆発的な影響を与え、新たな市場を創出して既存の市場を激しく混乱させた。

本書の執筆時点において、破壊的と言えそうな新興技術には、ほかにも5Gテクノロジー、教師なし機械学習、オートメーション、拡張／仮想現実、空間コンピューティング、積層造形（Additive Manufacturing）、量子コンピューティング、IoTなどがある〈参50〉。これらの新たなテクノロジーは現在認識されている多くの問題に解決策を与える反面、それ自体が例えばコントロールを失うことへの不安、機械と人間の能力の融合に関する倫理性などの問題を引き起こすのは間違いない。こうした新しいテクノロジーもまた、新たな市場を生み出し、既存の市場をつくり変えるだろう。

極めて破壊的な技術革新の一例として、「培養肉」を取り上げよう。植物由来の原材料でつくられる代替肉とは異なり、培養肉は畜肉と同じ化学組成を持つ。ただし、畜肉とは違い、細胞培養によってつくられ、バイオリアクター（大樽）の中で成長する〈参51〉。この技術革新が投資家や消費者にとって魅力的な理由はいくつかある。第1に、培養肉は動物を屠殺する必要がない。第2に、育てるのに数カ月、あるいは数年を要する畜肉とは異なり、培養肉をつくるにはわずか2～4週間しかかからないうえに、食用にする動物の部位だけを成長させることも可能だ。廃棄せざるをえないもの（骨など）の量は大幅に減るだろう。第3に、培養肉の生産により畜肉と比較して温室効果ガスの排出量が70％以上も減ると推定されている〈参52〉。食肉産業が世界の温室効果ガス排出量の15％を占め、2050年までに肉の需要は倍増するとみられていることを考えれば、この点は重要だ〈参53〉。多くのスタートアップが培養肉への投資を増やしているほか、アメリカのカーギル、日本の三菱商事などの大手企業も培養肉ベンチャーに出資している〈参54〉。一部の概算によると、2024年には培養肉の価格は畜肉と同程度になるという[注10]。それが実現すれば、現在年間2兆ドルの価値があり、アメリカだけで450万人以上を雇用する世界の食肉産業を根底から揺るがすことになると予想する声まで聞こえている〈参55〉。

PESTLに従って分類しても、企業のリーダーが戦略的リアラインを巡る意思決定で考慮すべきことすべてはカバーしきれない。気候変動は実際の**環境**に起因する混乱要因の1つだ（PESTLにEnvironment（環境）のEを加えて「PESTLE」と呼んでもいい）。この問題に対処するには、企業は短期、中期、長期的な計画を立て、潜在的な危機を低減する方策を講じ、結果に対処しなければならない。

新型コロナウイルス感染症のパンデミックに話を戻そう。勝者か敗者かにかかわらず、同じ危機に直面した企業は皆、感染率を下げるための強制的なロックダウンをはじめ、国が課すさまざまな制限のもとで混乱を乗り切ろうと駆けずり回っていた。例えば、それまで在宅勤務は一部の人の特権か、滅多にもらえないご褒美のような扱いだったと言えるだろう。だがパンデミックの間に、大多数のオフィス・ワーカーにとってそれはいつまで続くかわからない義務になった。上司も部下も、メリット、デメリットを含め短い間に多くのことを学ばなければならなかった。

プラスの面を見れば、パンデミックの最初の数カ月間、顔を合わせてやりとりできない中でマネージャーが可能な限り部下とコミュニケーションをとろうと懸命に努力した結果、多くのワークプレース（この言葉が死語になっていなければの話だが。たぶん大丈夫だろうが、いずれわかるだろう）ではエンゲージメントのレベルが上がった。多くの経営幹部は、Zoomがそれまで距離のあった各地のチームをつなぎ、協調させる強力な手段になると、長年地域や時差を超えた密接な協力を妨げてきた障壁が一挙に失われていったと語った。全員が最初から別々の場所にいるのだから、誰一人「孤立」しようがないのである。

デジタル・ワーキング・プラットフォームは、個人、チーム、階層レベルの間の距離を減らす優れたイコライザーだと主張する人もいた。そしてそれは企業の内側だけに限った話ではない。マイクロソフトのTeamsなどのプラットフォームを利用して、企業は顧客やパートナーとより頻繁により効率よくつながることができるようになった。結びつきの強化に加えて、心の健康や従業員の福利厚生に対しても特別な関心が払われるようになった。このようなプラスの効果は全部、今後も維持すべきである。

パンデミックによって注目されるようになったのが、場所と時間、つまりいつどこで働くかを柔軟に選べる働き方を意味する「ハイブリッドワーク」だ〈参56〉。今後は、自宅、カフェ、オフィスなど、自分の都合に合わせて働く場所と時間をフレキシブルに振り分けることを社員に認める企業が増えるだろう。まさに、オフィスは広く当たり前に思われていた組織図を

[注10] 培養肉はかつて非常に高価だった。2013年につくられた世界初の培養肉ハンバーガーのコストは25万ポンド以上と言われている。それが現在(2021年)シンガポール(世界で初めて培養肉の一般販売を承認した国)では培養肉のチキンナゲットが12ポンドで購入できる(出典:Browne, A. (2021). 'Golden Nuggets: The Fake Meat Revolution Is on Its Way'. *The Spectator*, June 2021)。

そのまま体現したものではなく、社会的ハブ、あるいは私のクライアントの言葉で言うなら「クラブハウス」のような役割を果たすようになるかもしれない。

その一方で パンデミックが長引くにつれて、多くの従業員は何らかの形のオフィス、そして同僚と直接会う機会を取り戻したいと訴えはじめた。コラボレーション・プラットフォームを利用したリモートワークが、充実した対面でのやりとりの代わりとして不十分なのは間違いない。例えば直接顔を合わせて仕事をし、望ましい行動のロールモデルを直接目にする機会がなければ、独自の企業文化を構築するのは難しい。

人間関係の変化は私たちに、個人としての可能性と高い成果を実現するのに必要な仕事の満足感、自尊心、集団としてのアイデンティティを確保するうえで、人とのつながりが絶対に必要なことを教えてくれる〈参57〉。一例を挙げると、グーグルは就業時間のほとんどをオフィスに出社して仕事をするよう社員に義務づける、「ワーク・フロム・オフィス・ポリシー」の導入を決めた。そうでなければ、協調性を重視するその文化を達成することは不可能だと考えたからである〈参58〉。パンデミックの混乱への対処の仕方は、それぞれの企業によって異なるのは明らかだ。

政治、経済、社会、技術、法律、環境、医療など、混乱を引き起こすさまざまな要因は、それだけが単独で作用するわけではなく、相互に深く影響を及ぼし合っている。政治環境の変化は経済および社会環境に連鎖的に影響し、その逆もある。新しい技術は既存の法規制の真価を問うが、その逆もある。事業環境がグローバルになったことで、経営幹部が戦略に関する意思決定で検討しなければならない混乱の潜在的原因の重要性が高まり、影響の及ぶ範囲が広がった。

経営陣にアドバイスや指導をするとき、簡単な「分析レベル」の枠組みを利用すると、事業にどんな混乱が起きるかを、その原因と影響範囲の点から理解させるのに役立つ。以下に記すさまざまなレベル別に、あなたの事業環境に起きる変化や混乱の影響を分析してみよう。

●経済全体 グローバル、地域（アメリカ大陸、アジアなど）、国内（イギリス、アメリカなど）を問わず、経済全体を巻き込む混乱。影響はしばしば政治や経済に及び、失業率や国内総生産など測定可能な形で表れる。企業に問題を生じさせる可能性が最も高いのは、経済全体のどんな脅威と機会か？ あなたの会社が事業を展開し、競争する市場には、どんな影響が及ぶだろうか？

●業界全体 グローバル、地域、国内を問わず、新しい規制や新しいテクノロジーなど、特定の業界の関係者全員にとって重大な懸念事項となる混乱。2008年に起きた世界的な金融危機を受けて銀行業界に課された新たな規制がその一例だ。あなたの業界ではどんな変化が進行中で、それはこの先の事業の進め方にどんな混乱をもたらしうるか？ 業界の混乱はライバルより優位に立つ機会か、それともできるだけ小さくあってほしい脅威か？

あなたは自ら進んで業界に混乱を起こそうとしているか？　していないなら、そうするべきだろうか？

企業とその中のすべてのグループと個人に関しては以下のとおりだ。

●**企業全体**　事業部門別か地域別かあるいはその両方として構成されているかどうかにかかわらず、企業全体とその機能や業務に影響を及ぼす混乱。その原因は多様で、規制による罰金などの特定対象への制裁、企業の現状維持を難しくするまったく新しいタイプの競合企業などがある。

●**事業分野・事業本部**　事業分野、事業本部、統括部、国別事業組織など、企業の一部に起きる混乱。企業内の下部組織が外部の混乱から受ける影響はその程度も含めさまざまだ。複数の部門で構成される複合企業であればなおのことその傾向が強い。

●**グループ・チーム**　企業レベルの戦略や方針が変われば、チーム（グループ）の仕事のやり方は混乱する。あなたのチームに業務の進め方の変更を余儀なくさせるのは、外部、それとも（こちらの可能性が高いが）内部環境の要因だろうか？　目的を達成するのに求められる知識とスキルを確保するために、あなたのチームの構成とメンバーを変える必要はあるか？　環境と企業の方向性の変化をふまえて、それらの目的は時間の経過とともにどのように変わっていくか？

●**個人** 個人レベルで起きる混乱。例えば業務の自動化に起因する安定的な雇用の混乱は、どんな影響を及ぼすか？ 経済レベルで「技術的失業」率に影響が及ぶと同時に、その混乱は当然個人のレベルにおいても極めて破壊的である可能性がある。昔から言われているように、変化が起きればそこには必ず勝者と敗者が存在する。企業はどうすればそこに属する人々にプラスの変化を起こす機会を最大にできるか？ どうすれば企業にとって必要なリアラインが個人に及ぼす悪影響を可能な限り抑えることができるか？ どうすれば技術的破壊などのリスクを一人ひとりが自分の力で緩和させることができるだろうか？

こうした複数レベルの分析はどれも深く関わり合い相互に依存している。まさにどの要素も皆ほかの要素に左右され、影響が及ぶ方向はトップダウン、ボトムアップの両方だ。よって、混乱の性質を理解するには繊細なアプローチが求められる。混乱を乗り切るためのすべての対処法も同じだ。今日の事業環境において賢明なリーダーシップを発揮するには、影響を及ぼす多様な要因、それらの要因が持つ意味、戦略的な選択をあらゆるレベルで分析し、混乱をリスクとみなして緩和するか、機会として利用することができなければならない。

先に説明したレベルはリーダーシップの力が及ぶ範囲と言ってもいいだろう。あなたはどのレベルに注意（そしておそらくリーダーとしての理想）を集中させているだろうか？ リーダーとしてどのレベルまでプラスの影響を発揮できるだろうか？　個人？　当然だ。チーム？　可能性大だ。だが、部門全体となるとどうだろう？　企業全体、あるいは業界なら？　範囲が広いほど、検討や意思決定において考慮に入れるべき要因は多くなる。それを完全に理解するには、どうすればよいだろう？

事業環境の理解

これは少し手強そうだと思ったかもしれないが、あなたを責める人はいないだろう。前章でも触れたように、昨今の事業環境は複雑さを増している。今日、企業のリーダーは前例のないほど大量の情報を処理し、事業環境を理解し、最大限よい方向に企業を導かなければならない。情報が氾濫する中、バックグラウンドのノイズからはっきりとしたシグナルを聞き分け、確固たる前提と予測を立て、根拠に基づく意思決定を行うのは容易ではない〈参59〉。にもかかわらず、戦略的リアラインを行うリーダーは、長期的な視点を持ち、入手可能な最適な情報に基づいて意思決定するよう求められる。もちろん、どんな選択であってもギャンブルと同じだ。それでも、証拠に裏づけられた意思決定のアプローチ、簡単に言うならより多くの情報に基づくアプローチは、意思決定がなされる状況の不透明さを緩和する助けになる。

これらの要因とさまざまなレベルへの影響をすべて理解するために、以下に示す簡単な作表エクササイズをやってみよう。一人で行っても、チームで行ってもいい。パートナーや顧客など重要なステークホルダーに参加してもらってもおもしろいだろう。スピード重視で手早く片づけるもよし、系統的で詳細な表をつくるもよし。いずれにせよ、短期（直近1年以内）、中期（今後3年間など）、そして重要な長期（今後5～10年間）の事業環境について考察することが大切なのだ。

1 要因　第1に、未来の事業環境を形成する政治的な変化要因のリストを作成しよう。経済、社会、技術、法律、その他重要と思われる要因についても同じように作成する。分類の枠組みとしてPESTLなどを使用してもいいし、身体的環境などの新たなカテゴリーを追加するなどしてアレンジしてもかまわない。わかる範囲で最も重要な要因に注目しよう。ただし、肝心なのはここだ──認識していなければならないはずの、企業に影響を及ぼす要因すべてを本当に把握できているだろうか？　自分の領域を広げて、事業環境、そこで起きている傾向、変化、混乱を総合的かつ正確に理解するにはどうすればよいだろう？　信頼できるどんな情報が必要で、どうすれば確実にそれを手に入れられるだろうか？

2 レベル　第2に、重要な環境的要因のリストを作成したら、それらが複数の分析レベルに及ぼす影響について考えてみよう。例えば、人工知能（AI）がグローバル経済に与える影響とは何か？　もっと身近な例でいうと、あなたの業界や会社にAIが及ぼす潜在的な影響は何だろう？　能力強化の機会だろうか、それとも競争上の脅威か？　ＡＩはあなたの会社の個々の事業部門や部署にとって何を意味すると思われるか？　ほかよりも影響を受けやすい事業部門はあるだろうか？　どんなふうに影響を受けるか？　あなたのチームはどうだろう？　あなた個人は？　事業環境に影響を及ぼすこれらの変化によって、役割やリーダーシップの優先事項についてのあなたの考え方はどう変わるだろうか？

それぞれの分析レベルを別々に考えてもいいし、より直線的なトップダウン型アプローチをとってもいい。例えば、業界に課される新たな規制の本質を最初に考えて、次に企業、事業部門／部署、チーム、個人と考えていくこともできるだろう。いずれにしても重要なのは、優先順位を決める根拠となる事業環境の変化と、複数のレベルにおける潜在的影響について考えることだ。

③優先度　第3に、あらゆる要因と潜在的な影響の中で、成長あるいは競合との差別化に最高の機会をもたらすものは何か？　同じように、最大の潜在的脅威をもたらすものは何か？　新しい競合相手は市場にどんな影響を及ぼす可能性が高いか？　あなたの市場の地位を損ない既存の戦略を使いものにならなくさせるものは何か？「事業」コストを増やすものは何か？　機会への対応を最大化する、またはリスクを緩和するためには何をどう選択すべきか、その基準を明らかにするために、こうしたさまざまなレベルの環境要因すべての影響を把握するよう努めなければならない。

図2・2　事業環境の変化と影響についての理解

②	① 政治的要因	経済的要因	社会的要因	技術的要因	法的要因	③ 影響の優先度
業界レベルの影響	例）政治的要因があなたの業界に及ぼす影響は何か？	?	?	?	?	?
企業レベルの影響	?	例）経済的要因があなたの会社全体に及ぼす影響は何か？	?	?	?	例）これらのすべての要因のうち、脅威または機会として企業全体に最大の影響を及ぼすと思われるものは何か？
部門レベルの影響	?	?	例）社会的な要因があなたの部署／事業部門に及ぼす影響は何か？	?	?	?
チームレベルの影響	?	?	?	例）技術的な要因があなたのチームに及ぼす影響は何か？	?	?
個人レベルの影響	?	?	?	?	例）法的要因があなたやほかの人たちに及ぼす影響は何か？	?

Making sense of business environment change and impact. Copyright © Jonathan Trevor, 2022.

考えがまとまったら、**図2・2**にあるような表にする。例えるなら、この表は事業環境を偵察した結果を映すレーダー受信機だ。あなたは事業環境の状況をどれくらいの頻度で調査しているだろうか？　年に1回？　もっと多い？　この場合もやはり厳密なルールはないが、変化のペースが速い環境にいるのならば、新たな動きはないか頻繁に調べたほうがよい。それから、あなたが使っているレーダーの性能はどうだろう？　どのくらい遠くまで見渡せて、レーダー反射はどれくらい正確か？

事業環境を調査し、変化の潜在

的な要因と潜在的な影響についての考察が終わったら、最も強いシグナルを返してくるものは何か考えてみよう。戦略的リアラインで対応しなければならないものは何か？　さらに、どんな形の対応をとるべきか？　言い換えるなら、企業内で、そして変化する事業環境においてアラインを維持・向上させるには、戦略的リアラインにどのようにアプローチすべきか？　次のセクションでは、戦略的リアラインの要件を考えるのに有効な枠組みをお教えしよう。

戦略的リアラインの要件

戦略的リアラインのプロセスを実行する方法は1つではない。不測の事態への対応策はどれも皆そうだが、戦略的なアプローチを導入するには、リーダーは異なる選択肢の中から、要件に最も適したリアラインの形を選ばなければならない。選択肢を理解するのに役立つのが、**図2・3**のシンプルな2×2分割表である。

この枠組みの1つ目の基準は「重要性」で、これは表の縦軸で示される。重要性は現在の組織の状況に照らして事業環境の混乱がどの程度の大きさかを表す。混乱が小さければそれが及ぼす影響の規模も範囲も小さい。それに対し、大きな混乱が起きれば、既存の戦略や組織ケイパビリティ、マネジメントの慣行などはこの先実行不可能になる。以下について考えてみよう。

1 重要性　これから起きるかもしれない混乱があなたの会社の事業に及ぼす影響の重要性はどれくらいか？　今の事業環境に混乱を生じさせる要因それぞれについて、事業のやり方に多少なりとも影響を及ぼす可能性をわかる範囲で検討してみよう。それは会社全体にどんな結果をもたらすだろうか？

次の基準は「緊急性」で、これは横軸に相当する。緊急性は潜在的な混乱の影響が出るまでの期間を示す。現在の状況に今後ただちに～1年以内に混乱が起きれば短期、5～10年の間に起きれば長期とみなされる。

以下について考えてみよう。

2 緊急性　今後発生するとみられる混乱がもたらす影響の緊急性はどれくらいか？　この場合も、これから直面する混乱の潜在的な原因をすべて考慮に入れて、迅速な対応が求められるものは何で、影響が出るまでに時間があると思われるものは何かを考えよう。短期間のうちに混乱が起きれば、それは早急に対応の必要な課題である一方、緊急性が低い脅威（もちろん、機会も）の場合は計画を立ててより思慮深い対応が可能になる。

図2・3　戦略的リアラインの要件

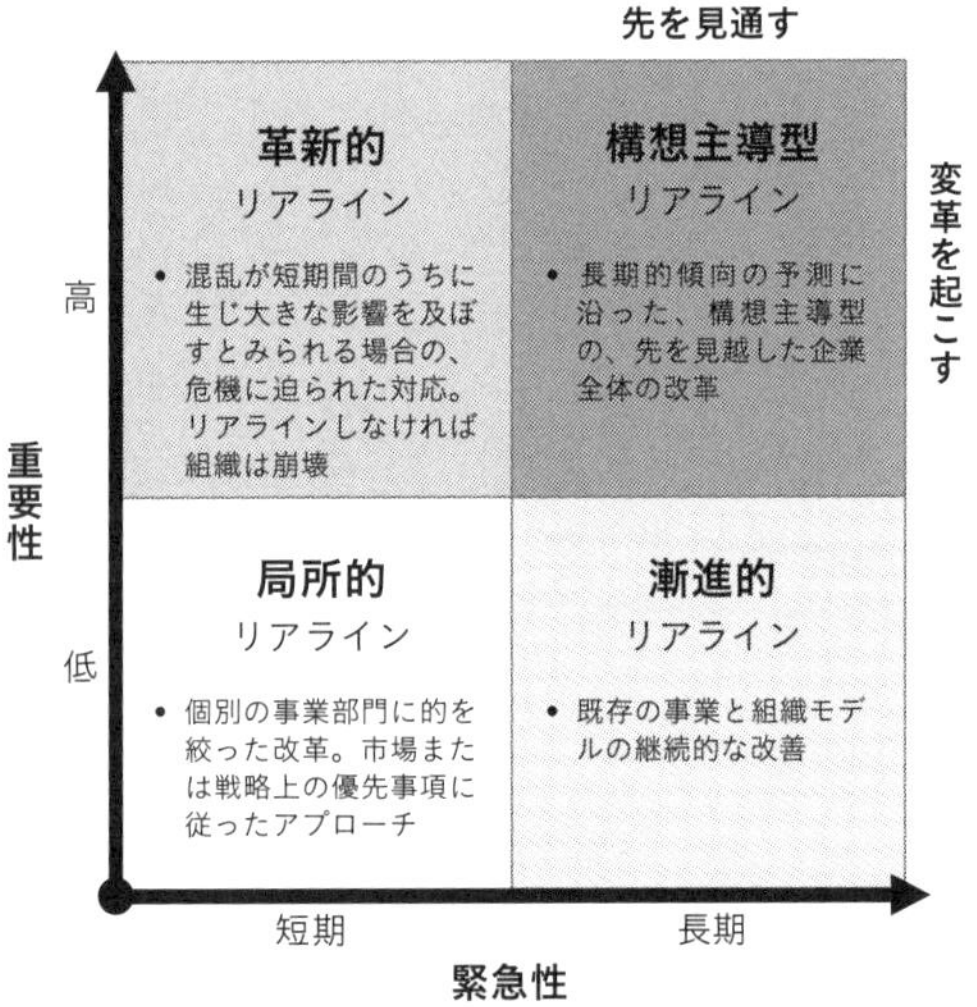
先を見通す
変革を起こす
革新的
リアライン
・混乱が短期間のうちに生じ大きな影響を及ぼすとみられる場合の、危機に迫られた対応。リアラインしなければ組織は崩壊
構想主導型
リアライン
・長期的傾向の予測に沿った、構想主導型の、先を見越した企業全体の改革
局所的
リアライン
・個別の事業部門に的を絞った改革。市場または戦略上の優先事項に従ったアプローチ
漸進的
リアライン
・既存の事業と組織モデルの継続的な改善
高
低
重要性
短期
長期
緊急性

The strategic realignment requirement. Copyright © Jonathan Trevor, 2022.

これら2つの基準に従って、混乱を大きく4つのカテゴリーに分けることができる。

1 **重要性は低いが緊急性は高い**　混乱は短期間のうちに発生するものの、影響は小さい

2 **重要性も緊急性も低い**　混乱の発生までに時間があり影響も小さい

3 **重要性が（いちばん？）高く緊急性も高い**　混乱が短期間のうちに発生し影響も大きい

4 **重要性は高いが緊急性は低い**　混乱の発生までに時間はあるが影響は大きい

表の4つのカテゴリーはそのまま戦略的リアラインのアプローチになる。

1 局所的リアライン 相対的にみて影響は小さいが緊急性が高い混乱には、**局所的**な戦略的リアラインのアプローチが求められる。それには企業全体ではなく、事業部門や市場へのアプローチ、戦略上の優先事項など、企業の一部の要素に的を絞った改革が必要になる。具体的にはミスアラインを修正し、事業環境における特定の変化に対処するなど、短期間の業績向上に注力する〈参3〉。

メガバンクのHSBCの例を考えてみよう[注11]。新型コロナウイルス感染症により経済が混乱に陥る前、HSBCは「収益の大幅低下」に対する全面改革の一環として（世界全体で約24万人の従業員のうち）3万5000人の人員削減を発表した〈参60〉。ほかの大手銀行同様、HSBCも過去20年間でとくに（人員および資産の）規模の急拡大、事業部門の多角化、地理的範囲の拡大を進めてきた。金融製品・サービスのポートフォリオはかなり複雑になり、今日のHSBCは紛れもなく世界最大かつ最も複雑な銀行の1つである。

HSBCのポートフォリオの中には、非常に業績のよいもの（収益の90％を占めるアジア事業）

［注11］以下の短い記事を参照されたい。Trevor, J. (2020). 'How to align your organization in times of change'. *Oxford Answers*. Oxford Saïd Business School, University of Oxford.

もあれば、そうでないもの（南北アメリカにおけるインベストメント・バンキング業務など）もある〈参60〉。不調な事業領域が1つでもあれば、グループ全体の戦略の優位性に影響を及ぼしかねない。さまざまな市場で競争に直面しているHSBCのような企業は皆、多くの異なる事業で競争に打ち勝つ能力を組織全体で有していなければならない。そうした両利きの経営を実践するのは難しい。大規模な企業であればなおのことである。アジアでは強いHSBCだったが、アメリカでは長きにわたって市場を支配する複数の金融機関との競争が熾烈で、そこで地位を確立し投資銀行業務の優れたコンピテンシーを身につける機会を得ることはできなかったのだ。新型コロナウイルス感染症に関係なく、HSBCは得意領域、すなわちアジア市場における銀行業務を強化するために、戦略上の優先事項の変更を反映した組織再編に尽力している。パンデミックによる混乱はそうした改革を加速させたにすぎない〈参3〉。

[2] 漸進的リアライン　企業に及ぼされる影響が相対的に小さく緊急性も低い混乱の場合、戦略的リアラインを実行するには**漸進的**なアプローチが必要になる。漸進的リアラインとは、短期的には既存の事業・組織モデルを継続的に改善し、長期的には改革を徐々に進めて組織の新たな均衡状態を確立することだ。

マイクロチップ製造業者、インテルの例を考えてみよう。前の章で言及したアームの（チップの設計では）ライバルであり（チップ製造の）パートナーでもあるインテルは、何十年にもわたりマイクロチップ業界で圧倒的な強さを誇っている。2020年の年間収益は780億ドルを超え、営業利益率は30%だった〈参61〉。そんなインテルでさえ、2020年にアームの買収を試みたエヌビディアや、従来とは異なるタイプの競合企業を相手に、今後ますます競争が激化することが予想された。かつて顧客だったアップルなどの企業が、とりわけ高い成長と収益性が期待できるモバイル・テクノロジーの分野で独自のマイクロチップ開発に乗り出し、ものすごい勢いでライバルになりつつあるのだ〈参62〉。

分析の結果、インテルはスマートフォン・タブレット革命のチャンスを逃したことが明らかになった。同社の中核事業であるパソコンに注力しすぎたのがその理由だが、世界のパソコン市場は今や平均で2・5%縮小している。しかも、新しい設計の開発を積極的に進める競合企業に遅れをとりつづけ、業界の中でインテルはもはや最先端企業とはみなされなくなっている〈同上〉。主要顧客だったアップルの抜けた分を埋め合わせなくてはならなかったはずの製造分野の問題と同時に、インテルは20年間で50%以上も時価総額が下落したことでも非難されている〈参63〉。事業の核となる要素を長期間かけて戦略的にリアラインするには、マイクロチップの設計だけに集中できるよう製造業務を外部に委託するのも1つの手だ。注力業務を（エヌビディアらと直接競合する）グラフィック・プロセッサーからAIチップという成長市場にシフトチェンジしてもいい。AIに特化したチップ設計の重視と製造業務の外部委託が、インテルが5〜10年という長い期間をかけて実行する戦略的リアラインのカギである〈同上〉。

3 革新的リアライン

短期間のうちに大きな影響を及ぼす混乱の中で企業が生き残るには、**革新的**アプローチで戦略的リアラインに取り組まなければならない。英国航空（British Airways:BA）のケースを考えてみよう。第1章でも触れたが、新型コロナウイルス感染症のパンデミックが発生したとき、多くの航空会社と同じようにBAも運航便数と従業員数の両方を大幅に削減した。パンデミック前に4万2000人を超えていた運営管理部門のほか、グランド・スタッフ、キャビン・アテンダント、パイロットを含めすべてのセクションや職位の従業員の実に1万2000人が余剰人員となった〈参64〉。同時にBAは運航路線を削減し、運航を一時停止し航空機を地上で待機させて業務コストを徹底的にカットするなどして、「旅行業界を襲った最悪の危機」の中で生き残りを図った〈参65〉。さらには、パンデミックにより、主要産業の大半の企業と同様にBAも従業員休業スキームという形の政府の財政支援に頼らざるをえなかった。余剰人員の削減と引き換えに、政府はBAのような企業がパンデミックによる収益減の打撃を切り抜けるための資金を柔軟に調達できるようにした。乗客の大幅な減少という中期的な困難に直面したBAは、余剰人員の削減、規模の縮小、再編成など、生き残りに焦点を当てた思い切ったリアラインの措置を講じた。

時を同じくして、BAはパンデミックによって生じた混乱を乗り越えるための戦略的なアプローチを導入した。乗客数の落ち込みの真っただ中にありながら、BAは製品ポートフォリオの長期的な戦略的リアライン、航空機の最新化、老朽化した機体（悲しいかな、非常に古いが最高に人気のあったボーイング747）の入れ替え、発着枠の最適化、1987年の民営化前から続く業務の習慣や慣行を含む時代に合わない従業員ポリシーの変更に取り組んだ〈同上〉。2020〜21年にかけての混乱はBAにとって、パンデミック以前の事業環境では実践するのが難しかった、もしくは政治的に好ましくなかったと思われる広範囲に及ぶ組織改革を導入する機会となった。

それに触発されたBAの国際的な競合企業も行動を起こし、さまざまな画期的な措置を講じた。例として、アメリカのユナイテッド航空は、旅行業の低迷が深刻さを極める中、便利で地球に優しい空港送迎サービスを提供するために、電動の空飛ぶタクシーを2025年までに200機購入する計画を発表した〈参66〉。国際線と国内線の接続を強化するために新しいサービスを実現させるには、アメリカの地方航空会社メサ・エアラインズと協力のうえ、空飛ぶタクシー会社のアーチャー・アビエーションに10億ドルを投資する必要があった〈同上〉。危機の最中の長期投資は、企業の革新的リアラインを通じて短期的な混乱を乗り越えようという、先見の明のあるリーダーの集中力と意欲の表れだ。

4 構想主導型リアライン 影響は大きいが発生までの時間が長い混乱には、**構想主導型**のアプローチによる戦略的リアラインが必要だ。影響が大きいと分類されるのは、企業全体、つまり企業内バリューチェーンのすべての要素を変革することが求められる可能性があるからである。これは、まったく新しい均衡状態を確立するために数年かけて組織を変革する長期的な取り組みなのだ。

自動車メーカー、ジャガー・ランドローバー（JLR）を見ていこう。**2**―**1**で紹介した企業に似て、JLRにはまるで物語のような過去があった。ジャガーは、XKや最も有名なEタイプといった初期の画期的なモデルを世に送り出し、世界で最も著名な自動車ブランドの1つに成長した。民間企業だったジャガーは国営化を経て再民営化されるなど、何度もリアラインを経験している。1989年にフォード・モーターに、その後2008年にはインドのタタ・モーターズに売却された。それまでニッチなブランドを保有していたJLRは、1990年代と2000年代初めにプレミアム・カー市場でセダンとSUVの拡大戦略に乗り出した。その中で、BMW、メルセデス、アウディなどの競合としのぎを削り、急速に拡大する中国市場での成長機会を生かした。それは極めて有効な戦略だった。

しかしながら今日、JLRのオンロード、オフロード車販売のかなりの部分を占めるディーゼル車の売り上げは、各国が2030年（ほかのヨーロッパ各国もこれに倣うかまえ）までにガソリンおよびディーゼル車の新車販売を禁止すると決めたことから、下落の一途である。消費者や法規制の強いプレッシャーを受けて、2021年にJLRのティエリー・ボロレCEOが、2025年以降ジャガーは電気自動車の製造・販売に特化するという大幅な方針転換を発表した〈参67〉。さらにJLRはプレミアム・カー市場からルーツであるラグジュアリー・カー〔訳注／プレミアム・カーよりも上位のセグメント〕市場に回帰するという。つまり、今後

JLRは生産台数を減らし、ラグジュアリー・カー市場で電気自動車に事業の的を絞る、ということだ。ベントレーやロールス・ロイスなどのブランドと競合し、生産数を減らして1台当たりの収益増加を目指すよう、戦略上のフォーカスを大転換させたのである(同上)。

JLRのリアラインには低燃費バッテリーや超軽量シャーシといった新しいグリーン・テクノロジーへの巨額の投資が求められる。それればかりでなく、生産拠点の統合、一部工場の閉鎖、管理部門の従業員の大幅な削減など、長い時間をかけて大がかりな組織改革を実行しなければならない。戦略的リアラインの成果が出れば、この先JLRは焦点の明確な、ムダのないスリムな組織になるだろう。

右記の枠組みはいくつかの不変の原則のうえに成り立っている。第1に、リアラインは先述の4つのカテゴリーのどの象限においても必須であり、実行しないという選択肢はない。ただし、企業が直面する混乱の性質によって、リアラインの形は異なる。つまりリーダーシップ・チームのリアラインアプローチ自体、企業がどんな問題にぶち当たるかによって決まるのだ。万能なアプローチなど存在しない。

第2に企業の要素(事業部門、地理など)には、それぞれに異なるリアラインのアプローチが必要になるかもしれない。それもやはり、企業に降りかかる外部の力や、特定の要素だけに及ぼされる影響の偏りによって決まる。どのアプローチを採用すべきかの選択は、企業内の変革の包括性とスピードを左右する。

第3に、この枠組みで考えているのは主として企業外で発生する混乱で、戦略的リアラインはそれに対する反応である。専門用語を使って言い換えるなら、混乱は「独立変数」、リアラインは「従属変数」だ。とはいえ、企業の内部環境が混乱の大きな原因になる可能性もある。変化に対する従業員の抵抗が強く、企業が外部のプレッシャーに効率的に対処する妨げになる、といったようなことだ。

あなたが働く企業のリアラインの要件に関して率直な話し合いを始めるために、企業全体、または前のセクションで述べたのと同じように、成長領域や主たる収益源としてとりわけ重要な下部組織（例：事業部門）について、以下の点を考えてみよう。

1 あなたの会社に大きな影響を及ぼす混乱の要因は何か？

ⓐ あなたの顧客／クライアントの場合はどうか？ 彼らの状況についての理解を深めることで、どうすれば自分の状況を違った観点から考えることができるだろうか？

2 混乱しているのは何か？ 戦略か、組織構造か、それとも人材のケイパビリティか？ 例えば競争上のプレッシャーが理由でこれ以上維持できないものは何か？ 同じように、緩和すべきリスクは何か？ 企業内バリューチェーンの要素のどれかに特別な注意を払い、再構成する必要があるかもしれない。だが、覚えておいてほしいのだが、アラインのとれた企業であれば、バリューチェーンの1つの要素に変更を加えたら、おそらくほかのすべての要素も何らかの形で変更しなければならなくなるだろう。

3 現在の事業環境で企業が直面する問題や機会に照らして、リアラインの要件は何か？

ⓐリアラインの必要性はどれくらい重要か？ それは大きな懸念事項か、それともささいな問題か？ リアラインに失敗したらどうなるか？

ⓑあなたの会社のリアラインの必要性はどれくらい切迫しているか？ 既存の戦略、組織ケイパビリティ、システムが目的に合わなくなるまでに、どれくらいの時間が残されているだろうか？

ⓒチームはあなたと同じように考えているか？ 彼らは危機感を十分に感じているだろうか？ これからやろうとしているリアラインの規模はきちんと理解されているだろうか？

4 3の質問の答えに応じて、あなたの会社の戦略的リアラインにはどのようなアプローチが適しているか？

ⓐ局所的リアラインか？

ⓑ漸進的リアラインか？

ⓒ革新的リアラインか？

ⓓ構想主導型リアラインか？

5 ここまでで明らかになった変化とその重要性および緊急性は、企業全体に関係する（企業全般の変化）か、一部（個々の事業部門など）だけに起きるものか？

6 最後にとても重要な質問を。これから実行するのはどんな形の戦略的リアラインだろうか？　市場や組織構造にとってよりよい戦略とは何か？　何を変えなければならないかはおそらくすでにはっきりしているとは思うが、何のために変えなければならないかも同じように明白だろうか？

そして、次に挙げる問いが最大の課題かもしれない――戦略的リアラインがあなたの会社にもたらす理想的な結果は何か？　次のセクションでは、戦略的リアラインとそのための選択の舵取りに役立つ、重要な枠組みを紹介する。

2―3　戦略的リアライン、リーダーシップの課題

前節では何をリアラインするべきかを中心に考察したが、ここでは同じくらい厄介な問題

──戦略的リアラインはどんな形をとるべきか、つまり、**どんな結果を目指してリアラインするか**──を取り上げる。企業のリーダーにとって問題なのは、いかなる状況のもとでも高い業績を保証してくれる有効な事業戦略のための万能な処方箋も、変化しつづける企業内バリューチェーンの要素もないことだ〈参68〉。そればかりか、混乱に対する1つ万全な対応策も存在しない。よって、どのようなケースでも、個々の状況に応じたきめ細かな解決策が求められる。可能性のある幅広い選択肢の中から、リーダーは永続的な企業パーパスの達成をしっかりとサポートする事業戦略、組織ケイパビリティ、組織アーキテクチャー、経営管理システムを選ばなければならない〈参2〉。選択を誤ったり、他者の選択を模倣しようとしたりすれば、例によって平均以下の成果しか得られず、やがて競争力が失われる〈参69〉。

主流のビジネス・マネジメント研究が企業のリーダーたちにとってまったく役に立たないのは、相反する事業組織モデル──産業化時代の「官僚主義」と、およそ独創性に欠ける名称だが、情報時代の「ポスト官僚主義」──の二者択一を迫られるからだ。かつて官僚主義が産業革命以前の組織運営の方法に取って代わったように、いつかポスト官僚主義が官僚主義のアプローチに代わり組織を体系化するための中心的な論理になる、と考えている人が多い。しかし、これら2つのアプローチが、時間の経過に伴う進化的変遷に存在する点のようなものと捉えるのは間違っている。この場合、官僚主義とポスト官僚主義は戦略的リアラインの視点から重要原則を構成する1つの連続体の両極に位置づけられる。どちらのアプローチにも、そして両者の間に存在するすべてのものにも、長所と短所があるのだ。

官僚主義とポスト官僚主義とその間に存在するすべて

産業化時代における戦略と組織の考え方は、大きく速く効率のよい成長を重視していた。事業は規模の経済を最大化、つまりできる限りコストを抑えてできる限り多くの製品を売ることで成功を収めた。競争力は、安定した（したがって予測可能な）需要と、数量・品質・コストの点から予測可能な供給を可能な限り効率的に適応できる企業を意味した。それを実行するためにふさわしいのが、権限の階層、分業、人間味のない規則を通じた徹底的な管理のうえに成り立つ、大規模で堅苦しいまでに統制された官僚主義だったのである。

単純で、独立した、標準化された製品・サービスの効率的な大量生産には理想的だとはいえ、このアプローチには当然ながら欠点がある。1909年にヘンリー・フォードが述べた有名な言葉がそれを言い表している――「顧客はどんな色の車も買うことができる。望む色が黒である限りは」。しかし、多くの産業戦略が試されてきたが、どれも21世紀のグローバル市場における顧客獲得競争という新しい現実にはふさわしくない〈参13〉。

今日の顧客の要求は低価格だけではない。製品やサービスの購入に当たって、彼らが高く評価するのは選択肢の多さ（製品の多様さ）、気の利いたバンドリング（製品・サービスを複数組み合わせて販売し、価値のあるシナジーを提供すること）、そしてパーソナライゼーション（妥協なしにニーズを満たす独自の製品・サービス）だ〈参70〉。現代の必需品、スマートフォンを例に考えてみよう。その高価格には、ウェブ閲覧、写真、メディア、音声などの高度に補完的な複数のテクノロジーを1つのデバイスで手に入れることができるという、ユーザーにとっての高い価値が反映されている。

そうは言っても、購入してしまえば、スマートフォンであっても（高機能ではあるが）標準化された多目的ツールであることに変わりはない。しかし、アンドロイド・プラットフォームやアップルの「App Store」のようなアプリケーション・エコシステムによって、エンドユーザーは購入後の好みの変化に合わせてデバイスの機能をパーソナライズしつづけることが可能なのだ。それを補完するテクノロジーの**連携性**を活用し、個人の嗜好に対する**俊敏性**がエンドユーザー一人ひとりに独自の機能を提供することを可能にし、スマートフォンは「ダム」フォン〔訳注／通話機能やショートメッセージなどの最低限度の通信機能しか持たない携帯電話端末〕からの脱却に成功した。

批評家たちは数十年もの間、官僚主義は終わったと主張しつづけている。古くはウォーレン・ベニスによる1966年の記事「The Coming Death of Bureaucracy（官僚主義に死が訪れる）」や、新しいものでは2018年にハーバード・ビジネス・レビューに発表された評論「The End of Bureaucracy（官僚主義の終焉）」を参照してほしい〈参71〉。官僚主義とは異なり、「ポスト官僚主義的組織（Post-Bureaucratic Organization:PBO）」のほか、さまざまな名前のつけられた〔注12〕組織はネットワークと階層によらない組織構造を重視する〈参72〉。したがって、そうした組織には以下の特徴がある。

- ネットワーク構造が垂直ではなく水平的に統合されている
- スタッフと顧客を非人間的ではなく人間的に扱う
- 知識を集中させず分散化している
- 情報共有が図られ、透明性が維持され、コンパートメント化していない
- スタッフは管理されず、権限が付与・委任される
- 規則の施行ではなく共通の価値観によりエンゲージメントを確保する
- 効率より柔軟性が評価される
- アウトプットだけでなくインプットを重視する
- リソースと専門知識を外部委託する

最後に記した特徴は、官僚主義とポスト官僚主義の組織理論の最大の違いである〈参13〉。ポスト官僚主義の考えに従って外部ネットワーク（エコシステム）を活用すれば、企業は内部リソースだけに頼っていてはコストがかかりすぎて手に入らない戦略上有効な能力を、十分に

獲得することができる。外部委託、すなわち「開放性」は、上流／下流のイノベーションという2つの次元で捉えることができる〈参73〉。

上流におけるオープン・イノベーションでは、製品・サービス開発の初期段階で必要な知識と洞察力を外部に委託する。顧客インサイトか提携によって得られる事業についての専門知識かを問わず、知識は改革の力となる。P&Gの「オープン・イノベーション」〈参74〉やコカコーラの「ファン・ファースト」の取り組み〈参75〉がその例だ。第1章で言及したアームも、かつてない高性能プロセッサー新たな設計をパートナー・エコシステムが支えているすばらしい実例である。

一方の下流におけるオープン・イノベーションは、外部のパートナーおよびサプライヤーのネットワークを活用し、委託側の企業に替わって顧客に直接サービスを提供してもらう。

[注12] ポスト官僚主義の組織は以下の組織と同じ原則を多く共有している。「有機的組織」（Aiken, M. & Hage, J. (1971). 'The organic organization and innovation'. *Sociology*, 5 (1), pp. 63–82.）。「ネットワーク組織」（Baker, W., Nohria, N. & Eccles, R. G. (1992). 'The network organization in theory and practice'. *Classics of Organization Theory*, 8, p. 401.）。「I-型組織」（Miles, R.E., Miles, G., Snow, C.C., Blomqvist, K. & Rocha, H. (2009). 'The I-form organization'. *California Management Review*, 51(4), pp. 61–76.）。「企業エコシステム」（Trevor, J. & Williamson, P. (2019). 'How to Design an Ambidextrous Organization'. *The European Business Review*, March – April, pp. 34–43）。これらはみな、20世紀初めにウェーバーが提唱した効率重視の機械的な官僚主義に対するアンチテーゼだ（以下を参照。Pugh, D.S. ed. (2007). *Organization Theory: Selected Classic Readings*. Penguin UK）。

アップルのｉＴｕｎｅｓは柔軟なサービスを提供するためにパートナー・エコシステムを開発した一例だが、ほとんどの業界が同じようなアプローチを試している〈参13〉。

理論を聞く限りすばらしいように思えるが、組織を構築するためのポスト官僚主義のアプローチには、よく知られた欠点がある。堅苦しくない構造とプロセスは創造性と柔軟性を高めるが、効率性が犠牲になる場合が多いのだ。ポスト官僚主義の組織はまた、コントロールが難しく、規則がないためにいとも簡単にカオスになりかねない。多くの知識経済企業が誇る柔軟性がしばしば成長の障壁となるのは、秩序だった構造やプロセス、ルーティンの欠如が業務を安全に拡大する組織ケイパビリティを抑制する可能性があるからだ。

例を挙げると、スタートアップから爆発的成長を遂げたフェイスブックには、その破壊者としてのマインドセット、比較的小規模の組織、反応の速さを反映した有名な行動原則があった――「素早く動いて破壊せよ」。設立当初のフェイスブックの精神の1つは、指針「我々の使命は、世界をよりオープンでつながったものにすること」に従って、デジタル技術を活用しあらゆる場所で人々を交流させる方法を確立する「クリエイティブな破壊」だった〈参76〉。ところが成長するにつれて、数百人の従業員が数万人に増え、1つしかなかった事業部門は多様なプラットフォーム・ポートフォリオになった〈参13〉。規模が大きくなって多様化が進むと企業は複雑になり、管理体制の欠如は大規模な企業を動かす際の障害になりやすい〈参1〉。今のフェイスブックには、新しい行動原則がある――「安定したインフラで素早く行動せよ」。この言葉は、世界中でさまざまな事業部門に所属する大勢の従業員を管理し、柔軟性と効率のバランスをとる難しさを言い表している〈同上〉。フェイスブックは、官僚主義に基づく業務設計の要素——系統立てられたプロセス、所定の業務手順、標準的な方針、一元的な管理——を導入し、急速な成長を達成すると同時に組織としてのまとまりを維持するポスト官僚主義的組織の一例だ〈参77〉。

このように、「死」、すなわち「終焉」を求める声は多くても、官僚主義は意外なほどに永続性があることがわかっている。経営コンサルティングのボストン コンサルティング グループは2020年、「The End of the Bureaucracy, Again?（今度こそ、官僚主義の終焉?・）」と疑問を投げかけている〈参78〉。ただし、言うまでもなく官僚主義のアプローチにも欠点がある。決まった業務手順や標準的な作業方法は、高度にカスタマイズされた製品・サービスを提供し最先端のイノベーションを発展させるために必要な、個人の自由な裁量に任された独自の労働形態とは相容れない。新しい何かを生み出すときにはつきものである不透明性を乗り越えるには、イノベーションには非効率的な実験が必要になる。ところが、効率を上げるには、カスタマイゼーションやイノベーションとはまるで正反対の特徴、すなわち既知のものを生み出すときの、コストを最小化しアウトプットを最大化するムダのない決まった手順に従う必要があるのだ。

組織設計のオプションと同じで、官僚主義もポスト官僚主義もマネージャーからすれば戦略的、組織的な長所と短所がある。企業運営における最も厄介なパラドックスの1つが、官僚主義が得意とする効率性とポスト官僚主義の強みである柔軟性の間に存在する明らかなトレードオフのバランスをとることである〈参20〉。よって、効率性と柔軟性を両立できる組織は存在するのであろうが、非常に数が少ないのだ。その2つは競合する価値観なのである。どちらかの領域で優位に立つには、もう一方の領域の優位性を犠牲にしなければならない。これはリーダーにとって大きなジレンマだ。どのアプローチがベストなのか？　官僚主義か、それともポスト官僚主義だろうか？

コンティンジェンシー理論にとって、ただ1つの正解はもちろん、「状況によって異なる」だ！

しかも、どんなアプローチを選ぶかは、企業内バリューチェーンの移り変わりの激しいすべての要素にとっても問題だ。いずれのケースにおいても、長所と短所を持つ複数の選択肢がある。企業のリーダーは、その両方に秀でるのが無理だとしたら、戦略のために例えば効率性と柔軟性のどちらを優先するべきか、という難しい問題を考えなければならない。ほかにもリーダーはさまざまな疑問の答えを見つけなければならない――どの事業戦略がベストか？　コスト競争力か、イノベーション・ベースか？　企業を組織して競争上の優位性を得るのに最良の方法を、どのようにして決定するか？　組織構造は階層型、それともネットワーク型にすべきか？　細かく見ていくと、企業内バリューチェーンの変化するさまざまな要素のうちで、企業パーパスを達成するのにいちばんふさわしいものは何か、企業のリーダーはどうすれば判断できるか？ 意思決定にはどんな情報が必要か？ そして、その意思決定のプロセスによって、できる限り最良の選択をすることができるだろうか？

2-4 戦略的アラインフレームワーク

前のセクションで説明した問題に対処するリーダーのために、概念的な枠組み——「戦略的アラインフレームワーク (Strategic Alignment Framework:SAF)」を紹介しよう。図2・4に示すように、ＳＡＦは企業内バリューチェーンの動的な要素すべてを結びつけるゴールデン・スレッド〔訳注／組織の目標や価値観がどう連携しているかを説明する、戦略やビジョンの理解に役立つシンプルな枠組み〕である。これを活用すれば、企業のリーダーは長期的な目的を達成するために企業の事業戦略、組織ケイパビリティ、組織アーキテクチャー、経営管理システムを戦略的にアラインまたはリアラインする方法を理解することができる。

考え方としては、ＳＡＦは現在ある数多くの強力な戦略と組織のフレームワークを基盤と

図2・4　戦略的アラインフレームワーク

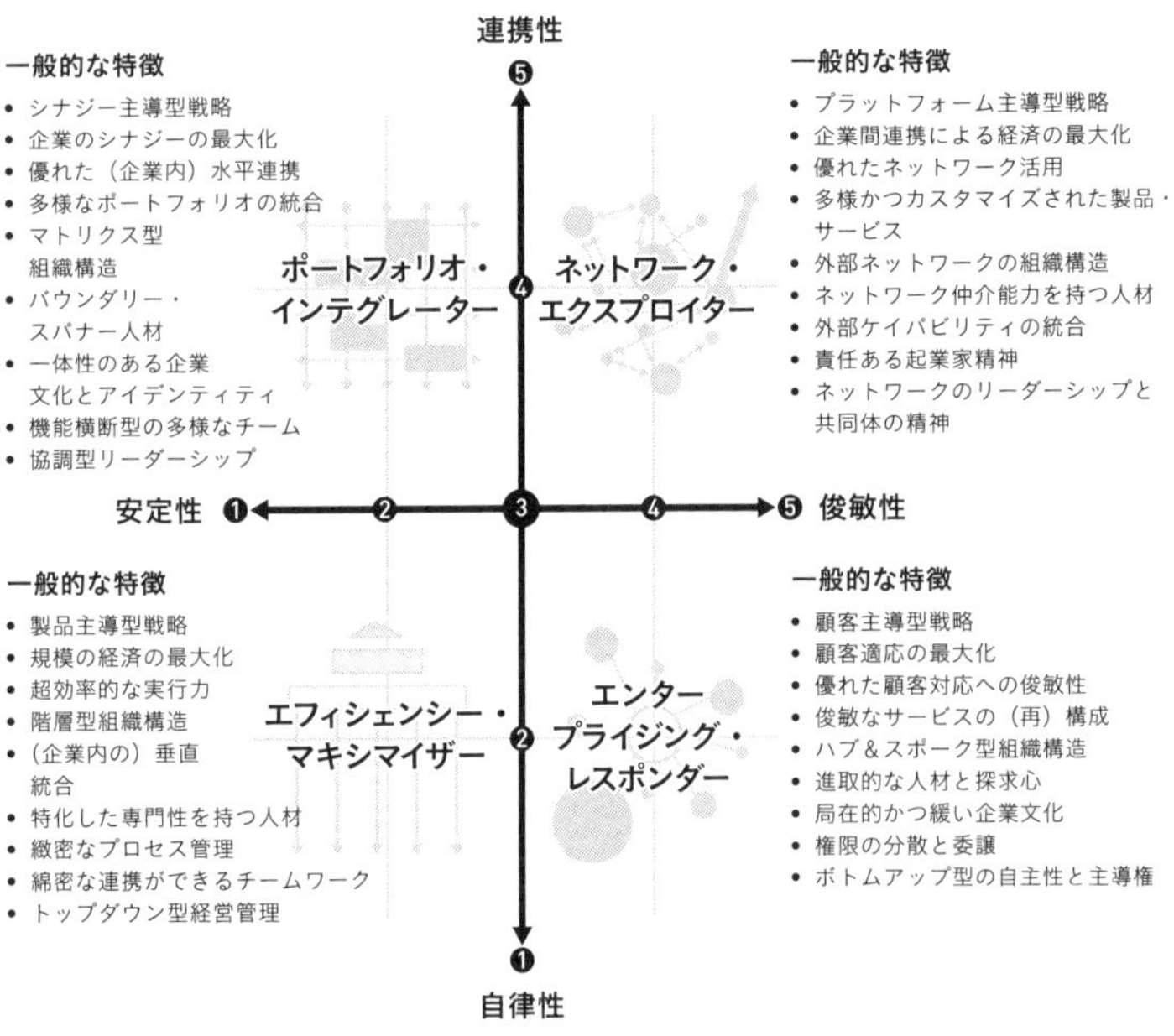

The Strategic Alignment Framework. Copyright © Jonathan Trevor, 2019.

しているⅰ[注13]。SAFが斬新なのは、企業パーパス、事業戦略、組織設計の考えを一貫性のある1つの概念上のフレームワークに統合しているところである。そのために、SAFでは組織ケイパビリティをバリューチェーンの異なる要素を統合するのに不可欠な変数と考える。次に、SAFにはネットワーク理論（エコシステムの考え方）、ポスト官僚主義、および複雑適応系〔訳注／多数の相互接続された要素からなるシステムであり、システム全体が状況変化に対して適応するもの〕研究の最新結果が盛り込まれている。こうした要素を活用して、SAFでは、現在および将来の事業環境において、戦略的に価値のある組織ケイパビリティとしての組織の**連携性**と**俊敏性**の重要性が増していると考えている〈参79〉。

SAFの役割

SAFには、リーダーの意思決定をサポートする、実践で役に立つさまざまな利用法があ

[注13] 以下を参照。マイルズ、スノーらによる戦略類型論「探索型、防衛型、分析型」(Miles, R.E., Snow, C.C., Meyer, A.D. & Coleman Jr., H.J. (1978). 'Organizational strategy, structure, and process'. *Academy of Management Review*, 3 (3), pp. 546-562.)。キャメロンとクインが開発した「競合価値観フレームワーク」(Cameron, K.S. & Quinn, R.E. (2011). *Diagnosing and Changing Organizational Culture: Based on the Competing Values Framework*. John Wiley & Sons).

る。ＳＡＦを使ってリーダーは以下を実行することができる。

1企業の現在と未来の姿を映し出す。ＳＡＦは企業が現在および将来の戦略と組織のアプローチを描くことができるキャンバスである。そして、顧客ニーズやライバル企業のケイパビリティの本質を理解するのに利用することもできる。意思決定における最初のメリットは、より客観的に企業の全体像を理解できることだ。２つ目は、さまざまな戦略や組織構造の選択肢が適しているかどうか評価できることだ。

例を挙げると、ＳＡＦは取締役会がさまざまな事業部門の関係を明確にし、事業部門間の潜在的な相乗効果や対立が生じる可能性を特定するのに活用されている。このフォーマットは、市場の変化についての確実な予測に基づき、それぞれの事業部門の競争が今後どう変化するか、いろいろなシナリオを想定するための手段にもなる。同様に、ＳＡＦは競合企業の製品やサービスを分析し、その強み弱みを評価して競争上の差別化を巡る議論に役立てるのにも用いられている。

同時に、ＳＡＦはサプライヤーとパートナーの組織としての強み弱みを診断し、それが委託側企業の強み弱みとどれくらい一致しているか（いないか）を知るためにも使われている。なかでもいちばん重要なのは、さまざまな企業のリーダーたちが顧客の期待の変化や現在と将来の競合他社の脅威を考慮に入れながら、それぞれの企業の機能や形態に関して未来を見据えた制約のない議論を実施するのに一役買っていることだろう。

2 企業のアラインの強さを測定する。SAFは意思決定者が企業の現状と理想とする将来の戦略と組織の間のミスアライン、すなわちギャップの程度を測定するのに役立つ。顕微鏡のように、SAFは企業全体または事業部門、地理、役割レベルのアライン、さらにはチームとチーム・メンバー間の理解のギャップや意見の相違までも測定するのに使うことができる。

例えば、取締役会などチームのメンバー全員は自社に対して同じ考えを持っているだろうか？　意思決定やメッセージの発表を合同で行う必要があるなら、全員が同じ考えを持っていなければならないし、SAFはチームで見解が一致しているかどうかを評価するのに有効だ。そうやってマルチレベルで検討すれば、企業内バリューチェーン全体（本章の2—1である幹部が言ったように、「スープからナッツまで」）に及ぶアラインを向上させる機会を特定することができる。

SAFは取締役会が彼らの企業の複数領域のアラインの強さを測定し、的を絞ったチェンジマネジメントの取り組みを通じて業績を向上させるべき領域を特定するのに役立っている。加えて、買収側と被買収側の企業の戦略策定および組織構築のアプローチの違いを分析し、買収に伴って発生する可能性のある統合の問題を検討するのにも利用されている。

3 介入の優先順位を決定する。SAFはチェンジマネジメントの取り組みに役立つ情報を提供し、優先順位を決定し、文書化するのにも有効だ。SAFを使って、日々の成果を向上させるための、そして企業の現状と長期的な未来の理想像のギャップを埋めるのに必要な広範に及ぶ変革を理解するための、具体的な変革マネジメントの機会を特定することができるのだ。これは事業部門ベースで行ってもいいし、企業全体で行ってもいい。SAFはまた、戦略的リアラインが必要であることをステークホルダーに伝える根拠を示すのにも役立ち、従業員、パートナー、投資家、顧客、誰からの抵抗であろうとそれに打ち勝つ助けになる。

戦略と組織の優先事項に変更を加える「前と後」のイメージを明確にすると、戦略的リアラインの取り組みがやりやすくなることがわかっている。具体的には、SAFを意思決定ツールとして利用した結果は変化の方向性と緊急性を伝えるのに使用され、企業がどう変化していくか、なぜ将来業務のやり方が変わるのか、それにどんな意味があるかについてリーダーとそのチームが理解するのを助ける。例えば、SAFは、管理部門が社内（企業内）での顧客像のイメージを明確にすることで最前線の事業部門をどのようにサポートするか、また機能としてどのように組織化するかといったことを検討するのにも役立つ。

SAFの仕組み

SAFは2つの組織ケイパビリティの軸で構成されている。各領域はその両極に相反する価値観を持つ連続体で、その間には複数のポイントがある。1つの軸は組織の**安定性**と**俊敏性**の対比で、もう1つの軸は組織の**自律性**と**連携性**の対比だ。これら2つの軸を組み合わせて完成するのが、補完的な価値観が事業戦略、組織ケイパビリティ、組織アーキテクチャー、および経営管理システムの特徴的な――アラインされた――アプローチを示すマトリクス表だ。これらは**戦略的アプローチ**と呼ばれ、どうすれば企業が戦略を立ててまとまり、アラインを図って競争に打ち勝つことができるかを明らかにする。

ＳＡＦには基本的に、相反する2つの能力を1つの事業部門で同時に伸ばすことはできない、という前提がある。例えば、製品・サービスの一貫性（安定性）に必要な組織ケイパビリティを高めれば、製品・サービスのカスタマイズに必要な能力（俊敏性）の成長は抑えられるのだ。もっと簡単に言うと、企業は同一の市場で製品・サービスの標準化とカスタマイズの両方で抜きん出ることは不可能なのである。組織が構築したいケイパビリティに反映される戦略要件に従って、どちらか1つを選ばなければならない。私が最近仕事をしたある企業の上級幹部は、このトレードオフを次のように表現した。「グルたちが何と言おうと、同じコートでバスケットボールとテニスを同時にプレーすることはできないし、両方ともうまくなることもできない」

ＳＡＦのそれぞれの領域は次のように説明できる。

- **X軸　安定性か俊敏性か？**

組織の**安定性**は、業務のバリエーションや変動を制限し、組織の現状に望まない混乱が起きるのを防ぐ能力と定義される。安定性は高度な一貫性、システムの耐久性、混乱が起きても「正常な」状態、つまり均衡状態にただちに復帰できる力を意味する。

- それに対し、組織の**俊敏性**は変わりやすい状況にうまく合わせて生き残る可能性を高めるために、迅速かつ容易に順応する力と定義される〈参80〉。顧客を惹きつけライバル企業の脅威に立ち向かうため、俊敏な企業は市場に合わせて提供価値——革新的な製品か高度にパーソナライズされたサービスかを問わず——にただちに変更を加える〈参81〉。
- 組織の安定性は製品・サービスの標準化を、俊敏性はカスタマイズ化をサポートする。

そして、

- **Y軸　自律性か連携性か？**

組織の**自律性**は経営の意思決定を自ら実行し、独立した行動ができる能力である。自律性の高い事業部門は、自分の意思決定に従って業務を行い、それぞれの努力と能力で各々の目標を追求し、ほかの事業部門と利害がかぶってややこしい状況になるのを避ける。

- それとは対照的に、**連携性**は個々の役割や能力の総和以上の価値を実現させるための、企業の部門、チーム、技術、あるいは外部のパートナー企業など、複数の組織とのつながりである。例を挙げると、結束が固ければ複合企業はさまざまな人材、地域、役割、技術を組み合わせて独自の顧客群をつくることができる。その結果、市場の要件により適した製品を提供できるかもしれないし、シナジーで競合相手よりも戦略的に優位に立てるかもしれない〈参82〉。

●トレードオフは、部門間の結束が強いほど、それぞれの部門の利害や業務の進め方を優先する自由度が低くなることだ。

さまざまな戦略的アプローチ

前述したとおり、2つの軸の組み合わせによって多様な戦略的アプローチが生まれるが、そのどれもが、企業が組織され戦略を立てて競争力を獲得するための特徴的な方法である。そうしたアプローチとは以下の4つだ。

●**エフィシェンシー・マキシマイザー**（効率の徹底追求）
●**エンタープライジング・レスポンダー**（大胆進取な環境対応）
●**ポートフォリオ・インテグレーター**（企業ポートフォリオの統合）

●ネットワーク・エクスプロイター（ネットワークの最大活用）

これらのアプローチは2つの軸の補完的な価値観の組み合わせだ。例えばエフィシェンシー・マキシマイザーの場合、その形と機能は組織の安定性と自律性の組み合わせである。言い換えれば、これらの戦略的アプローチは組織ケイパビリティと競争上の強みがそれぞれ異なっているのだ。エンタープライジング・レスポンダーは組織の俊敏性と自律性、ポートフォリオ・インテグレーターは組織の連携性と安定性、ネットワーク・エクスプロイターは組織の連携性と俊敏性の組み合わせだ。

戦略的アプローチには、競争力を確保する手段に合った名称がつけられている。例えばエフィシェンシー・マキシマイザーは、規模の経済を可能な限り効率的に利用するための機会を最大化して組織を成功に導く。それぞれのアプローチの詳細は、企業内バリューチェーンの動的要素について論じる以降の章で掘り下げる。

ビジネスやマネジメントについての論文で取り上げられる2×2マトリクスのほとんどは、「発達度モデル」と呼ばれている。概念上重要な領域を示すX軸とY軸があり、発達の度合いはそれぞれの軸上で直線的に測定される。両方の軸のスコアが高ければ一般にマトリクス表の右上の面に該当し、発達度が最も高い、つまり最も優秀ということになる。発達度モデルではスコアは常に低いより高いほうがよい。

図2・5　異なる戦略的アプローチを実行するためのケイパビリティの高低

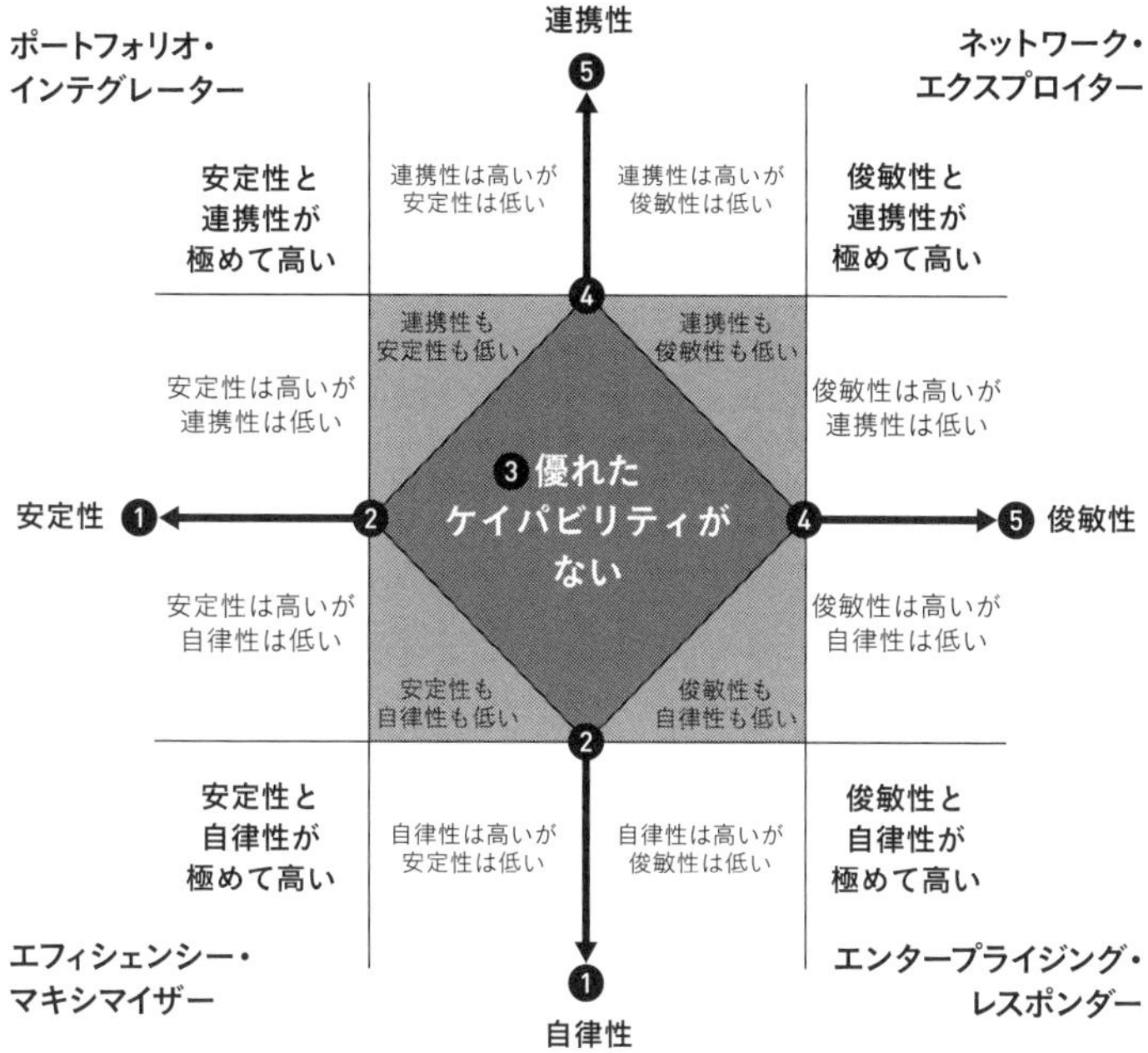

More or less capable of performing different strategic approaches. Copyright © Jonathan Trevor, 2019.

SAFは発達度モデルではない（高スコアが必ずしもベストではないし、「発達している」という意味にもならない）。SAFは状況に応じた戦略を策定し組織としての選択をするためのツールである。**図2・5**を見てほしい。自分の組織について考えるとき、リーダーはまずSAFの中央部分（標準的な発達度モデルの場合とは異なり、左下ではない）からスタートして、戦略上最も望ましい**1つ**の方向にある2つの領域のいずれかを目指して努力しなければならない。

重要なのは、SAFでは1つの領域（戦略的アプローチ）がほかの領域よりも優れているとか劣っているわけではないことだ。どのアプローチにも長所と短所がある。SAFにおいて能力がいちばん低く、したがって戦略的にいちばん望ましくないのは、中央部分だ。どの企業も目指すべきは顧客ニーズやライバルの脅威をふまえ、戦略のためにいちばん有効な方向に向かってフレームワークの先端へと進んでいくことである。SAFの実際の適用例は第4～6章の第5節と第7章の具体的なケーススタディで詳しく説明する。企業が競争に勝ち、その永続的なパーパスを遂行する最大の機会を得るために、あなたは戦略的なアプローチを変更する必要はあるだろうか？　次のセクションでは企業をよい方向にリアラインするリーダーシップの機会について説明をしよう。

2-5 戦略的リアライン、リーダーシップの機会

前のセクションで、事業戦略、組織ケイパビリティ、組織アーキテクチャーを正反対の選択肢から選ぶリーダーの難しさについて検討した。正しい選択をすれば事業環境の中で永続的なパーパスを実現する最良の機会が手に入り、選択を間違えば、その反対にミスアラインの悪影響で業績は悪化し下落の一途をたどる。こうした意思決定プロセス、すなわち企業内バリューチェーンの各要素にとって最適な形の選択は、思い描く理想（企業はどうあるべきか）が現状（企業は今どんな状態か）とかけ離れているといっそう困難になる。

このギャップを埋めるには、企業はリアラインを図り、変化する事業環境、新たな機会、破壊的な脅威に適応することで長期にわたって業績を向上または維持する必要がある。リアラインは戦略にとって重要なので、リーダーはそうした難しい判断を賢く効率的に下す責任を負う。

リーダーがトレードオフに対処し、骨の折れる選択を何とか乗り切って積極的に変化を起こすためには、SAFのようなフレームワークは助けになる。以降の章を通じて、あなたはSAFを活用して事業戦略（第4章）、組織ケイパビリティ（第5章）、組織の文化、構造、プ

ロセス、人材（第6章）に適したアプローチはどれかを診断することができるようになる。さらにSAFを使い、企業の理想的な未来像をつくることもできる。各章ではストーリー、実例、ケーススタディを通して企業をリアラインし理想と現実のギャップを埋めるためにほかのリーダーたちがどのように努力したかについても説明する。戦略的アラインを実現させた企業に、理想と現実の違いはないはずだ。

挑戦であると同時に、戦略的リアラインは企業のリーダーシップ・チームがプラスの変化を起こし永続的に受け継がれていく財産を遺す個人的な機会でもある。「向上」（アラインを改善する）か「よりよい復興」（混乱を乗り越える）かを問わず、プラスの変化を起こすのはリーダーの重要な役割だ。昔から、マネージャーとリーダーの役割の違いは、前者は実行し（結果を出す）、後者は改革する（進む方向を変える）ことだと言われている。単純な違いだが、今日の複雑な企業では両者の役割の境界はあいまいになるばかりだ。それでも、プラスの変化を主導するのが有能なリーダーの中心的な役割であることに変わりはない。戦略的リアラインに関連して、マックス・ランズバーグがその影響力のある著書の中で、広範なリーダーシップの役割の3要素――ビジョン、インスピレーション、勢い――を使ってそうしたリーダーシップの機会をわかりやすく説明している〈参83〉。

あなた個人のリーダーシップの機会について、以下の質問の答えを考えてみよう。

●**ビジョン**　企業のポジティブな未来像をつくるのが、リーダーが担うビジョニングの役割である。では、事業環境の変化を鑑みて、あなた自身の会社は今後どうあるべきだろうか？　どの事業戦略——例えば効率重視のアプローチ（エフィシェンシー・マキシマイザー）かそれともシナジー重視のアプローチ（ポートフォリオ・インテグレーター）か——が、企業パーパスの達成を最もサポートするか？　あなたの会社に特徴的な事業戦略を実現するのに必要な際立った組織ケイパビリティは何か？　効率的な戦略の実行を重視した能力か、それとも優れた技術革新のためにネットワークを活用する能力か？　戦略的に価値のあるケイパビリティの構築を理想的にサポートするのはどんな組織構造か？　階層型かそれともマトリクス型か？　最も高く評価するべき価値観と行動は何か？　これらの質問や戦略面のその他の検討事項に対する答えが、ビジョン構築に必要な基本原則になる。あなたのつくるビジョンによって、企業が目指す未来の姿の理にかなったわかりやすいイメージが伝わる。そしてまた、思い描く未来を現実のものにするために、企業の何をリアラインする必要があるかが明らかになる。

●**インスピレーション**　従業員や社外のステークホルダーの意欲をかき立て、ビジョンを実現させるための行動をとるよう働きかけるのはリーダーの役割だ。高度なアラインを実現し、目的を達成する未来の企業のビジョンを打ち立てたら、次に魅力的なコミュニケーションと教育とエンゲージメントによって、選んだビジョンを実行するようほかの人々を促し、影響を与える。戦略的リアラインを進めるうえで、あなたにとって最も重要なのはどのグループか？　その人たちにこれからどんな変化を起こすよう求めることになるだろう？　それによって彼らが（経済面だけでなく理想面でも）得られるものは何か？　あなたのメッセージは何で、どうすればそれをできる限り効果的に伝えることができるだろう？積極的なリアラインを阻む障壁は何で、どうすればそれを克服できるか？　この5年間であなたの会社がリアラインに成功したことがないとしたら、その最大の原因と思われるものは何か？　企業をよい方向にリアラインするプロセスにおいて、しなければならない最も難しい選択は何か？

●勢い　リーダーには組織に変化をうまく組み込んで「ニューノーマル」にするのをサポートする役割がある。要するに、ある均衡状態から、あなたがこれから成功を成し遂げ、永続的な企業パーパスの達成を目指す環境により適した別の均衡状態へとスムーズに移行させる役割だ。企業にとってよい未来の姿とは具体的にどんなものか？　どうすれば所属する人たちのためにリアラインを実現するようライン・マネージャーを促すことができるか？　変化を確実にするにはどうすればよいか？

この本は企業のリーダー（またはリーダー志願者）であるあなたに戦略的リアラインのプロセスを介して得られる機会を有効活用するための青写真を提供する。それは、的確な問いかけをし、充実した対話を重ね、最良の選択をして、まずは企業をアラインする（スタートアップの場合など）か、あるいはより可能性が高いのは、混乱を乗り越えて業績を上向かせるために企業をリアラインする機会だ。以降の章には、この旅であなたの力になる概念や枠組み、実例がふんだんに盛り込まれている。それぞれの章から欲しいと思う情報だけを選んでもかまわないが、私たちの旅の第一歩は次の章のテーマにして企業内バリューチェーンの最初の要素、企業パーパスだ。目的を持って進んでいこう！

第3章

企業パーパス

Enterprise Purpose

3-1 なぜ企業パーパスが必要なのか?

「アウトソース社」(仮名)はものすごい企業だった。その成長はまさに比類なきものと言えよう。長年1億ポンドに満たない低迷状態にあった同社の年間収益は、今では10億ポンド超えが確実だった。しかもそれを10年足らずでやってのけたのだ。同社が人材派遣という利ざやの少ない厳しい市場で主要プレーヤーの地位を確立できたのは、極めて管理が行き届いていたからである。投資家やシティのアナリストたちの評価は「賢く統制のとれた」企業。同社の顔はCEOの「ジョスリン」(仮名)とその右腕である「クライブ」(仮名)だ。

ジョスリンはアウトソース社の設立者ではないが、彼女がCEOになってこの会社は変わった。就任直後からジョスリンはこの会社の効率性を最大限向上させてきた。そしてクライブという最も忠実な補佐官を採用した。2人は協力し、同社のあらゆる側面の細かいところまで自分たちで指揮をとった。初期の頃は、すこぶる効率重視の本部や現場でも、アウトソース社で働く人は誰もが、会社が何のために存在し、何が重要とみなされているかを正確に理解していた。管理や調整には人間関係がものを言った――何かをしてもらいたければ、電話をかけて誰かに頼みなさい、というわけである。

その当時、ジョスリンとクライブはどこにでもそろって姿を現し、社員をサポートしたり発破をかけたりしていたようだ。企業のモットーは「とにかくやってみろ」だった。行動が何より高く評価されたのだ。実際のところ、ジョスリンは彼女が「ヘマ」と呼ぶこと——実践的でなく直接的な結果を重視しないこと——が大嫌いだった。アウトソース社のパーパス、方向性、文化について自由な議論が始まっても、しびれを切らしたジョスリンがすぐに終わらせた。ジョスリンがトップの意思決定者なら、クライブはまとめ役だった。クライブの務めは物事を成し遂げること。2人のパートナーシップは、アウトソース社が比較的小規模で単純な企業だったときには見事に奏功していた。

だが、規模がかなり大きくなった今日のアウトソース社で、そのアプローチは明らかに緊張を生んでいた。同社はオーガニック〔訳注／オーガニックな成長とは、企業が製品やサービスの販売、技術開発など、本業を生かして自ら収益を拡大させること〕でも買収によってでも成長してきた。しかも事業は多角化している。かつてはイギリスで1つの事業（企業クライアント向けの管理運営業務）だけに注力していればよかったが、現在ではさまざまな国で多くの事業を展開している。ジョスリンとクライブがそろってオフィスに姿を見せるのはもう不可能だった。スタッフは経営幹部たちの存在感のなさに不満を漏らした。事業部門のマネージャーやそのスタッフは、しだいに会社との一体感を感じなくなっていった。それがはっきりわかるのは、一部の事業部門が「手がつけられない状態」に陥ったときだ。そうなるとまずはクライブとの厳しい話し合いが必要になり、それでも改善が見られなければ、ジョスリンという奥の手が繰り出された。

私が2人に会ったとき、彼らはマネージャーたちを全面的に信用し、彼らの監督なしで自由に業務をさせることはできないと述べた。クライブは会社をコントロールしつづけるために同時に多くのことに手を出しすぎていた。その一方で、ジョスリンとクライブは社内で自発的な動きや取り組みが生まれないことにイライラを募らせていた。以前のマネージャーたちは起業家精神に富み、野心にあふれ、ジョスリンとクライブの許可は二の次でまずは行動を起こすのが常だった。それが今では、手がつけられないというよりはむしろ無気力になり、やれと言われるのを待ち、指示がなければ何もせず現状維持が精一杯というありさまなのだ。

アウトソース社の社員数は大幅に増え、今では5万人を超えている。数が増えるほど、社員のエンゲージメント・スコアは下がっているように見えた。興味深いことに、問題を調査してみると、社員は彼らの直属の上司に会社自体よりもはるかに共感を抱いていることがわかった。企業の目的やアイデンティティを共有しているという意識は、彼らにはほとんどない。社員の関心は自分の所属する事業部門だけに向いていて、ほかの部門は信用していないか、否定的な感情を持っていた。マネージャーが辞めたら、その事業部門で壊滅的な連鎖反応が起こりかねない。社員は会社にロイヤルティをほぼ感じていないのだから、上司の後を追って自分たちも辞めると言い出すだろう。

そればかりか、顧客や投資家もとりわけアウトソース社の長期的展望に関して厳しい指摘をしていた。初期のアウトソース社は小規模でムダがなく、動きも速く、積極的なコストカットで知られていた。それが競合企業との際立った違いだったのだ。今日のアウトソース社にかつてのダビデの面影はなく、彼らにとってゴリアテのような存在だった大企業にますます近づいていた。パーパスは何だったのか？　ストーリーは何だったのか？　基本理念や価値観は何だったのか？　長期戦略は明瞭性に欠け、(買収に際しての)選択の理由も定かでなかったことが、社員や顧客、投資家をもいら立たせていた。

ジョスリンが「ヘマ」を嫌うので、アウトソース社では規模の大きな企業の土台となる目に見えない要素、なかでも意味のある共通の目的意識が軽視されていた。社員は何か指示を受けてもその理由を理解しておらず、給料をもらうだけではなく自分が所属する組織に対する思い入れがなぜ大事なのかもわかっていなかった。マネージャーはリーダーとして従うべき会社全体の方針をしっかり呑み込めていないので、現状に及ぶリスクを避けるという対応しかできていない。そもそもジョスリンとクライブが、社員はじめ組織のすべてのステークホルダーが納得できるような目的を設定できていなかったのだ。しかも、企業パーパスを将来の組織にふさわしい一貫性のある戦略や設計に反映させようともしていなかった。そして、10億ポンドの年間収益を超える未来があるのかどうか、あるとすればその根拠は何かという疑問にも、彼らは答えていなかった。

3-2 企業パーパス

営利目的だろうと政府機関だろうと社会的企業だろうと、どんな事業体もパーパス（目的）があってつくられている。**企業パーパス**は企業内バリューチェーンの最初の要素であり、ほかのすべての要素は永続的な**目標**を実現させるための手段なのだ。危機が起こったときほど、企業パーパスの重要性が注目される機会はない。世界的物流企業のＤＨＬを例に考えてみよう。ＤＨＬは新型コロナウイルス感染症のパンデミックの初期に、欧州で最悪の「ホットスポット」の１つだった北イタリアで、医療用品を病院に配送する業務の実に９割を担っていた。混乱のさなか、ＤＨＬは人の命に関わる医療用品の供給ラインを維持しようと必死だった。企業としてのＤＨＬの**存在意義**は、顧客（病院と患者という名のその顧客）にとっては生死に関わる重要なものだった。

永続的な企業パーパスには、長期間に企業が何をどういう理由でするか、それがとりわけ外部の人々にとって大事である理由について私たちがどう理解しているかが、映し出されている。いわば企業を構成するあらゆる要素が依って立つ土台なのだ。第１章で述べたように、最大の成果を上げることができるのは、アラインがうまくいっている企業だ。というのも、そうした企業の事業戦略、組織ケイパビリティ、組織アーキテクチャー、経営管理システムは企業パーパスの達成をサポートするのに理想的な形でつくられているからだ〈参2〉。そのため、高度なアラインを通して大きな成果を得るには、すべての企業はパーパスに従って進んでいかなければならない。

パーパスはビジネスの世界でいま流行りのコンセプトだ。Amazon.comで「company purpose（企業パーパス）」を検索すると、書籍だけでも7000件を超える結果が表示される。YouTubeでは、プロダクション・バリュー（制作価値）の高いTEDトークから自宅で録画された「グル」に至るまで、数千もの動画が検索結果に表示されるだろう。そのどれもが「目的を持って導く」とか「目的ある人生を生きる」ための方法を教えている。そうした動画において目的を持つとは単純に、個人として私たちはもっと「今この瞬間を生きる」べきであり、じっくり考えて最高のワーク・ライフ・バランスを見つけなければならない、という意味だ〈参84〉。

ビジネスに携わる多くの人にとって、パーパスは今や企業の社会的責任と同義語である。環境的に、「正しいことを実行する」義務と解釈することもできるし、パーパスによって社会的、単なる利益とは別物の、いや、その代わりとなる何らかの形のプラスの影響を及ぼすことも可能だ〈参85〉。とはいえ、どんなビジネスもいちばん肝心なのはお金を稼ぐことで、今後もそれは変わらないと考える人もいる。どの意見ももっともなのだが、戦略的アラインの観点からすると、パーパスには違った意味があるのだ。

企業パーパスとは何か？

パーパスは企業の存在意義だ。それは企業が設立・維持されている理由であり、今後の業務遂行意欲を高めるのに最もふさわしいものである〈参86〉。「あなたという人間はあなたがとる行動で決まる」という格言は、企業にも当てはまる。企業パーパスは本質的に、それが例えば企業あるいは政府機関として「何をする」か、それが企業に関係する重要な人々、すなわち従業員や投資家、政策立案者、顧客にとって「なぜ重要なのか」を明確に示すものだ。そして、企業パーパスは組織のアイデンティティを定め、その後の戦略や優先事項を決定する根拠となる。

パーパス主導型のある有名企業の例を考えてみよう。ディズニーのパーパスが「人々を幸せにする」ことなのはよく知られている〈同上〉。これが拡大し、最近の企業パーパスは「あらゆる場所にいるあらゆる年齢の人々に最高のエンターテインメントを提供して幸せを生み出す」に変わったが、ディズニーのアラインの強さと同じように、パーパスに込められた意味はずっと変わっていない〈参87〉。ディズニーの企業パーパスは練り上げられた戦略と組織の選択にそのまま反映されている。一例として、ディズニーはパーパス――事業戦略の形で明示されている――を、最も大きな顧客セグメントを対象にした製品・サービスの3つの主要カテゴリー、すなわち（1）製品（商品）、（2）エンターテインメント（テレビ、映画に加え最近では自社のストリーミング・サービスであるディズニープラス）、（3）フィジカル体験とデジタル体験の融合（リゾート、テーマパーク、補完「アプリ」）を通して達成することを選んだ〈参2〉。

ディズニーは、垂直型の各事業部門の中で卓越性を追求すると同時に、それらをポートフォリオとして水平的に管理して、映画と商品が相互の売り上げを後押しするなど、価値を生み出すシナジーを利用することで競争上の優位性を獲得している〈同上〉。このようなポートフォリオの統合は、グループ企業と提携先全体で協調的な文化と組織構造（組織アーキテクチャー）を確立し、リソースを共有してクリエイティブな人材を結びつけるのに力を貸すことが求められるディズニーにとって、なくてはならない組織ケイパビリティだ〈参88〉。

企業パーパスと、収益のように成功の度合いを示す単なる指標を混同してはいけない〈参2〉。収益は企業が目的をきちんと果たしたかどうかを測る尺度でしかない。また、パーパスを企業の事業戦略をざっくり言い表した、永続的であることを意図していないビジョン・ステートメントとも混同してはいけない。さらに、企業パーパスは企業の価値観でもない。企業の価値観は企業、そしてその代理を務める人々にとっての行動指針である。価値観自体がパーパスにはなりえないのだ。

企業パーパスは、ゴール、ビジョン・ステートメント、戦略目標、価値観、施策すべてをその実現を目指してアラインさせるべき終着点以外の何ものでもない。企業パーパスを変更することは、古い企業を象徴するもの（ロゴやブランドなど）が残っているかどうかに関係なく、まったく新しい企業として出発することを意味する。

3－3 企業パーパス、リーダーシップの課題

ここからしばらく私のSF愛におつき合い願いたい。伝説のSF作家フランク・ハーバートの言葉は、多くの企業や政府機関や慈善団体のパーパスに関連する最大の問題をはっきりと言い表している。物語の舞台は1万203年の銀河系に存在し救世主である王によって導かれる帝国か、それとも2021年の地球にどっしりと根を下ろした謙虚な企業かはともかく、「イルーラン姫による〝ムアドディッブの言葉〟」には、次のように書かれている[注14]。

多くの帝国は創造されるとき、目的の虚しさに悩んだりしない。悩むのは、帝国が確立されて、目的が失われ、いろんな儀式におき変えられたときなのだ〈参89〉。

すべての企業はパーパスのためにつくられている。パーパスが正しいかどうかはともかく、1つの企業を誕生させるには、相当の時間と労力と人材が必要だ。多くの犠牲を払っても思いもよらない企業ができあがるかもしれない。それでいて、企業は時間とともに成熟し、本来のパーパス、すなわちそれがつくられた理由をあまりにもあっけなく見失ってしまう。既存のどんな企業も、その文化やしきたり、構造、手順、慣行が永続的なパーパスに取って代わり、それら自体がパーパスになってしまう危険が非常に大きい。それらはパーパスを達成するための手段と捉えるべきなのだ。

3―1で説明したアウトソース社のように、多くの企業はパーパスを忘れてしまうか、ステークホルダーにわかりやすくそれを伝えることができない。その結果業績は低下するが、それは人々の最善の努力を含め、企業内バリューチェーンの重要な要素をアラインさせるためのコンパス上に、目指すべき場所が示されていないからだ。高度なアラインを維持するには、企業のリアラインを目指す場合はとくに、リーダーには二重の責任が課せられる。

責任の1つは、外部の事業環境に変化が起こっても、企業パーパスの信頼性と意義を保持することだ（それが達成を目指すに値するパーパスでありつづけると仮定しての話であるのは、言うまで

［注14］ハーバートのすばらしい作品『Dune（デューン 砂の惑星）』シリーズの第2弾『Dune Messiah』(Herbert, F. (2019). *Dune Messiah*, p. 57. Hodder, London.)『デューン 砂漠の救世主』（矢野徹訳、早川書房、1973年）より引用。

もない）。多国籍に事業を展開する自然食品チェーン、ホールフーズ・マーケット社（ホールフーズ）の例を考えてみよう。ホールフーズは「アメリカで最も健康的な食料品店（America's Healthiest Grocery Store™）」を志し、1980年に設立された。同社のパーパスは「人々と地球に栄養を与えること」だった〈参90〉。オーガニック製品、持続可能な調達、健康、そして栄養を柱としたそのパーパスと価値観が、ウォルマートやターゲットといった市場リーダーをはじめとするほかのスーパーマーケットとの差別化要素を生み出す核となった。そうした差別化に加え、成長が続く健康志向の食品市場の魅力が追い風となり、ホールフーズは1980年代、90年代、2000年代と急拡大を続け、国際的な食品チェーン大手に成長した。

ところが近年、健康によい商品をラインナップに加えた大手小売業者との競争により、ホールフーズの年間収益は下落している。2017年にはアマゾンが137億ドルでホールフーズを買収し、データ管理、顧客インテリジェンスや顧客チャネルの改善など、ホールフーズの課題を克服するための新たな策を講じ、店舗の改装やはるかに高度な国内外の配送インフラの整備を進めた〈参91〉。大事なのは、なくてはならない永続的なホールフーズのパーパスは変わらなかったということだ。買収を機に行われた改革が、永続的なパーパスのもとに組織が一丸となって市場で成功する絶好の機会となった。

リーダーの2つ目の責任は、バリューチェーンをうまくアラインさせて企業パーパスの実現をサポートすることだ〈参2〉。どんなに高尚でも、よく理解されていても、重視されていても、企業がそれを実行できなければ、パーパスは単なる願望にすぎない。第2章でも触れたが、リーダーの課題はまず短期、中期、長期間に永続的なパーパスの実現を支える企業の**事業戦略**を策定する（そして必要に応じて策定し直す）ことだ。次に、選んだ戦略を首尾よく実行するのに求められる**組織ケイパビリティ**を決定しなければならない。それから、リーダーは必要な組織ケイパビリティの発展を最も促すには、組織をどんな構造、文化、プロセス、人材で構成すればよいか——どんな**組織アーキテクチャー**にすればよいか——を判断しなければならない。そして最後に、望ましい成果を達成・維持するための機能別の**経営管理システム**を選ぶ〈同上〉。もちろん、混乱を乗り切って変化する事業環境において業績を向上（または維持）させるには、どのようにして企業内バリューチェーンのすべての要素をリアラインすべきかも考えなければならない。

ここからは前述した2つ目の責任について取り上げるが、その前に1つ目の責任——企業パーパスをできる限り意味のあるものにする——に戻ることにしよう。

3-4 パーパスによって企業を導く

あなたの企業のパーパスは何で、それは企業に関わる人々にどれほどの意味を持っているだろうか？　パーパスは、あなたが企業の代理としてどんな行動をとるか、その行動がなぜ重要なのかをどれだけ明確に示しているだろうか？　どうすれば企業パーパスを事業戦略、組織ケイパビリティ、組織アーキテクチャー、および経営管理システムの選択に有効に反映させることができるのか？　このセクションは、リーダーが次の2つの主要な要素に従って企業パーパスの意義を検討するのに役立つだろう。（1）パーパスはどこまで正しく理解されているか。（2）パーパスはどの程度評価されているか。

パーパスはどこまで正しく理解されているか？

企業パーパスは、企業の重要なステークホルダーがそれをきちんと理解しない限り意味をなさない。「私たちは何をするのか？」、「それはなぜ重要なのか？」、「私たちがその行動をやめたら、困るのは誰か？」といった質問を繰り返しされるとしたら、それは永続的な企業パーパスが理解されていない証拠だ。理想を言えば、これらの質問には単なる一般的な知識以上の具体的な答えがあってほしい。それは企業のあらゆる行動、そして未来に関するすべての議論の重要な前提になるからだ。

過去の産業化時代には、たいていの場合従業員は企業のパーパスを知らなかったし、知る必要もなかった。従業員は自分が働く組織がなぜ存在しているのか、そのために何が必要かを知らなくてもよかったのだ。科学的管理法の父と呼ばれるフレデリック・ウィンスロー・テイラー(1856~1915)は、仕事は与えられた業務を処理することであり、労働者は階層的に管理された人格を持たない機械の歯車でしかないと捉えた。彼らの務めは考えることではなく、上司の命令に迷わず従って、所定の基準を満たす成果を出すことだった。企業の根本原則、存在意義、行動、その重要性は上層部だけが考慮すればよかったのである。

「理由を問うことなく、ただ死にに行くのみ」という考え方は、これからの情報時代には適さない。企業の人々——その業務遂行に関わるすべての人——が共通の目的意識を軸に団結することの重要性は高まるばかりだからだ。これには主として2つの理由がある。まず、目的主導型の仕事のほうが、従業員のエンゲージメント、コミットメント、成果の向上に直結する(参92)。従業員が雇用主のパーパスに共感するほどに、彼らは懸命に働き、コミットメントとロイヤルティを発揮するようになる、というのがその前提にある考え方だ。

最近の調査によると、仕事の意味を理解している従業員は、同業他社平均と比べて仕事に満足していると答える人の数が2倍、現在勤めている企業にとどまる可能性は3倍であることがわかっている〈参93〉。ミレニアル世代（1981〜96年に生まれた人たち）に分類される71%の従業員が「仕事に前向きに取り組まない、あるいはあえて積極的に関わらない」と伝えられていることを考えると、この調査結果には大きな意味がある〈参94〉。そのうえ、顧客もやはりパーパスがしっかりしていると認識したブランドに強いロイヤルティを抱くことが明らかになっている〈参95〉。従業員と顧客が企業パーパスを理解していれば、企業にとっては経済的にも社会的にもプラスのリターンが生まれるのだ。

仕事を考えるうえで、パーパスをいちばん重視するのが望ましいうえに必要なのはなぜか。これについては、もう1つもっと現実的な理由がある。階層型の業務設計の元となるのは、上司は従業員よりも業務に詳しいはずだという従来型の考え方だった。しかしながら、知識経済において果たすべき多くの役割の要は、自律し自らの裁量で業務に取り組み、首尾よく職務を果たす従業員なのだ。主体性、創造性、協調といった性質は企業のイノベーション・ケイパビリティを伸ばすのに非常に重要である〈参96〉。知識経済で競争に勝つには、企業は優秀な人材やイノベーターに働きかけて、可能な限り能力を伸ばし、階層上の上司のそれを凌駕するくらいの知識を身につけるよう促すべきだ。

そこに生じる管理上の問題が、（経済学者の言葉を借りれば）「情報の非対称性」である。自分より仕事についての知識が深い人をどうすれば監督できるだろうか？　簡単に答えてしまえば、それは無理な話だ。そのような状況では、企業は核となる人材が（要件に応じて程度の差こそあるが）自分の裁量で仕事に取り組める建設的な環境を整えなくてはいけない。彼らが企業パーパスの実現を目指している限り、彼らの判断に任せて仕事をさせていい。そうでない場合はパーパスが正しく理解されていない、あるいは従業員の個人的な利益が企業パーパスに反している可能性があるので、彼らを信頼して一任することはできない。従業員の意志による取り組みは企業のイノベーション・ケイパビリティに不可欠な要素だが、それが功を奏するかどうかは雇用主と従業員の信頼関係によって決まる。そうした信頼の元となるのはパーパスが同じであることなのだ。

自分の会社について考えてみよう。あなたにとっては誰がいちばん重要か？　会社がなくなったら、困るのは誰で、それはなぜだろうか？　その人たちはどれくらい重要で、彼らは企業パーパスをどの程度理解しているだろうか？　本当の意味で共通の理解が図られていると言えるだろうか？

企業パーパスが十分に理解されていなければ、どれだけリソースを投資して念入りに戦略や組織設計を考えたところで、それは同じ理想のもとで企業の務めを果たす意欲のある人々から生まれるパワーにかなうはずがない。

パーパスはどの程度評価されているか？

第1章で説明した事業組織についてのユニテリアン主義〔訳注／父と子と聖霊の三位一体の信条に反対して、神の単一性を主張しイエスは神ではないとするキリスト教の一派〕的理論（企業は共通の目標を達成するためにともに行動する人々の集まりである）は、企業パーパスと成果には明らかに関連があると主張する〈参97〉。ほかのすべての条件が同じなら、企業に属する人たちが目的のもとにアライン（一致団結）すればするほど、企業は大きな成果を上げるだろう。しかし、すでに述べたように、そのためにはまずパーパスが理解される必要がある。とはいえ、たとえ彼らが理解していても、パーパスに必ずしも人々の意欲を引き出し、指針としての役割を果たせるほどの意味があるとは限らない。パーパスがモチベーションをかき立てるか否か、企業の人々は評価しなければならないのだ。企業パーパスは社員のほか、顧客や社会といった外部の関係者に経済的、社会的に利益をもたらすプラスの力として受け入れられるものでなければならない。

つまり、自分本位な企業は成長しないのである。企業として何をどういう理由で行うか、それが重要な理由は何かを常に見直して、できる限りすべてのステークホルダーにとって意味のあるパーパスを設定するのは、企業リーダーの責任だ。オックスフォード大学の同僚、アンドリュー・ホワイト博士は次のように述べている。

このプロセスによって得られるのは、練りあげられたパーパスの表明ではなく、目先の顧客ニーズや投資家の短期的な要求よりも重要な務めを果たすという意志を秘めた、パーパスの深い理解に基づく重要な判断である〈参98〉。

私の最近のクライアントで公共セクターに属する「GovOrg」（仮名）［注15］の例を考えてみよう。GovOrgの理事会は、広範な戦略的リアラインの取り組みの一環としてパーパスをじっくり検討することにした。その狙いは、9000人を超える職員、提携先（民間セクターの企業を含め、公的サービスを政府機関に代わって提供する組織）、そしてとくにサービスの消費者である市民にパーパスの意味をわかりやすくはっきりと説明し直すことにあった。何度も検討を重ねた結果、彼らは新しいパーパスを以下のように定めることで合意した――「地域のすべての人々が可能な限り最高の生活を送る手助けをする」

事情をよく知らない人からすれば、GovOrgのパーパスに特別な意味があるようには思えない。しかし、そこには企業としての**存在意義**をしっかり支えるいくつかの重要な前提が示唆されている。それはまた、下流の戦略（どうやってパーパスを達成しようと考えているか）と組織（戦略を実行するためにどんな構造にするか）についての意思決定をする際の指針にもなる。

［注15］「GovOrg」の詳細は「第5章　組織ケイパビリティ」で検討する。

前述のパーパスを分解すると、以下のような前提が見えてくる。

［**手助けをする**＝選択した企業としての役割］［**すべての**＝選択した範囲］［**人々**＝選択した顧客］［**地域の**＝選択した「市場」／地理］［**可能な限り最高の生活を送る**＝顧客のための望ましい結果］

パーパスに盛り込まれた前提は、GovOrgがどのような組織で、それが何を重視しているかについて多くを教えてくれる。

1 GovOrgが選んだ役割には実効性がある――公的サービスの提供を通して何かを支援／実現させる。
2 パーパスの適応範囲は（地域の）すべての人々であり、市場の一部または特定のセグメントに限定されない。その地域に極めて多様かつ複雑な社会的、経済的利害とニーズを持つ140万人以上もの人々が住んでいることを考えれば、それは小さな約束ではない。
3 顧客には市民、コミュニティ、企業、その他の機関が含まれる。
4 選択した市場は特定の地域であり、それ以上広がることはない。
5 最後に、おそらく最も重要なのは、パーパス――地域のすべての人々が可能な限り最高の生活を送る手助けをする――の表明によって、望ましい結果や成功の定義が伝わることだ。

これは公的サービスの提供におけるこれまでの供給側の論理とはまったくかけ離れている。以前は、公的サービスを提供するのに国は市民一人ひとりの意向などおかまいなしだった。市民が意見を言う機会は、4、5年に1度の政治的なプロセス（つまり選挙）だけだったのだ。

あるステートメントの中で、GovOrgはその役割、顧客（市民）の範囲と数、市場（地理的範囲。このケースでは地域）、国の機関としての成功の定義についての最初の原則を定めている。理事会の課題は、GovOrgの職員に向けてパーパスを意味あるものに仕立てることである。それをふまえ、職員は契約を結ぶ相手である顧客にわかりやすくパーパスを策定し、パーパスの実現を担う。それは、顧客が地方税を支払い、市民社会に参加するのと引き換えに得られると期待する見返りである。

そして、もう1つの課題はGovOrgのパーパスを戦略的かつ組織的に実現させる**方法**を選ぶことだ。

- 市民ができる限り最高の生活を送るのに力を貸すには、GovOrgはどんな公的サービスを提供すべきか？

●リソースに限りがあることをふまえて、提供を中止すべき公的サービスは何か？
●利用するサービスに対し市民は何を求めているか、そして時間の経過とともに彼らの意向はどのように変化しているか？
●戦略を実行しパーパスを達成するのに理想的な能力を得るために、ＧｏｖＯｒｇをどんな組織にするべきか？

では、自分の会社について考えてみよう。企業パーパスは、あなた自身がどういう人物で、なぜあなたの会社が重要なのかについて、何を伝えているだろうか？　社内のステークホルダー（従業員）か外部のステークホルダー（投資家、顧客、コミュニティ）かを問わず、あなたが重要だと思う人々は企業パーパスをどれくらい評価しているか？　企業パーパスが重視されていないとしたら、どうすればその重要性、正当性、そして将来の価値を伝えられるような方法で明確にし直すことができるだろうか？

さらに、あなたの企業パーパスは、企業の務めを果たそうという理想的なモチベーションだけでなく、混乱を克服し企業の成果を向上させるためのリアラインを含め、下流の戦略や企業の意思決定のための指針となる原則をどこまで正しく定義しているだろう？　企業内バリューチェーンの次の要素は事業戦略である。事業戦略は、正しく理解され、重視されている企業パーパスをどのような方法で達成するかを明確にする。

第4章

事業戦略

Business Strategy

4-1 戦略とは、何の戦略か？

「タイラー」（仮名）は有限責任事業組合である会計事務所、「プロフェッショナル・サービス・ファーム（PSF）」（仮名）のCEOで、異色の人物だ。会計事務所では社内からマネージング・パートナーを登用するのが一般的であったが、タイラーは中途採用（外部採用で、組織内の階層とも無縁だった）であったのに加え、会計士でさえもなかったのである。彼には大手通信会社の統括責任者としての経歴があるだけだった。しかしながら、タイラーのCEO就任がPSFの成長を加速させた事実に疑いの余地はない。わずか5年で、その規模はパートナー10名、アソシエイト100名から、パートナー90名にアソシエイト1000名を超えるまでになったのだ。PSFは業界の「注目株」と見られていた。

タイラーはPSFのパートナーやスタッフの間にしっかりとした共通の目的意識を確立していた。彼は、PSFは硬直化した専門市場に変化をもたらす破壊者になるのだと、訴えかけた。その言葉どおり、ほかのファームが失敗（倒産）したのに対し、PSFは不況に強いビジネスとして成功していた。実に巧みなやり方で、苦境にあえぐ競合企業を見つけては有利な条件で買収し、その結果たった5年で10倍ものノン・オーガニックグロース〔訳注／買収など、新しい事業の獲得による成長〕を遂げたのだ。やがてPSFは、複数の分野で専門的な会計業務を行う、形態も規模もバラバラな独立した企業の寄り合い所帯のようになった。分野ごとにそれぞれ異なる会計サービスを提供し、社内で競合することもしばしばだった。

順調な成長の陰で、PSFは戦略的な検討ではなくその時々の判断で、市場にどの会計サービスを提供するかを決めていた。買収により財務基盤に新しい業務が加わるたびに収益は増えたものの、有意義な統合を試みる動きはほとんどなかった。会社が現在どのような価値を市場に提供しているのか、あるいはどのような方法で競合との差別化を図っているのか、すべてを把握するのは至難の業だった。成長が続く一方で、社内ではいくつかの重要な点でクライアントの要求が変わりつつあるという認識も広がりはじめていた。クライアントと競合企業、どちらにも問題を抱えるPSFは、**事業戦略**を必要としていた。

また、予期していなかった新たな競争にも直面していた。既存、新規を問わず、クライアントが請求費用についていっそうの透明性を求めるようになったのだ。近ごろでは「バリュー・フォー・マネー（金額に見合った価値）」なる言葉をよく耳にするようになり、購買行動にもそれが顕著に表れていた。「基本会計」分野の市場には新規参入者も多い。なかでも事業コストが著しく低い新興市場では、ディスカウンター型会計サービスが、PSFが持つ低価格志向のクライアントを根こそぎ吸収しつつあった。とりわけ破壊的だったのが、デジタル会計プラットフォームの普及である。オンライン・プラットホームが次から次へと登場し、極めて高度な「セルフ式会計業務サービス」を個人ユーザーはおろか企業ユーザーにまで提供するようになったことは大きなダメージだった。デジタルを活用し、同じサービスを低コストでより便利に提供するライバルたちに、ＰＳＦはなすすべがなかった。さらに、長期的に見ると、ＰＳＦの主要な収益源と同様のサービスを自動化する、「ロボット会計士」の出現も話題になっていた。会計サービスのコモディティ化によって、ＰＳＦは高い利益を生み出す市場で競争力を失う危険にさらされていたのだ。

それだけでなく、ＰＳＦは国内外のいわゆる「ビッグ4」と呼ばれる「名門」会計事務所との競合でも苦戦を強いられていた。パートナー、アソシエイトを含め非常に有能な会計士を抱えていながら、新しくて難易度の高い複雑な会計監査業務を任されるほどの信用がＰＳＦにはなかったのだ。個々の企業クライアントに合わせてカスタマイズされた会計サービスで勝負できる市場が理想的だと同社内では意見が一致した。とりわけ、中規模企業向けの「ワンストップサービス」になることに大きな関心が集まった。ＰＳＦが保持する会計専門知識の規模と範囲から考えて、小規模事務所との差別化は当然可能でも、大手事務所と肩を並べるのは無理だと判断されたのである。

理屈上はすばらしい策に思えたが、タイラーは正式なプランとして「ワンストップサービス」を目指すのに二の足を踏んでいるようだった。ほかの人たちはそこに機会を見いだしていたが、タイラーの目には障害しか映っていなかった。ＰＳＦのパートナー会計士の多くにとっては、標準化された画一的な会計サービス業務が安全地帯であり、それ以上の仕事をこなす能力が彼らにあるとは思えなかったのだ。それに、それぞれのオフィスで異なる会計慣行を実践しているPSFに、結合を重視したアプローチを促すのは難しいとも予想された。PSFでは、パートナー会計士の縄張り争いは日常茶飯事だった。誰もが用心深く「自分の」クライアントとの関係を守り、直接メリットがない限り情報も機会も共有したがらなかった。パートナー会計士の協調に企業の望みをかけるのは、とうてい無理な話だった。

そのようなわけで、どんなサービスを提供すべきかについて、PSFは全体で一貫性のある計画を立てられずにいた。重要な課題は手つかずのまま放置された。変化するクライアントのニーズや嗜好にどう対応すべきか？ どうやって競合との差別化を図ればよいか？ 当然の成り行きとして、一貫した事業戦略がないために、入札中の案件にもパートナーが取り組んだ案件にも合理的な理由はいっさいなかった。彼らは片やコストと効率性、片や高い価値を生み出すカスタムメイドのサービスという、相反する戦略の優先事項の板挟みになっていた。パートナーは多すぎる指示に振り回されていると始終不満を漏らしていた。企業戦略を説明するよう求められると、ほぼ全員が「戦略って、何の戦略ですか？」と答えた。少なくともその点だけは、彼らは一致団結しているようだ。

PSFは、またたく間に市場における卓越性を失っていった。それは、つまりどういうことだったか？ クライアントにとってPSFは、際立って優れた特徴を持つ企業でなくなったのである。コストが特別安いわけでもなければ、それぞれのクライアントに合わせた特注サービスが得意なわけでもなかった。競争の激しいクライアントの入札では、PSFは「負け組」の常連だった。タイラーは部下を集め、短期的に収益を上げられる仕事なら何でもいいから取ってこいと発破をかけながら、複雑化し分裂した企業の建て直しに苦悩していた。

成功のための大きなチャンスを手に入れるには、変化する会計市場の現実に合わせ、戦略を今すぐリアラインする必要があった。まず、製品・サービスはもとより、それらを提供する個々の市場や顧客の選択も再検討しなければならなかった。次に、市場において抜きん出たポジションを確立し、ターゲット・クライアントの要求の変化にも対応する必要があった。規模とニッチ分野への特化で勝負する、現在の二面的アプローチは機能していなかった。2つのビジネスモデルに明確なアラインがなければ、焦点が定まらず混乱するだけで、どちらのビジネスモデルも成功させることはできなかった。

新しい戦略が決まれば、そのために必要な組織ケイパビリティもいずれ再検討しなければならないだろう。だが今のところは戦略に焦点を当て、方向性を明確にして何を優先すべきかを定めるのが、業績向上のためには必須の第1のステップだった。

4-2 事業戦略

企業パーパス――企業の不変の**存在意義**――は何より重要だが、それを達成するための有効なプランがなければ**何の意味もない**。この章では、企業内バリューチェーンの2つ目の要素である**事業戦略**を取り上げる。常に変化しつづける事業環境の中で企業が成功を目指すに際し、リーダーがどのように企業パーパスを達成するための計画を策定すればよいかを考察する。

ビジネス誌や経営情報誌、ブロゴスフィア〔訳注／ブログを行う人たちによって構成される世界やつながり〕などは、チェックリストや、「ハック」、「やるべき5つのこと」といった言葉であふれている。それらのどれもが企業やそのリーダーがどうすれば競争優位を確保できるかを説明している。10分間のTEDトークを見るぐらい簡単に事業戦略を立案できればよいのだが、残念ながら変化する事業環境で成功を遂げるための近道も万能な策も、この世に存在していない。しかし、それは朗報でもある。あなたが難しいと思うことは、かなりの確率でライバルにとっても難しいことに違いないのだ。企業内バリューチェーンのすべての要素とまったく同様で、事業戦略における正しい選択が、競争上の差別化を図る重要な機会をもたらす。そして、思い出してほしい。「企業内バリューチェーンの強さは、最も脆弱な要素に依存する」

のである〈参2〉。

第1章で述べたように、新しい事業戦略を立てる、または既存の戦略を見直すプロセスは、リーダーの重要な責任である。企業、政府機関、または社会的団体であろうと、事業体の事業戦略は以下に記す事柄を、筋道を立てて明確に伝えるものでなければならない［注16］。

1 （企業として）あなたは**パーパスに従って何を市場に提供するか**

――あなたが選ぶ製品・サービス

2 **それを誰に提供するか**

――あなたが選ぶ顧客セグメント

3 **それをどこで提供するか**

――あなたが選ぶ市場と地域

さらに、

4 **顧客の好みとニーズにどう対応するか**

――現在および未来の顧客ニーズに合う製品・サービスの選択

5 **競合企業の最善の取り組みとの差別化をどう図るか**

――現在および将来にわたって、製品・サービスの提供で他に抜きん出るための選択

永続的な企業パーパスとは異なり、事業戦略は常に変化する〈参2〉。新しく発生する機会（新規の顧客や市場など）や脅威（新たな競合や破壊的テクノロジーなど）のすべてに対応できるよう修正**しなければならない**からだ。したがって、右の[1]〜[5]で導き出された答えは今後もずっと変わらないわけではない。企業が目的に適合し、変化する環境において最高の成果を維持する能力を確保するために、リーダーは定期的に事業戦略の見直しを行うべきなのだ。

そのためにこそ、戦略的リアラインがこれほど重要となることはない。第2章で検討したように、あらゆるセクターのあらゆる企業が、事業環境の変化という非常に厳しい状況に常に直面している。試行錯誤を重ねたこれまでの業界の戦略では、今日の市場がもたらす競争圧力に対応しきれなくなっている。一方で顧客の要求は、今や購入する製品やサービスの価格の安さだけにとどまらない。彼らは種類の豊富さのほか、バンドリングやパーソナライゼーションのいっそうの充実を求めている。現在の顧客に、古くからある既存ブランドに対するロイヤルティは、ほとんどないのだ。

［注16］オックスフォードの私の生徒の一人で、ある企業のCEOを務めるナッシュ・ビリモリアは、この本の前作を通じて得られた知識をもとに、このリストをユーザーのために実にわかりやすくまとめ直してくれた。彼に特別殊勲賞を捧げたい。

これまでにない新たな脅威に、産業界全体で天地がひっくり返るような騒ぎになっている。有り余るほどの情報、破壊的なまでのネットワーク接続性、そして新たな購買行動がゲームのルールを一変しつつあるのだ。もはや競争すべき相手は同じ業種や地理的な枠組みに収まらない。とりわけ大きな破壊力を持つのがプラットフォーム・ビジネスの出現（ウーバーや世界最大の小売業者アリババを考えてみよう）だ。例えば、金融サービス業の新たな破壊者、レボリュートは今ではイギリスで「最も時価総額の高いフィンテック企業」と呼ばれている〈参99〉。最近実施された資金調達の結果、レボリュートの時価総額は240億ポンドになったとみられ、ナットウエスト銀行などのかつて市場をリードした多くの大手企業を超えた。既存の業界の枠組みにとらわれた企業が、大量の情報を駆使し俊敏でインテリジェントなサプライチェーンと互角に戦う気がない、もしくは戦えないとすれば、フィンテックをはじめとするデジタル・ディスラプター（破壊的企業）は、彼らに暗い未来とコモディティ化を告げるかもしれない。

企業内バリューチェーンの一要素である事業戦略において、戦略的リアラインに臨む企業リーダーの課題は2つある。1つは、企業パーパスに合わせて市場に提供する製品・サービスを選ぶこと（194ページのリストにある質問1、2、3）〈参2〉。もう1つは、顧客の嗜好に最も合致し、ライバル企業を打ち負かし、企業に競争上の強みをもたらす**戦略的アプローチ**――競争に打ち勝つ手段――を選ぶこと（質問4と5）だ〈同上〉。これらについて掘り下げる前に、まずは言葉の意味を定義しておこう。

事業戦略とは何か?

戦略的リアラインの観点からすると、事業戦略は企業内バリューチェーンにおいて不可欠な要素である。実行するための計画がなければ、永続的なパーパスは達成されない可能性が高い。その実例の1つが前述のPSFだ。事業戦略の策定には、目的を果たすために市場に何を提供すべきか、顧客を勝ち取り競合企業を出し抜こうと目論む市場で、どんな手段を駆使して戦うべきかについての難しい選択が伴う。そうしたことをふまえた結果選ばれたものを、本書では「市場提供価値」(組織が市場に提供する製品・サービス)および「戦略的アプローチ」(市場競争力を得るための方法)と呼ぶことにする。

市場提供価値

企業の市場提供価値は単なる思いつきや行き当たりばったりで選んではならない。にもかかわらず、企業は高いリターンへの期待から準備もしないまま、自らの存在意義に合致しているのかが定かでない市場に足を踏み入れてしまう。戦略的アラインを成し遂げるには、それぞれの市場提供価値（製品とサービス）が、その企業が行おうとしている業界への強い影響力をサポートするものでなければならない。そして、市場提供価値にはパーパスに込められた考え方――そもそも企業は**なぜ**存在しているのか――との整合性がなければならない。よい例が、前の章で説明したディズニーだ。その主要な市場提供価値は、テーマパーク、映画、メディア・コンテンツ、商品だが、ディズニーの企業としての永続的なパーパスが「エンターテインメントを通して幸せを生み出す」（短縮版）だと聞けば、理にかなう〈参87〉。このように、戦略的にアラインした事業戦略かどうかは、まず製品とサービスが企業パーパスをどこまでサポートしているかを見ればわかるのだ〈参1〉。

市場提供価値の選択は、個々の製品・サービス、またはポートフォリオ全体に対する賭けのようなものだ。賭けにはしばしば、オーガニック、すなわち社内の研究開発によるものか、ノン・オーガニック、すなわち価値の高い顧客基盤をすでに有する企業の買収などによるものかを問わず、製品開発への多大な投資が伴う。フェイスブックは2014年にVR（仮想現実）企業オキュラスVRを約23億ドルで買収したが、これは大企業が買収によってポートフォリオの穴を埋めたよい例だ。フェイスブックのソーシャルメディア・プラットフォームと仮想現実の没入性の組み合わせは、明らかに潜在的な変革を起こす相乗効果がある〈参100〉。仮想現実は、フェイスブックのユーザーがより現実の生活に近い状況で互いにリアルタイムのやりとりをするのを可能にするだろう。これは、リモート／バーチャル・ワークにとってメリットである。

では、フェイスブックのライバル、マイクロソフトが競争市場で何に賭けたかを見てみよう。マイクロソフトが重点的に投資をしているのは、拡張現実と製品・サービスの融合である。全体がデジタルで構築され、ヘッドセットを使って体験する仮想現実とは異なり、拡張現実は「複合現実」だ。ヘッドセットを使用するのは同じでも、拡張現実は選択したプログラムに従って、ユーザーが見ている現実世界とコンピューターによってつくられた画像や音を組み合わせて構築される〈参101〉。消費者市場の主流の座を巡り、フェイスブックとマイクロソフトはそれぞれ競合するテクノロジーに賭けている。結論はまだ出ていないが、勝者は最も価値あるテクノロジーがもたらす市場の可能性を巧みに利用し、すべてを手に入れるに違いない。それに対し、負けた側は開発にかかったコストと逃した市場機会を数えることになるだろう。

製品・サービスを提供しない、あるいは提供をやめるのもまた、事業戦略上の選択の1つだ。世界最大の食品会社クラフト・ハインツの例を考えてみよう。2018年の売り上げが予想を下回り、102億ポンドの損失を出したことを受けて、同社の株価は27%下落した。また、クラフト・ハインツは最大のブランド、クラフトとオスカー・マイヤーを含む資産の減損処理費用154億ドルを計上した〈参102〉。製造および物流コストが予想を上回ったことが損失の一因とされたが、消費者行動も大きな要因の1つであった。単純に、ケチャップの消費量が減っているのだ〈参103〉。

健康と栄養に対する意識と懸念の高まりによって、消費者の嗜好は既存の加工食品から新鮮なオーガニック食品へと変化しつつある。成果の低い製品ポートフォリオを再構成してバランスシートから負債を一掃するために、クラフト・ハインツは子会社再編成を検討している。そのうちの1つがコーヒー・ブランドのマックスウェルハウスの売却だ。同社の税引前利益は4億ドルで、売却額は30億ドル程度とみられている〈同上〉。

企業の市場提供価値は市場や顧客ニーズの変化に合わせ、時間とともに変えていかなければならない。製品やサービスの提供を続けるか、始めるか、やめるかの選択にはリスクが伴う。どの市場で競争するかを選ぶのも同じだ。企業リーダーは製品・サービスを**どこ**（異なる地理的市場やセクターなど）に、そして**誰**、つまりどの顧客セグメント（年齢、ライフスタイル、購買力によって分けられるさまざまな購買層）に提供するか考えなければならない。場合によっては、単一に標準化された製品はマーケティングや広告をほんの少し調整しただけで（税や規制環境に合わせる必要はあるだろうが）複数の地理的市場で販売できるかもしれない。それに対しサービス提供には、地域の顧客の嗜好や市場の状況に従って、それぞれの市場に合わせた大幅なカスタマイズが必要になる可能性がある。

市場に何を提供するかを選ぶのは、事業戦略策定の最初の一歩にすぎない。次のステップは、戦略的アプローチ——企業が**どのようにして**顧客ロイヤルティを求めて競争し、ライバルを打ち負かすか――の選択だ。

戦略的アプローチ

市場の戦略策定（さらには市場の組織化にも）においては、結果は同じであってもそのための方法や道筋は異なる場合がある。オープンなシステム（競争の激しい製品・サービス市場など）では、最終的な状態、つまり目標（市場シェアの大部分を獲得する、リソースを調達するなど）は多くの異なる手段によって実現できると考えられる。簡単に言うと、どんな市場においても競争優位を得るための方法は1つではない、ということだ。これは競争戦略の基本である〈参104〉。

企業が競争優位を獲得する方法はその戦略的アプローチの1つであり、それによってライバルとどう戦うかが決まる。例えば、市場でより（最も）低価格の製品を販売し、コストを武器に競争を優位に進め競合企業に勝つという手がある。イノベーションを重視するなら、多くの人が求める新しい製品やサービスをプレミアム価格で提供してもいい〈参105〉。同一の市場で競合する2つの企業が、まったく別の戦略的アプローチを選択し、互いに提供価値の差別化を図り、顧客ロイヤルティを確保しようとするケースもあるだろう。市場に**何**を提供するかを選ぶ場合と同様で、**どんな方法**で提供するかの選択もまた賭けのようなものだ。勝者は市場シェアと高い業績を手に入れる。敗者の業績は伸びず、今後の改善を望むのなら選択を見直しやり方を変えなければならない。

IBMが需要の変化と競合企業の台頭を受けて市場提供価値を変更したときに採り入れた、いくつかの戦略的アプローチについて見ていこう。昔はよく、「（たとえ高くても）IBMを買ったという理由でクビになった人はいない」と言われたものだ。1950～70年代にかけて、急成長するIT分野において、IBMはメインフレーム〔訳注／企業の基幹システムなどに用いられる大型コンピューター・システム〕を販売し、コンピューター業界の絶対的な標準という地位を確立していた。また、その後起きたIBMの凋落とその復活におけるルイス・ガースナーCEOの手腕は広く知られており、今や伝説になっている。ガースナーはIBMのリアラインに取り組み、同社を主にサーバーを販売するハードウェア会社から技術ソリューションとアプリケーションを販売するソフトウェア・サービス・ベンダーに生まれ変わらせた。それは市場が求めるものの変化に適応するための策だった。現在よりも規模が大きかったかつてのIBMが支配していた市場は、マイクロソフトなどの新規参入者によって混乱に陥っていたのだ。

その後のIBMは、製造業者というよりはプロフェッショナル・サービス会社に近くなった。その戦略的アプローチが重視したのは、クライアントのニーズに対応し有効なソリューションを提供する俊敏性だ。IBMは今世紀に入り再び改革を実行し、クラウド・コンピューティングを戦略的重点につけ加えた。そうする中で、どの領域で誰を相手に競争するか、何を戦略上の重要事項とするかをもう一度見直した。企業パーパスと「ＩＢＭｅｒ（アイビーエマー）」としての価値観におおむね変わりはなかったが、数十年間にわたり市場の変化に促され、利益を追求する製品・サービスはもとより、勝つための方法である戦略的アプローチも劇的に変化したのだ〈参106〉。

事業戦略を見直し新しくする頻度に決まったルールはない。それはあくまで事業環境の変化のペースと範囲によって決まる。もちろん、戦略的アラインメントを維持し、目的を実現できる企業でありつづけたいのであれば、事業戦略を大幅にリアラインしなければならない。だがそのためには、事業戦略のリアラインを実行する企業自体をリアラインする必要がある。

4―3 事業戦略のアライン、リーダーシップの課題

有効な事業戦略は、その時々の状況下で永続的なパーパスを実現させるには**どうすればよいか**について、リーダーが明確な意図を持ち計画的に意思決定をした結果、完成する〈参1〉。

そのときリーダーは、顧客の嗜好を考慮に入れつつ、提供価値を通じて競合企業との差別化を図る事業戦略を策定しなければならない〈参2〉。そして事業戦略には、何を市場に提供するか（市場提供価値）、どうやってそれを提供するか（戦略的アプローチ）の観点から、一貫性のある未来を見据えた計画、優先事項、行動、施策を明記する必要がある。言うまでもなく、リーダーにとって難しいのは、これから発生する（破壊的でさえある）外部の機会と脅威をふまえ、時間の経過に合わせて事業戦略をどう変えていくべきかの判断だ。

何を市場に提供するか？

リーダーはまず、市場提供価値について検討しなければならない。あなたの会社はどうだろうか。以下の点について考えてみよう。

市場提供価値

- どのような製品やサービスを市場に提供するか？〈参2〉
- 市場提供価値は企業パーパスとどのような整合性があるか？
- 製品・サービスを何種類提供するか？
- どの市場に提供するか？　市場区分の地域性（例：国内市場か国際市場か）や特定のセグメン

ト別（例：年齢グループなど、特定の顧客グループに訴求する）かは問わない

●短期、中期、長期的な市場ニーズの変化をできるだけ考慮に入れて、各市場提供価値にどれくらいの利益と売り上げ（政府機関の場合は公共価値のアウトカム）を見込んでいるか？

●将来、事業の核となる市場提供価値は何か、補助的なものは何か？

短期的、そして長期的（今後5～10年間）に見て、それぞれの製品やサービスを今後どうするべきか考えてみよう。

●**提供を続ける**。どんな混乱が起ころうと、それが企業の存在意義にとって重要なことに変わりはないため。

●**提供をやめる**。市場ニーズが生産やマーケティングにかかる経費に見合わない、または今後の伸び代が限られているため。

●**提供を開始する**。新しい製品・サービス、または既存の製品・サービスの設計の見直しが、市場のイノベーションと成長の機会になるため。

加えて、新たな製品やサービスを**いつ**、**どこに**（どの市場に）提供するかを選ばなければならない。前述したように、国内市場か国外の限定的な地域の市場か国際市場かによって、競争力を確保するのに必要なアプローチは異なるかもしれない。可能な限り市場の要求を満た

そうと努めるのは当然のことだ。しかし、どんな意思決定にとっても重要な基準は、リーダーであるあなたが決めた市場提供価値が企業の永続的なパーパスの実現をどれだけうまくサポートできるか、なのである〈参1〉。

どんな製品やサービスも、企業パーパスと企業が世の中で発揮したい影響力を体現したものだ。ファストフードであろうと金融サービスであろうと、選んだ製品・サービスによって、あなたが競争する業界、魅了し保持したい顧客、成功して打ち負かしたい競合企業も決まる。

どうやって市場に提供するか？

市場に何を提供するかを決めたら、顧客の要求の本質と、競合企業のケイパビリティやポジショニングについてじっくり考えてみよう。そうした考察の結果は、あなたの戦略的アプローチ――製品・サービスを**どのような方法で**差別化するべきか――の選択に影響を及ぼす。

顧客

● あなたの顧客は、現在そして将来あなたが市場に提供する製品やサービスの何を優先するか？〈参2〉

──例えば、顧客はバリュー・フォー・マネーを重視するか？

──それとも、購入した製品やサービスのカスタマイゼーション／パーソナライゼーションを重視するか？

──あるいは、プレミアム価格を払ってもいいと思えるような、補完的製品・サービスの選択肢の多さやバンドリングを重視するか？
●顧客の好みの変化に対応するために、製品やサービスの提供方法をどのようにリアラインすべきだろうか？
●再検討した結果、顧客提供価値はどのようなものになるだろう？
●どんな方法で、それを効果的に売り込み、宣伝し、ブランド化するか？

それから、消費者（B2C取引の場合）かクライアント（B2B契約の場合）かを問わず、どんな顧客も自分の好みを満足させてくれるベンダーにはロイヤルティを示すが、そうでないベンダーは素早く見限る。

さらに、あなたが競争の場として選んだ市場の競合企業にどんな能力があるかも考えてみよう。

競合企業

- 彼らは誰で、今あなたの会社が提供していない、どんな製品・サービスを提供するケイパビリティがあるか？
- 市場においてまったく異なる方法で成功しそうな、従来とは異なる新しいタイプの競合企業の登場は予想されるか？
- 新規か既存かを問わず、競合企業はどのような方法で市場の力に合わせてポジショニングを変更しようとするか？　現在または将来、彼らはあなた自身の市場のポジションを脅かすどんな力を持っているだろうか？

次のセクションでは、戦略的アラインフレームワークを企業内バリューチェーンの事業戦略に当てはめて検討しよう。これは、企業リーダーがさまざまな戦略的アプローチを評価して、競争上の強みが得られると思われる１つ（複数の市場で競争する場合は複数）のアプローチを選ぶのに役立つだろう。

4-4 戦略的アラインフレームワーク、事業戦略

事業戦略を立案するとき、リーダーにとって非常に難しいのは、**戦略的アプローチ**、すなわちどのような方法で製品・サービスを顧客の嗜好に合わせ、競合企業の戦略との差別化を図るかの選択だ。第2章で紹介した戦略的アラインフレームワーク（SAF）は、企業リーダーが利用可能なさまざまな戦略的アプローチを知り、企業パーパスに合致したものを選ぶ助けになる。

図4・1に示されている4つの主要な戦略的アプローチ（SAFの領域）——エフィシェンシー・マキシマイザー、エンタープライジング・レスポンダー、ポートフォリオ・インテグレーター、ネットワーク・エクスプロイター——の特性と優先事項の概要を、以下にまとめた。戦略的アプローチはSAFの軸のユニークな組み合わせを表し、それぞれ製品、顧客、シナジー、プラットフォームのリーダーシップの最大化によって特徴づけられる。SAFは4つの戦略的アプローチを強調しているが、実際には2つの軸にまたがってさらに数多くのバリエーションが存在する。そして予想どおり、それぞれに長所と短所がある。

図4・1　戦略的アラインフレームワーク（事業戦略）

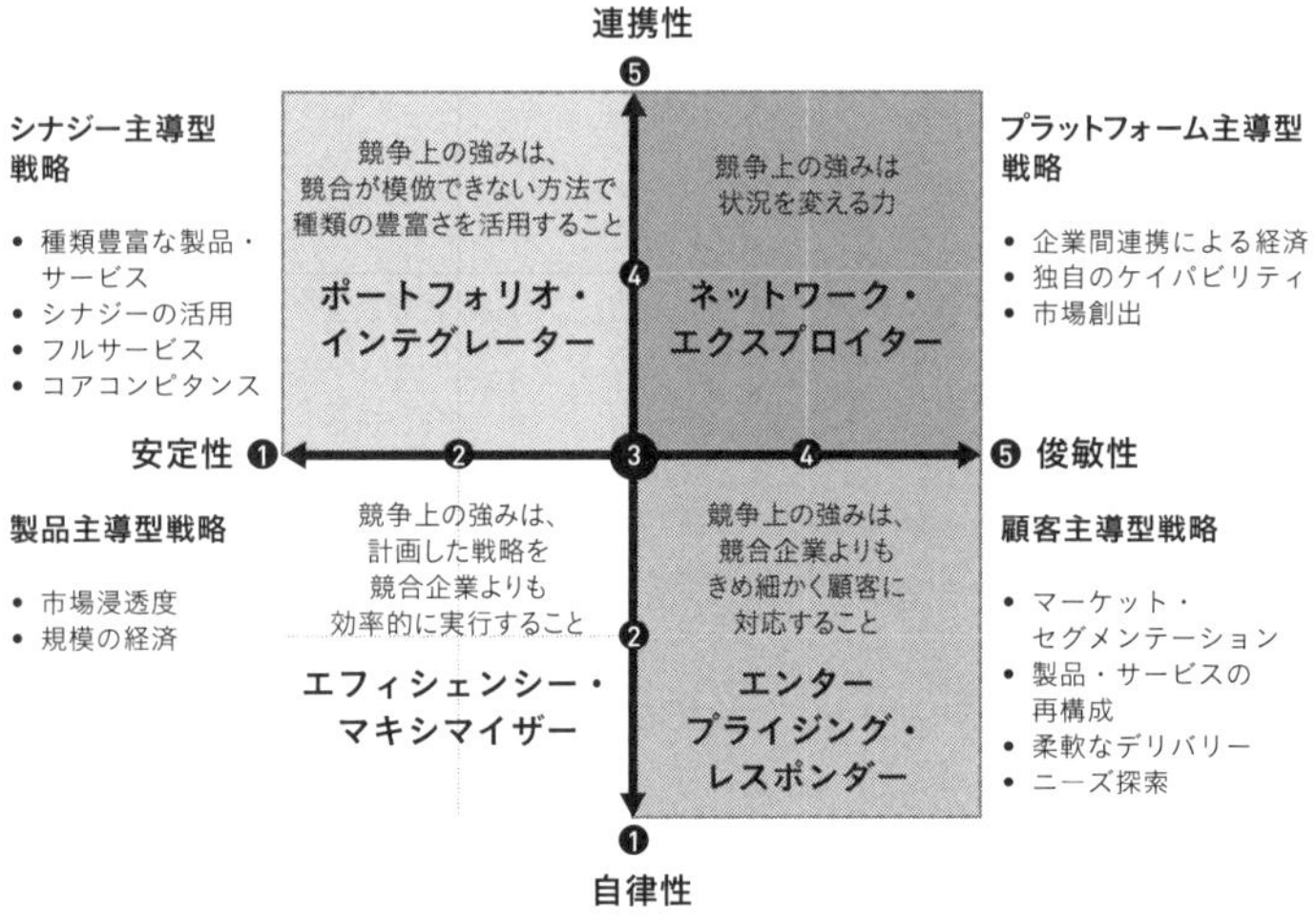

The Strategic Alignment Framework; business strategy. Copyright © Jonathan Trevor, 2019.

エフィシェンシー・マキシマイザー

「エフィシェンシー・マキシマイザー」はおそらく、マネジメントの理論や実践のアプローチとしていちばんなじみがあるだろう。エフィシェンシー・マキシマイザーは組織の**安定性**と**自律性**を生かして既知の市場機会を効率的に活用し、規模の経済の最大化により黒字を生み出す。安定し自律した組織は、標準化されたスタンドアロン（単独で販売可能）型製品や基本的なサービスを複数の消費者市場で大規模に販売することができる。エフィシェンシー・マキシマイザーの事業戦略の特徴は製品主導型と言えるだろうが、販売するのは製品だけでなく、標準化されたスタンドアロン型のサービスも含まれる。エフィシェンシー・マキシマイザーは、自らの戦略を競合企業よりも効率的に実行することによって成功が得られる。

需要と供給が比較的安定していれば、エフィシェンシー・マキシマイザーは合理的な計画と機械のように効率的な生産キャパシティを最大限に活用し、既知の市場機会を生かすことができる。エフィシェンシー・マキシマイザーは高い価値のある革新的な市場提供価値をつくれないと言っているのではない。標準化された製品・サービスを大量に販売する必要がある組織が、この戦略的アプローチを用いる場合が多いのだ。エフィシェンシー・マキシマイザーは、効率の徹底追求というその名のとおりに規模の経済を最大化し、可能な限り多くの製品・サービスを生産し、可能な限り効率的に販売することで成功を手に入れる。そのためには、確立された業務標準に従って、タスクを遂行するための可能な限り高度な反復能力が求められる。もう1つ肝心なのが単純性だ。製品・サービスが単純であればあるほど、エラーを最小限に抑え、最大限迅速かつ低コストで再生産できる可能性が高い。

第1章に登場したマクドナルドは、このアプローチの典型例だ。マクドナルドが日々数百万人もの顧客に商品を提供できるのは、ファストフードという業界に絞って、限られた種類の商品の販売を効率的に最大化することに焦点を定めているからである。マクドナルドにはとてつもない数の競合企業がいて、しかも相手は同じファストフード業者に限らない。例えばスターバックスは明らかにライバルだ。しかし、主要な商品に特化し、コアコンピタンス以上の多角化を進めないことで、マクドナルドは最も得意な分野に注力し、市場トップの地位を維持している。「私たちは1日380万人のお客様に商品を提供し、［イギリスの］人口の90％が少なくとも年に1度は私たちの店を訪れます。この先、誰かがもっと安い価格で商品を売り、市場を破壊しようとするかもしれません。［中略］顧客の声に耳を傾けて、自らの市場を破壊し変革を起こしてきたブランドは、おのずとわかるものです」と、英国マクドナルドのCEOは述べている〈参107〉。

エフィシェンシー・マキシマイザーのイノベーションは、新製品開発か、既存製品ラインの一新のいずれかの形で、拡張性の高い製品・プロセス開発として実行される。ただし、どんな場合も、製品開発の主眼が、革新的でありながら標準的な、すなわち許容利益率の範囲内で製造可能な製品・サービスに置かれる点に変わりはない。消費者のニーズが安定しているとの想定に立ち、製品構成を数十年間ほとんど変えないケースもある。エフィシェンシー・マキシマイザーが成功のために重視するのは、同じことを繰り返し実行し、徐々に改善していく方法なのだ。

エンタープライジング・レスポンダー

2つ目のアプローチ、エンタープライジング・レスポンダーは組織の**俊敏性**と**自律性**を活用し、市場と顧客のニーズに柔軟かつ革新的なやり方で対応する。競争優位を獲得する1つの方法は、コモディティ化や縮小（つまり「利益率が圧迫される」）の恐れがある市場で身動きがとれなくなるのを避けるため、標準的でない製品やサービスを提供することだ。エンタープライジング・レスポンダーの事業戦略は（エフィシェンシー・マキシマイザーの製品主導型とは対照的に）顧客主導型と言っていいだろう。この場合、個々の市場セグメントや顧客のニーズの変化に競合企業よりも的確に対応することが成功をもたらす。

産業化時代の大規模で安定した官僚主義とは異なり、エンタープライジング・レスポンダーは組織の俊敏性によって、革新的な製品、高度にパーソナライズされたサービスなど、市場提供価値を迅速に再構成することが可能だ。また、自律性が高いため、新たな機会を掘り起こすことのみに注力できる。自律性が高く俊敏な企業は独立独歩であるうえ、多才でクリエイティブだ。エンタープライジング・レスポンダーのアプローチを採用する企業は、最も優秀な人材を採用して最大限彼らの裁量に任せ、移り変わりの激しい市場や顧客の要求に早急に対応しようとする共通点がある。

長い歴史があり、大きな成功を遂げたプライベート・バンク〔訳注／一定額以上の資産を保有する富裕層の顧客を対象に、資産管理・運用サービスなどを提供する金融機関）のクーツ・アンド・カンパニー（クーツ）の例を考えてみよう。イギリス王室を顧客に持つクーツの強みは、最高水準の個人向け金融サービスを提供できることにある。その成功の土台は、個人顧客のニーズに合ったサービスを構成し、ニーズの変化に伴いサービスを継続的に再構成する卓越した能力だ。顧客との関係は緊密な「パートナーシップ」と呼ばれ、そのおかげでクーツは長年顧客と足並みをそろえて成長することができていた〈参108〉。

クーツのように俊敏なサービス・イノベーターが発展するには、競合企業より的確に顧客のニーズに対応できなければならない。カスタマイズされた個人向けの金融サービスは画一的な金融サービスよりも評価が高く、顧客は個人のニーズに対応していない標準的なサービスよりも高い対価を払ってもよいと考える。このような個人向けサービスの顧客との間に築いた関係は崩れにくい。獲得が難しい顧客のほうが長くつき合うことになる可能性が大きいのは、結びつきが深ければ深いほど顧客が別のサービス提供者に乗り換えるコストが高くなるからだ。

エンタープライジング・レスポンダーは、人材の能力を活用して市場に新しい製品やサービスを提供することで他社との差別化を図る。この点が、既知および既存の顧客機会を効率的に開拓したいと考えるエフィシェンシー・マキシマイザーとは対照的だ。供給主導のエフィシェンシー・マキシマイザーのアプローチでは、顧客のほうが標準化された製品・サービスに合わせる必要があるが、顧客中心のエンタープライジング・レスポンダーの場合それとはまったく逆である。

ポートフォリオ・インテグレーター

3つ目の戦略的アプローチ、ポートフォリオ・インテグレーターは組織の**連携性**と**安定性**を利用して異なる事業部門、地域、チーム、およびテクノロジー間のシナジーを最大化する。縦割り式で「サイロ化」したエフィシェンシー・マキシマイザーや、俊敏だが自律して業務を行うエンタープライジング・レスポンダーとは異なり、ポートフォリオ・インテグレーターは異なる事業部門、機能、地域の価値あるつながりを活用して成功を得る。優れた（企業内）水平連携は、多角化企業が多様な人材や機能、テクノロジーを特徴的な新しい方法で組み合わせることを可能にする。その組み合わせが市場の要件にうまくマッチする、あるいは何らかの形のシナジーを生み出すことで競合企業よりも戦略的に優位に立つことができる。連携の強さはポートフォリオ・インテグレーターの組織ケイパビリティを著しく高め、戦略上の強みをもたらすのだ。

つまり、もともとそれぞれが独立して存在していた事業部門を結びつけることで、業務効率が向上し、互いが所有している知識や効果的な業務慣行を共有できるようになる。事務管理やミドルオフィス〔訳注／フロントオフィス（営業）とバックオフィス（事務）をつなぐ役割を担う部門〕の業務インフラ（給与や施設管理の一元化など）を合理化し単純化するための試みとしていちばんわかりやすい例が、シェアード・サービス〔訳注／組織内の人事、経理・情報システムなどの間接部門の業務を1つの部門に集約して効率化を図ること〕だ。より重要なのは、組織全体、さらには外部パートナーのさまざまな製品・サービスを連携させ、ポートフォリオ・インテグレーターはバラエティに富む補完的な製品・サービスを幅広く提供できることである。そうした製品・サービスを一貫性のある便利な1つのバンドルにまとめることも可能だ〈参109〉。連携により誕生したいわば「ワンストップサービス」は、異なる事業部門間の顧客インサイトの共有を容易にし、選択肢の多さを重視する顧客に補完的な製品・サービスのクロスセリング〔訳注／顧客が購買する、あるいはすでに利用している製品・サービスと合わせて、それに関連するものを販売して顧客単価を上げる方法〕を行い、新たなビジネスを確立することができる。

水平連携はまた、イノベーションと成長につながる道でもある〈参110〉。機能横断的な協調により、ポートフォリオ・インテグレーターの組織は個々の事業部門が独自に行う以上のイノベーションを実現させる。一例として、中国のコングロマリット、比亜迪（BYD）は大規模な投資をし、自動車、半導体、バッテリー製造をそれぞれ専門とする子会社3社のリソースを集約した。技術や人材、組織ケイパビリティを統合し、BYDは短期間のうちに、成長著しいハイブリッド電気自動車市場へ参入を果たした。既存のリソースを新しい方法で連携させた結果、BYDは厳しい価格競争に直面しコモディティ化した従来の中核市場に替わる、新たな成長手段を創出したのである〈参1-1-1〉。それは、競争の熾烈なグローバル市場で、独自の方法で戦うという彼らの強い意志の表れだ〈参1-1-2〉。

人材、テクノロジーを問わず多様なリソースの統合はイノベーションを加速させるほか、密接な協調関係を構築して製品・サービスのイノベーションの機会を生み出すだけの幅広いリソースや能力を持たないライバル企業との差別化を図る、強力な手段となる〈参1-1-3〉。ポートフォリオ・インテグレーターは、ポートフォリオ内の多様なリソースをすべて連携させて価値を生み出し、個々の事業部門や競合企業の能力の範囲を超えた力を市場に投入することができる。

ネットワーク・エクスプロイター

4つ目の戦略的アプローチはネットワーク・エクスプロイターだ。このアプローチは組織の**連携性**と**俊敏性**を生かして組織内外に広がるネットワークの能力を活用する。それにより顧客に豊富な選択肢（種類）や気の利いたバンドリング（異なる製品・サービスが生み出す価値あるシナジー）を提供し、即時性（価値ある製品・サービスをタイムリーに提供する）、パーソナライゼーションを実現できる可能性がある。

昨今のITの発展は取引コストを劇的に減らし、さまざまな多くの事業パートナーとのリアルタイムでの相互作用や協力を可能にした。エフィシェンシー・マキシマイザーは規模の経済を最大化して成功を収めるが、ネットワーク・エクスプロイターは企業間連携による経済を最大化して成功につなげる。ネットワーク思考は、企業とはパートナーで構成されるネットワークであり、その内部では補完的なケイパビリティが柔軟に活用されていると考える〈参114〉。それを大規模に実現させるのが、テクノロジーのほか、高度なモニタリングとガバナンスだ。その結果、ネットワークの主体が集まる多様なグループをまとめ、共通のパーパスのもとにアラインし、他社とは一線を画す製品・価値を市場に提供することができる〈参115〉。

ネットワーク・エクスプロイターの事業戦略は、プラットフォーム主導型（ポートフォリオ・インテグレーターのシナジー主導型、あるいはエンタープライジング・レスポンダーの顧客主導型とは対照的）と言えるかもしれない。ネットワーク・エクスプロイターにとっての成功は、ネットワークを活用して既知のまたは新しいカスタマー・アウトカム（訳注／製品やサービスを利用して顧客がたどりつく結果のこと）を満たし、変化を起こす（つまり既存のビジネスモデルを破壊する）ことだ。ネットワーク・エクスプロイターの戦略的アプローチでは、顧客の要件に合わせて製品・サービスをつくり、要件が変わったらただちにつくり直すことができる。供給ではなく需要主導型であり、外部のパートナー（ネットワークの参加者）を頼りにして企業間連携による経済の最大化を図り、できる限り種類豊富な製品・サービスを提供する。1つになったネットワークが、顧客要件に沿った、競合企業が簡単には模倣できない、非常に卓越した製品・サービスを生み出す〈参116〉。

ネットワーク・エクスプロイターのよい例が、ウーバーやエアビーアンドビーといったプラットフォーム・ビジネスだ。だが、複雑な大手企業の中にもネットワーク思考を採り入れている企業がある。ロールス・ロイスは革新的な技術で商用、軍用、およびエネルギー企業向けジェットエンジンを製造する航空宇宙業界の優良企業だ。ロールス・ロイスはかつて業界の標準だったビジネスモデルであるコストプラス法（設備費＋販売後の維持補修費＋部品費）をやめ、エンジンの稼動時間に対して課金する「飛行時間連動型（Power-By-The-Hour：PBTH）」を導入して流れを変えた〈参117〉。

このビジネスモデルでは、顧客は事実上航空機を動かすのに必要な推進力を購入すると考える。PBTHはカスタマー・アウトカムに基づくアプローチだ。ロールス・ロイスの幹部はコストプラス法とPBTHの違いを、ドリルを売るのか穴を売るのかの違いに例えた。顧客はドリルが欲しいわけではない。欲しいのは穴だけだ。しかし昔は、顧客は道具を買って自分で穴を開けるよりほかなかったのだ〈参118〉。

今日の顧客はメンテナンスに料金のかかる複雑なエンジン（つまり道具）は買いたがらない。欲しいのは航空機を飛ばす推進力なのだ。ロールス・ロイスは、これらの推進力ソリューションを、一定期間契約されたフルサービスのワンストップサービス契約（＝接続性の要件）のもと、個々の顧客の要件（＝俊敏性の要件）に合わせて完全にカスタマイズして提供している。ロールス・ロイスのある上級幹部は、カスタマー・アウトカムをもたらすネットワーク・アプローチを次のように説明した。

> 要するに、顧客ニーズに焦点を当てたわけです。［中略］これから何をやろうとしているか、これらの設備を使ってこれまでよりもはるかに迅速に新製品を導入できる市場はどこかについて、私たちは極めて明確なビジョンを持っています。そして何よりも、マネジメントに問題があったかつての私たちとは違い、今は組織全体で目的の実現に取り組むことができます。私たちは［パートナーを含む］組織全体の知性と判断力を使って問題を解決します〈参118〉。

PBTHがビジネスモデルとして導入されたのは50年前だが、商売上の関係締結や研究開発のリードタイムが非常に長いことで知られる業界で、軍用・民間航空機業界の競争ルールが塗り替えられたのは、この20年あまりにすぎない。競争力を維持するため、競合企業もその動きに倣うよりほかなかった〈参119〉。

同じく航空セクターでこの考え方を採り入れたのがアメリカ空軍（USAF）のMQ－

Nextの案件である。MQ-Nextは、未来の空中戦を戦って勝利を収めるため、新世代の自律型無人戦闘航空機の開発を航空機製造業者に要求するプログラムだ。その目的は、現在世界の至るところで任務に就いて大きな成果を上げている無人機MQ-9リーパーの代替機をつくることである。地上制御によって一機で偵察と攻撃、両方の任務をこなせるMQ-9とは異なり、後継機は〈パイロットが操縦する〉有人機と人工知能を搭載した無人の自律型航空機の一群、という大胆なビジョンを想定している〈参120〉。

それぞれの航空機、またはUSAFが呼ぶところの「システム」には、別々でありながら極めて補完的なケイパビリティ〈例：偵察から攻撃へのシームレスな移行〉がある。過去のどんなシステム〈航空機〉よりも高いケイパビリティを保有し、集合体をなす「システムのシステム」は自律的な再構成も可能で、任務を展開する変化の激しい外部環境に迅速に対応し、司令官に「いかなる問題にとっても最大限有効なプラットフォームの連続体」を提供することができる〈同上〉。システムのシステムは、多様なケイパビリティを持ち、形を変えるネットワークだ。つまりそのネットワークは、新たに発生する脅威と機会に敵が容易に太刀打ちできない方法でリアルタイムに対応することができるのだ。

ネットワーク・エクスプロイターは、その広いネットワークの中で、製品・サービスの種類の豊富さがもたらす可能性を活用する。そして連携の強さを生かし、ネットワークを顧客要件に合うよう構成し、要件の変化に合わせてすぐに再構成できるような形で利用する〈参

121〉。

4-5 事業戦略のリアライン、リーダーシップの機会

前のセクションで説明した幅広い4つの戦略的アプローチのうち、どれがいちばん効果的であるか、質問したくなるのも当然だ。おそらくもう察しがついていると思うが、その答えはもちろん(またもや)「状況によって異なる」だ。

最良の戦略的アプローチ、あるいはSAFの2つの軸にまたがる無数のバリエーションは、顧客と市場の要件に合った独自の方法で、企業パーパスの達成を最も効果的にサポートする。例えば、エフィシェンシー・マキシマイザーは規模の経済によって利益を生み出す市場で競争する企業にとって最良の戦略的アプローチだが、それ以外の状況には適していない。SAFに示されている戦略的アプローチに優劣がないのは、それぞれに独自の長所と短所があるからだ。肝心なのは、あなたが成功を目指す、または望む市場環境に最適なアプローチ

はどれかなのである。そして重要なのは、1つの企業内でも事業部門によって異なるアプローチが必要になる場合があることだ。

すべてに万能なアプローチを探す（コンティンジェンシー理論派──そろそろあなたも仲間に入っていただきたい──に言わせれば、それは骨折り損だ）よりも、あなたの会社に最も有効な戦略的アプローチはどれかを考えるほうがどれだけ役に立つか知れない。業績を向上させる、または混乱を乗り切るために企業のリアラインを目指すなら、最適な戦略的アプローチと市場提供価値が何かを考えることは、事業戦略を決めるうえでの土台になる。

この考えを実際に現場に適用する前に、チームを集め、企業の事業戦略をテーマにオープンエンドであえて高度な議論を行おう。その都度、短期的（1年以内）、中期的（3年以内）、長期的（5～10年以内）の視点から、最新の市場情報や顧客インサイトを集め、競合企業の分析を準備しておく必要がある。以下の質問に沿って議論を組み立て、ＳＡＦを活用しあなたの考えを図で表すようにしよう。

最初に検討すべきは永続的な企業パーパスに合った**製品・サービス**だ。

- 現在市場に提供している製品・サービスのうち、容易にコモディティ化する恐れがある、あるいは今後大きな成長が見込めないという理由で提供を**やめる**べき製品・サービスはどれか？

●いかなる混乱が起こっても会社の**存在意義**の核でありつづけるという理由で、提供を**続ける**べき製品・サービスは何か？

●市場の技術革新と成長の機会をもたらすという理由で、提供を**始める**べき新たな製品・サービスは何か？

●加えて、新しい製品・サービスを**いつ**、**どこで**（どの市場で）提供すべきだろうか？　国内市場、国外の限定的な地域の市場、国際市場のいずれかによって、必要な競争アプローチが異なる場合がある。

選択の結果は、短期、中期、長期別、あるいは顧客の要求や成長の可能性に従った優先順位で分類しリストにしておこう。ほかの人が理解しやすい方法で考えをまとめるように注意する必要もある。重要なステークホルダーに（というか誰に対しても）、考えてもらいたいことを**口頭で伝え**てもうまくいかない場合が多い。なぜなら、それでは根拠もないのに信じろと言っているのに等しいからだ。それよりも、エビデンス（市場データや顧客インサイトなど）と論理を駆使して自分の考えが正しいことを**証明**しなければならない。あなたの主張とエビデンスに基づいて、どの製品・サービスが会社の成功に不可欠か、ステークホルダー自身が判断する機会を必ず与えること。彼らの支持を確実にしてリアラインを進めるには、そのほうがはるかに効果的だ。

次に検討すべきは、競争優位を獲得するのに理想的な戦略的アプローチの選択だ。SAFがどのように機能するか試すのに、簡単なエクササイズをやってみよう。財務基盤の要か潜在的な高成長領域か、いずれかの理由で戦略上重要と思われる事業部門、または前述した質問から作成したリストから市場提供価値を1つ（または複数）選び、SAF上の位置を決定する。以下の質問に答え、SAFを使って顧客と市場が何を要求しているか冷静に分析してみよう。

ⓐ**X軸** あなたの会社の事業部門／市場提供価値について、顧客は組織の安定性、または俊敏性を1～5までの段階でどの程度必要としているか（安定性の必要が高ければ1、俊敏性ならば5。顧客の要件は1～5のどこに位置するか）？ 例えば、顧客は低価格の既製品に興味があるか、それとも好みに合わせてカスタマイズされた製品・サービスにプレミアム価格を払う気があるか？

ⓑ**Y軸** 同じ目盛りを使って、自律性と連携性に対する顧客の必要性はどれくらいかを考えよう（自律性を求めているなら1、連携性なら5。顧客の要件は1～5のどこに該当するか）。例えば、顧客は個別の製品・サービスを好むか、それとも複数の製品・サービスをまとめたバンドル製品を重視するか？

前のセクションで述べたように、これら2つの軸の組み合わせによる領域によって、競争優位を得られる可能性のある4つの方法が明らかになる――(1)規模の経済(標準的な製品・サービスを効率的に製造する)、(2)顧客中心(製品・サービスのカスタマイゼーション、さらにはパーソナライゼーション)、(3)企業内シナジー(製品・サービスのポートフォリオと気の利いたバンドリング)、(4)企業間連携による経済(ネットワークを活用して既存の市場のルールを破壊する)。

図4・1を使って質問ⓐの答えをX軸(必要なのは安定性か俊敏性か)に、ⓑの質問の答えをY軸(必要なのは自律性か連携性か)に置く。そこから見えてくるのは、あなたが理解している顧客の状況と、顧客の期待に最も合致した戦略的アプローチだ。顧客が何を重視しているかについて、あなたとチームの認識は一致しているか? 結果は意外なものか? 現在の会社は顧客の要求を満たしているか? ギャップはあるか?

同様のエクササイズで競合企業のケイパビリティを分析することもできる。次の点を考えてみよう。どうすれば、現在そして未来の製品・サービスを競合企業が最大限努力しても追いつけないほどに差別化することができるか? 競合はSAFのどこに位置するか? 彼らはどのようなやり方で市場の成功を得ようとしているか? 例えば、重視するのは規模(エフィシェンシー・マキシマイザー)か、それともシナジー(ポートフォリオ・インテグレーター)か? あなたの会社にない、彼らのケイパビリティは何だろう? 彼らとあなたの会社の市場におけるポジションはどれくらい重複しているか? あなたの会さて、これまでの議論や考察によってどんなことに気がついただろうか？ その結果は企業のリアラインには何が必要だと示唆しているだろうか？ 現状と未来の理想像とのギャップはどれくらいか？ ギャップは戦略的リアラインの要件、つまりこの先事業を成功させたければ、**何に合わせて戦略をリアラインする必要があるか**を映し出している。

理想の事業戦略のビジョンを確立するには、考えなければならない重要なこと、さらには対処すべきひどく厄介なトレードオフがある。

戦略的アプローチを選び、それをアラインの基盤とする

前のセクションで説明した4つの（あるいは、SAF内の2つの軸にまたがるそれ以外の）戦略的アプローチは、顧客の要求に戦略的にアラインし、競合とは一線を画すための際立った方法である。SAFの性質上、優位性を求めて競う1つの市場の中で、企業は一度に**1つの**戦略的アプローチしか追求することができない。この場合、注意すべき重要なポイントがいくつかある。

第1に、企業リーダーは自分が最も有効と考える戦略的アプローチを選択しなければならない。そんなわかり切ったことをと思うかもしれないが、実際のところ意味のある行動を起こさないリーダーは多い。行動したとしても、たいていのリーダーは自分が選んだ戦略的ア

プローチを企業の事業戦略のための努力や取り組みの指針となるよう伝えることができないのだ。4—1で説明したPSFのケースもその一例である。際立った要素をすべて考慮に入れ、入手できる最良のエビデンスに基づいて戦略的アプローチを選び、それを頼りに企業をアラインするのは、リーダーの義務である。いったん選択したら、マネジメント上の関心と労力の重点をそこに定め、それを土台として企業のすべての側面をアラインし、必要に応じてリアラインするための方向性を決めるべきだ。

第2に、1つの戦略的アプローチを採用したら、ほかの戦略的アプローチによって得られる可能性のある強みは諦めなければならない。そういう意味でも、アプローチの選択を軽く見てはいけないのだ。例えば、企業は高い安定性と俊敏性を同時に発揮して差別化を図ることはできない。市場で競争優位を得るための戦略的アプローチを1つ選ぶには、複雑なトレードオフがつきもので、それに対処するのは極めて難しい。

第3に、同じ市場で競合する2つの企業が、ライバルに打ち勝つためにまったく異なる戦略的アプローチを選ぶ場合がある。その選択には、それぞれが戦略上、企業のために何を優先するかが反映されている。1つの戦略的アプローチが永遠に企業パーパスに適合しつづける、などということはありえない。変化の激しい市場環境であればなおさらだ〈参122〉。4—2にあるように、時間が経っても高度なアライン状態を維持したければ、企業のリーダーは事業環境の変化のペースに合わせて戦略的アプローチをリアライン（見直し）しなければなら

図4・2 現在と将来の理想的な戦略的アプローチのギャップ

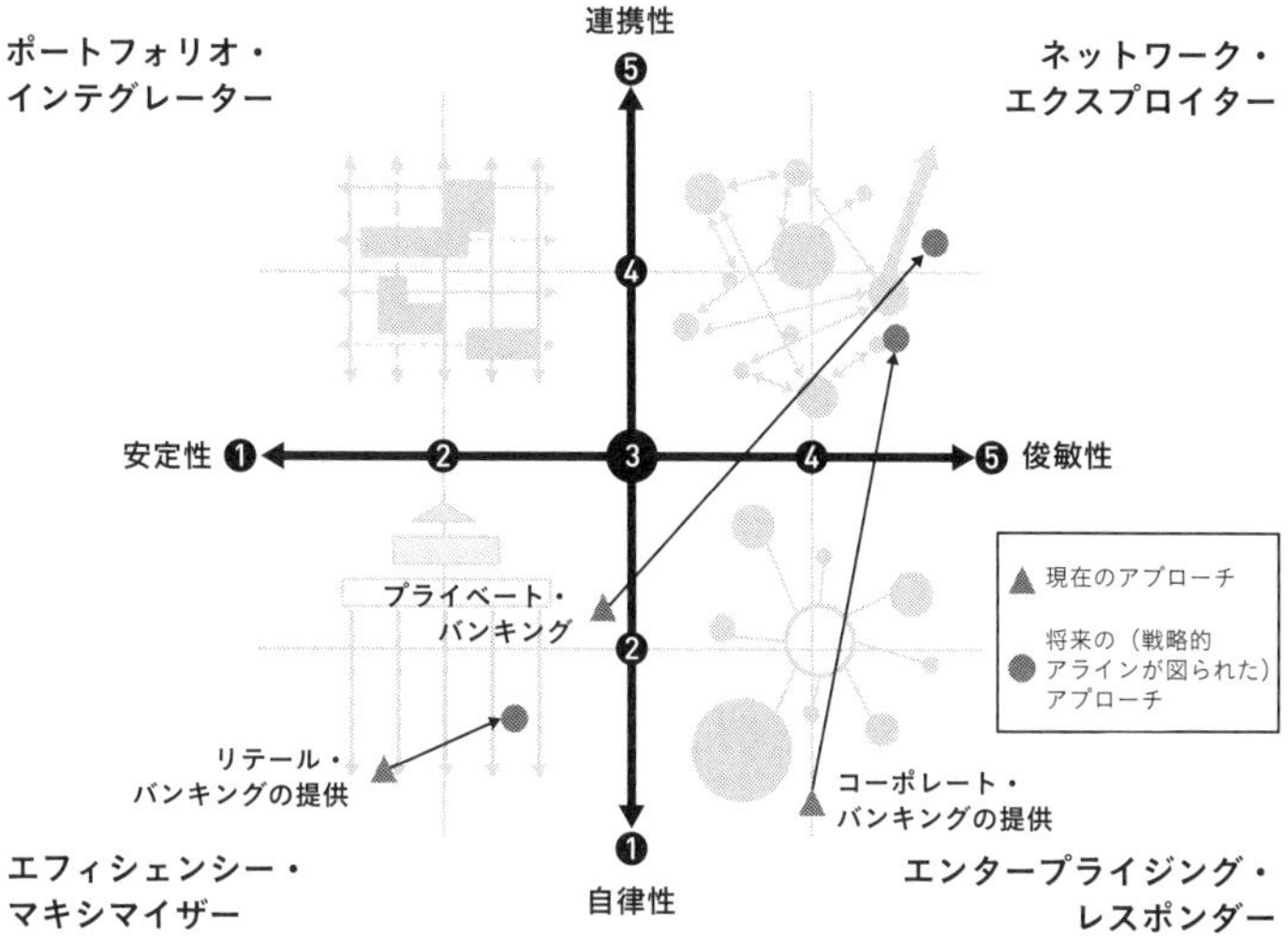

A gap between current and ideal future strategic approaches. Copyright © Jonathan Trevor, 2019.

ない。

図4・2に示すのは、ある大手銀行の取締役会とともに行ったリサーチ・エクササイズの結果だ。その銀行は世界でも（人口当たりの）銀行数が過剰なセクターの1つで事業展開しているため、国内外のライバルとの熾烈な競争に直面していた。提供される金融サービスは、リテール・バンキングからインベストメント・バンキングに至るまで幅広い。新製品を短期間で市場に投入する能力の点で、その銀行はイノベーターと評価されていた。

SAF上に、その主要な3つの市場提供価値――（1）リテール・バンキング事業、(2)プライベート・バンキング事業、(3)コーポレート・バンキング事業――が配置されている。取締役会は、各事業の現在の戦略的アプローチと、変化する市場の知識に基づく理想的な将来の戦略的アプローチについて意見をまとめるよう求められた。▲は現在のポジショニング、●は取締役会による各事業部門についての5~10年先の予測を意味する。

リサーチ・エクササイズの結果は取締役会を落胆させた。購入する金融製品・サービスに対し、種類の豊富さ、魅力的なバンドリング、パーソナライゼーションを求めるようになった顧客に対応するためには、支店のリテール・バンキングを除くすべての事業部門において、戦略的アプローチの大幅なリアラインが必要なことがわかったからだ。そして、ネットワーク・エクスプロイターとしてプライベート・バンキングおよびコーポレート・バンキング事業で将来成功を手に入れるには、俊敏性と連携性の高さを基盤として競争すべきだということも判明した。現時点では、両事業部門とも戦略的アプローチの中で最も高度で実行が難しいネットワーク・エクスプロイターを採用していない。

この銀行のリーダーシップ、すなわち取締役会の課題は2つであった。1つは、プライベート・バンキングとコーポレート・バンキングを今後5~10年かけて段階的にリアラインし、両方の市場で競争力を維持すること。次に、価値観がまるで異なる2つの戦略的アプローチをどうにかして共存させること(リテール・バンキング事業にはエフィシェンシー・マキシマイザー、プライベート／コーポレート・バンキング事業にはネットワーク・エクスプロイター）。組織のリアライン、すなわち各事業部門を管理して価値を生み出すのに失敗すれば、ミスアラインのリスクが生じ、それに伴ってやがて業績は落ちて競争力も低下するだろう。

複数の戦略的アプローチを採用するには、かなり慎重な管理が必要

複数の事業部門を管理するうえで、それぞれに異なる戦略的アプローチが必要になると、企業全体で優れた戦略的アラインを実現する複雑さと難しさに拍車がかかる。企業リーダーがこうした課題にどう対処するかは、組織の自律性と連携性がどれくらい求められるかによって決まる。事業部門がほぼ自律している複合企業（コングロマリット構造）の場合、戦略的アラインの焦点は個々の部門に置かれる。「会社」が責任を負うのは財務会計管理と最低限の基準の施行に限られる。実際のところ、このような企業は財務会計処理の便宜上、1つの会社として取り扱われている、と言ったほうがいい。

異なる事業部門間の高水準の連携が戦略要件である場合、戦略的アラインは部門と全社の両方のレベルに焦点を当て、**戦略的管理**として実行されなければならない（参1 2 3）。動きの速い消費者製品セクターで「マルチローカル、マルチナショナル」（訳注／多国籍企業の世界的一貫性を

保ちつつ、地域市場の特定需要に対応できるよう地域ユニットに比較的高い自律性を与えること）を目指せ、というユニリーバのモットーはよく知られているが、これは個々の部分（「ブランドおよび地方市場」）の総和以上の価値を生み出す統合体（企業）でありたいという大きな願望を物語っている。この戦略的アラインのスタイルには、企業を複雑適応系として稼動させるリスクを相殺するために、あらゆるレベルで極めて高い管理ケイパビリティが必要になる〈参124〉。

最初の話に戻るが、あなたが成功させたい事業部門はいくつかあって、それぞれに必要な戦略は何だろうか？　もちろん、事業部門が1つだけで、戦略的アプローチも1つであるマクドナルドのようなケースもあるかもしれない。だが、複数の戦略的アプローチが必要な場合、戦略的リアラインにおいて喫緊に優先すべきは両利きのケイパビリティを伸ばすことだ〈参125〉。バラバラの要件を持つ異なる事業部門が競争上の強みを発揮する万能なアプローチを採り入れようとすれば、各領域や企業全体でミスアラインが起こり、業績悪化につながるのは避けられない。

もっと悪ければ、将来の中核となる活動を戦略的にアラインするには当初から現在とまったく異なるやり方で設計と管理を行わなければならないが、圧倒的な影響力を持つ現在の確立された戦略的アプローチの理論に初期の段階であっさり感化される恐れがある。極めて重要なのは、それぞれの事業部門が競争に勝つために必要な組織ケイパビリティにはどんな違いがあるか、ということである（複数の事業部門があると仮定してだが）。リーダーシップ・チームは、企業の異なる事業部門の矛盾する可能性のある戦略的、組織的要件を理解し、それぞれを適切に――おそらくはまったく異なるやり方で――設計・管理して価値を生み出すことを優先しなければならない。したがって、企業リーダーは次のように考える必要がある。

> 各事業部門の活動の足を引っ張ることなく業績を伸ばすためには、2つのビジネスモデルを採用する企業はそれぞれを区別したうえで、さらにそれらを統合してシナジーを活用し、両方のメリットをバランスよく享受しなければならない〈参126〉。

また、あなたの会社では、統合はどのレベルで起きるだろうか？　取締役会レベルか、それよりも下の業務管理レベルか？　どこで起きるのが理想的だろうか？

望みは大きく、ただし無理は禁物

「人間は手が届きそうにないものを目指すべきだ。でなければ天国は何のために存在しているのか？」。ロバート・ブラウニングの詩「アンドレア・デル・サルト」の一節は、手を伸ばしてもっと遠くにある機会をつかみ取れと私たちを促している。しかし、できないとわかっているのに、いやもっと悪ければ、自分には能力があるはずだと間違った思い込みをして、一度決めた戦略の実現に力を注ぐのは無謀なマネジメント・チームのやることだ。簡単に言えば、企業リーダーは慎重に、現状の能力だけでなく獲得可能な能力以上のことに手を出さないようにしなければならないのである。

企業リーダーが、複雑さと管理のしやすさのバランスをとり、戦略的アラインを持続させられなければ、たいていは極端な是正措置が必要になる。第1章で検討したバークレイズがその一例だ。もう1つの例が、ゼネラル・エレクトリック（GE）である。その全盛期、GEの時価総額は4000億ドルに近かった。今の時価総額は1500億ドルで、過去5年だけを見ても株価が40％近く下落していることから、アナリストの多くはGEには問題があると考えている〈参127〉。

GEは事業ポートフォリオの多角化に重点的に投資し、それまでのエンジニアリング（電化製品、発電、工業プラスチック、航空機製造）中心のアセットヘビー〔訳注／不動産や機械設備といった有形資産を多く保有すること〕経営からヘルスケア、テクノロジー、金融サービスへと移行したことで知られている。多角化戦略は、展開したすべての産業で高い成果を生み出してきた卓越した管理アプローチで知られるGEの強みと思われていた。しかしながら、極めて多角的で複雑なポートフォリオで事業を展開しなければならなくなり、結局のところ、既存、新規、両方の事業で構造的な問題に注意が払われなくなるという結果に陥ってしまった。

この10年間に、GEは多くの事業からの撤退を首尾よく進めてきたが、最近の例では金融子会社GEキャピタルの資産売却が最も注目を集めている。ジョン・フラナリーCEO（在任期間2017〜18年）のもと、GEは積極的なコスト管理、社内カルチャー改革、経費削減戦略に乗り出したが、その戦略は現在も進行中だ。2020年までの2年間に売却された資産の総額は推定で200億ドル。企業再建の一環として行われたその資産売却は、規模のうえでは1980年代、90年代の伝説的な成長に匹敵する額だった。20年間、GEは世界で最も評価の高い企業でありつづけた。GEは今後、規模が小さく構造が単純な企業になり、そればかりか解体も進むだろう。これからのパーパスに合うようリアラインするため、GEはその野望も小さくしている。

組織の形態と規模をできる限りシンプルに設計するには、企業のリーダーはいくつかの要素を慎重に考慮する必要がある。あなたが重視すべき事業部門はいくつあるか？　今後の成長と持続性を考えて、最優先すべき事業部門はどれか？　今は重要でも、市場に将来的な可能性があまりないという理由で、優先順位が低い事業部門はどれか？　非中核事業はリーダーシップ・チームの注意を無意味に妨げ、今後の成長を危険にさらしかねない。

すべてのアプローチでイノベーションの可能性を理解する

4つの戦略的アプローチと無数にあるそれらのバリエーションには、イノベーションを起こす潜在能力があるが、それぞれに形は異なり、選択した市場へのアプローチをサポートするためにはアラインが必要だ。

エフィシェンシー・マキシマイザーにとってのイノベーションの価値は、新しい製品・サービスの規模を拡大するための効率をさらに向上させることにある。イノベーションは初期製品の開発、継続的な事業の改善、より的確な成果のモニタリングを可能にする新技術の導入などが考えられる。エンタープライジング・レスポンダーの場合、イノベーションの価値は、市場のカスタマイゼーションがいっそう進むと顧客のパーソナライゼーションが進化するといった形で、核となる製品・サービスに新たなアレンジを施すことを意味する。

ポートフォリオ・インテグレーターにとって、イノベーションは協調的なリーダーシップによる異なる事業部門間での知的リソースの共同利用だ。その目的は、独自に組み合わせた製品やサービスの提供、あるいは共通の顧客インターフェースや顧客インフラの開発を促進することにある。ネットワーク・エクスプロイターなら、イノベーションは提携企業がネットワークを利用して価値を生み出し、手に入れ、実現させる新たな――斬新と言ってもいいだろう――方法として実現できる。プラットフォーム・ビジネスモデルの台頭がその一例だ。

あなたの戦略的アプローチにとってのイノベーションの価値は何だろう？　戦略を最大限に成功させるには、イノベーションはどんな形であるべきか？　例えば、どうすれば新しいテクノロジーの潜在的な強み（自動化、ビッグデータ、ヒューマン・パフォーマンスの増強など）を、あなたの視点から選択した戦略的アプローチにアラインした形で最大限に高めることができるだろうか？

戦略的アプローチをころころ変えてはいけない

戦略的アラインの考えをさらに広げて、企業は選択した戦略的アプローチが卓越した力を最大限に発揮できるよう、SAFの目盛りの端（優れた組織ケイパビリティの構築）を目指すべきだ。ただし、問題は、1つのアプローチに秀でて競争上の強みを確保すると、ほかの領域における優位性を犠牲にしなければならないことである〈参128〉。前にも述べたが、効率性の高い企業は、一貫性、単純性、再現性を優先し、製品・サービスを容易にカスタマイズしたり統合したりする能力を犠牲にする。逆に、俊敏性が極めて高い企業は、効率を犠牲にしてでも創造性を追求し、何度も試して市場や顧客に新しい製品・サービスを届けようとする。

異なる戦略的アプローチがもたらすそのようなトレードオフに対処して、その時点で最良と思われる1つのアプローチに専念しても、それがさらなるジレンマを招くことがある。競争力を得るのに、企業のリーダーはライバル以上に優れた方法で戦略的に価値のある組織ケイパビリティを確立するよう努めなければならない。しかし、コアコンピタンスは同時に

「筋金入りの頑固さ」にもつながり、企業が現在好調な事業以外にも手を伸ばしさらなる多角化を実現させるのを妨げる恐れがあるのだ〈参129〉。その例が第1章で紹介したゼロックスだ。1つの戦略的アプローチに尽力するほど、そうした罠に陥るリスクは高まる。とはいえ、1つのアプローチに真剣に取り組まなければ、短期的な競争力を失いかねない。そこで多くのリーダーはいろいろな戦略的アプローチを切り替えてリスクを分散させようとする。だが、一連の破壊的な戦略策定と組織再編を継続的に実行するのに、企業が異なるアプローチを行ったり来たりするのは危険だ。

3Mのケースを考えてみよう。ゼネラル・エレクトリックを経て2001年に3MのCEOとなったジェームズ・マックナーニは、さっそく効率向上を目的とした大規模な改革に乗り出した。従業員の数を11％減らし、研究開発費を削減し、シックスシグマ〔訳注／1980年代にアメリカのモトローラ社が開発した品質管理手法。その後、当時GEのCEOだったジャック・ウェルチの推進により大成功を収め有効性が世界に知れ渡った〕を導入して収益を増やし、株価を上昇させた〈参130〉。ところが、効率重視の戦略はそれまで3Mとその文化の証だった伝統にとらわれないクリエイティブな精神に相反するものだった。マックナーニに代わって2005年にCEOの座に就いたジョージ・バックリーは、前任者の改革を巻き戻す形で研究開発費を追加投入し、「収益性とプロセス重視」から「成長とイノベーション」に戦略の重点を移した〈同上〉。

タイプの正反対な戦略的アプローチの切り替えは、価値のある（つまり戦略的アラインが実現

図4・3　器用貧乏の例

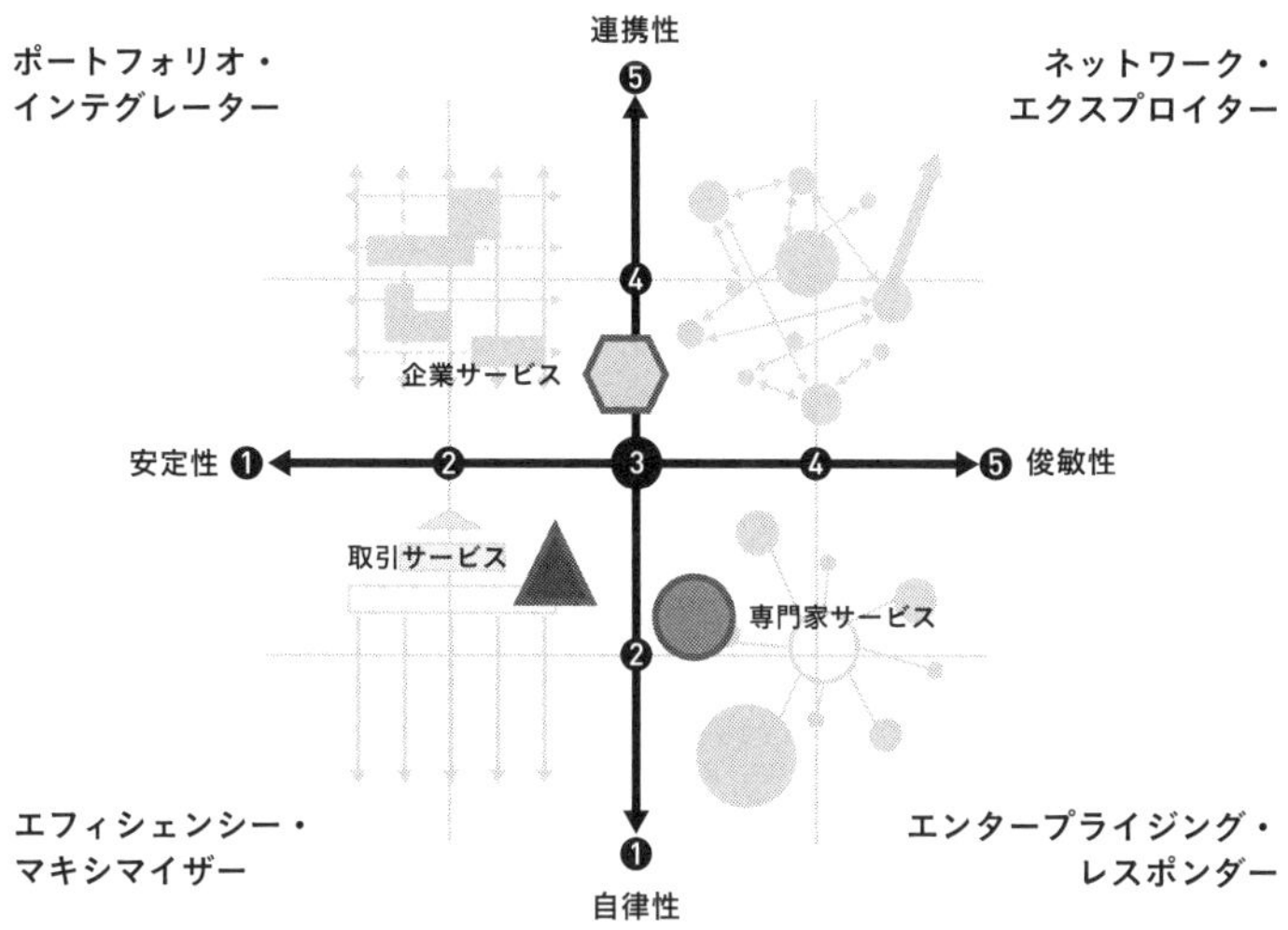

Jack of all trades and master of none. Copyright © Jonathan Trevor, 2019.

した）組織ケイパビリティを伸ばす妨げになるリスクがあるのだ。

器用貧乏にならない

失敗を避けるために何もかもうまく実施しようとするリーダーは多い。どの戦略的アプローチを採り入れるべきか自信がないときは、なおのことである。組織の安定性、自律性、俊敏性、連携性を同時に等しく高めようと試みるのだ。

（**4—1**で取り上げた）PSFをはじめとする企業は、**図4・3**に示すSAFの中央部分に位置している。つまり、**すべてをうまくこなそうとした挙げ句、何にも秀でることがで**

きないで市場のプレッシャーと戦っているわけだ。SAFの中央にあるのは傑出した能力が1つもない企業だ。そして前述したように、ほかのアプローチは排除して、1つのアプローチの卓越性を追求するのでなければ、ライバルとの著しい差別化を図ることはできないのである。

実際のところ、SAFの中央部分にある企業は、相反する優先事項に加え、文化や構造、業務プロセス、人材をアラインさせる戦略上のフォーカスが欠如しているせいで、対立と妥協にエネルギーを吸い尽くされている〈参131〉。

事業戦略は企業内バリューチェーンの生命線だ。しかし、たとえ世界最高の事業戦略を定めたとしても、それを実行するケイパビリティがなければ意味がない。組織のケイパビリティはバリューチェーンの次の要素であり、第5章ではこれをテーマにする。軽く扱われがちだが、企業の真の価値はそこにあるのだ。

第5章

組織ケイパビリティ

Organizational Capability

5-1 正しい意図、誤った実装

「プロッド・ディビジョン」(仮名、以降ディビジョン社)は国際的な大規模コングロマリット「プレクシーPLC」(仮名)の北米部門だ。プレクシーPLCによるディビジョン社の経営管理方針は、ハンズオフ(不干渉型)であり、干渉したのはB2C事業と、新しく展開されるB2B事業における財務会計と業務モニタリングのみであった。ヘレンは約5年にわたりディビジョン社のゼネラル・マネージャー(GM)を務めた。その頃、従業員数は4倍と驚異的に増加したものの、目立った成果の向上は一向に見られなかった。

元経営コンサルタントだったヘレンの最初の3カ月間の働きぶりは、多くの人たちを感心させた。収益性は高いが先細りのB2C事業の利益率悪化を食い止めようと、彼女は就任後ただちに大胆な新しい事業戦略を導入した。一方で、計画立案の際にヘレンが周囲と十分な話し合いをしなかったと、社内には声なき不満が渦巻いていた。実際、彼女はまず、(噂によると高額な報酬を払って)外部の経営コンサルティング会社と契約したのだ。2カ月以上の間、ディビジョン社のメイン・オフィスには、スプレッドシートとパワーポイントのプレゼン資料の作成に忙しい「若きスーツの一群」の姿があった。

周囲の不満はさておき、ヘレンの戦略の方向性には少なくとも明確な意味があった。その事業戦略（それが事業戦略だとわかったのは後になってからのことだが）には、第1にB2C事業の拡大と製品の一新、とりわけ「改良を施した新しい」製品への刷新が求められた。そして、さらに野心的な戦略として、新たな成長手段を獲得するため、大きな可能性を秘めたB2B事業の立ち上げを目指した。なお、B2B事業の立ち上げに関しては当初、ディビジョン社には同事業に求められるケイパビリティが欠けていたが、プレクシーPLCがあるスタートアップを買収したことで、それが可能となったのである。

その反面、2本柱の戦略を実行する方法は、明らかにされていなかった。取締役会、（いわゆる）現場、どちらのレベルでも戦略を成功に導くためにどんなケイパビリティが必要か、はっきりしていなかったのだ。戦略の実行は、すぐさま予測していなかった数々の問題に直面した。B2C事業では、拡大計画を担うべく新しい従業員が雇われたが、収益は期待されたように上がらず、人件費による利益率の悪化だけが残り、収益の足を引っ張った。ご多分に漏れず、B2C事業は新しく市場に参入した低コストを売りにする国際的な競合企業の打撃を受けていた。ヘレンとそのチームは、縮小しつつある市場で製品の販売価格がどんどん下落していることに気がついた。結果論ではあるが、ヘレンが引き継いだ時点ですでにディビジョン社が労働集約型の組織だったことを考えると、従業員数を増やしたことが正しい選択だったとは言い難い。ディビジョン社の状況がすぐに好転しそうにないと考えるのには、もっともな理由があった。B2C事業を成功させるには、スケーラビリティとコスト競争力がなければならない。オペレーショナル・エクセレンスと効率性、つまり（人件費を含め）最小のインプットで最大のアウトプットを得ることが、成功にとって不可欠なのだ。しかしディビジョン社は、ヘレンが加わるずっと以前から**効率的な実行力**を高めるのに悪戦苦闘していた。そこへさらに、新しい従業員が大量に入ってきたせいで、既存の組織文化が希薄となり、組織ケイパビリティのいっそうの低下を招いたのである。

スタート間もないB2B事業には大きな期待が寄せられていた。しかし、多大な投資と広範なサポートを得たにもかかわらず、ディビジョン社の財務基盤の改善に大きく貢献することはできないままだった。B2C事業には効率的な実行力が必要だったのに対し、B2B事業の事情はまったく異なっていた。その成功を左右するのは、外部パートナーのサービスと融合し高度にカスタマイズされたサービスをクライアントに提供する、まとまりのある「ワンストップサービス」群を構築できるかどうかだった。この事業は、扱う数量は相対的に少ないが、うまくやれば非常に高い利益率が得られる舵取りの難しい事業だった。成長させるには、高い**ネットワーク活用**力が必要だ。それまで製品中心で階層型の構造を持つ組織にとって、それはまったく未知の組織ケイパビリティだった。

だが、B2B事業の業績は期待を大きく下回った。何とかしようと、ヘレンは倍賭け〔訳注／ギャンブルで負けた場合、次に前回の金額の倍の金額を賭ける、理論上は必ず勝つと言われている手法〕に出た。買収したB2B企業とディビジョン社との統合は、最初からつまずいていた。従業員全員の一体感を醸成するために誠心誠意あらゆる努力が払われた。しかしながら、どんな相互交流を図ろうと、目指していたのとは逆の結果になるばかりであった。B2B企業出身のマネージャーは「既存組織からの干渉」に対し大いに不満を持っていた。統合の試みに対する彼らの抵抗はますますあからさまになっていった。

彼らに言わせれば、組織の昔ながらのルーティンや手順、プロセスが規模の小さなB2B事業にまで影響し、そのよさを台無しにしている、という。B2B事業のために加わった有能な人材の多くは、好条件を提示されたにもかかわらず、買収から2年以内に組織を去っていった。B2C事業の衰退は決定的で、B2B事業は立ち上げに失敗していた。いずれの事態も、ヘレンが実行しようとした事業戦略とその成功に必要なさまざまな組織ケイパビリティのミスアラインによって引き起こされたのである。

ついにヘレンがやや突然会社を去ったことを受けて、事態の収拾を任されたプレクシーPLCの幹部は、不本意ながら彼女の戦略の意図は正しかったと認めた。ふり返ってみると、ディビジョン社の戦略的リアラインはこんなふうに表現することができるだろう——「正しい意図、誤った実装」。

5-2 組織ケイパビリティ

事業戦略は長年、マネジメントに関する文献でたびたび論じられてきたし、経営幹部たちの関心も一手に集めてきた。また、マイケル・ポーターの『競争戦略』やトム・ピーターズとロバート・ウォータマンの共著『エクセレント・カンパニー』をはじめ、マネジメント関連書籍のベストセラーでも常に取り上げられている〔注17〕。それに比べてほとんど注目されていないのが**組織ケイパビリティ**だ。組織ケイパビリティとは、企業が事業環境において成功を果たすために求められるコンピテンシー、能力、活力を意味する。組織ケイパビリティは、単に企業を機能させる基本的な力以上のものであり、企業が選んだ事業戦略の実行を支え、競争優位をもたらす役割がある〈参1〉。

戦略的アラインの観点からすると、企業内バリューチェーンにとって不可欠な2つの要素、事業戦略と組織ケイパビリティの扱いに驚くほどの差があることは実にばかげている。実例をもとにしたディビジョン社のストーリーからもわかるように、企業の事業戦略はその実現を支えるのに適した組織ケイパビリティがなければ、立派な志でしかない。その重要性にもかかわらず、戦略的に価値のある組織ケイパビリティの構築に責任を担うリーダーシップ・グループが1つも存在していないケースを、私はたびたび目にしている。この20年ほど、

「最高何とか責任者」（いわゆるCレベル）と呼ばれる専門の役職の数がやたらと増えているが、そこでも組織ケイパビリティはまるで無視されているのだ。

すでに定着している最高経営責任者（CEO）、最高財務経営者（CFO）、最高執行責任者（COO）に加えて、最高マーケティング責任者（CMO）、最高人事責任者（CHRO）、最高技術責任者（CTO）、最高ダイバーシティ責任者（CDO）、最高イノベーション責任者（CIO）などの肩書きまである。グーグルは最近、最高幸福責任者（CHO）を任命した。最高信頼責任者（CTRO）や最高エクスペリエンス責任者（CXO）といった役職も支持を集めている。また、最高データ責任者（CDO。ダイバーシティ責任者と混同しないように）、最高デジタル責任者（これまたCDO。ダイバーシティ、データ責任者と間違わないように。とは言っても、よく混同されているが）、最高デジタル変革責任者（CDTO）など、デジタル技術の発展も「最高」と名のつく（「C」で始まる）肩書きの増加に拍車をかけた〈参132〉。リストは膨らむばかりだ［注18］。

［注17］以下を参照されたい。『新訂 競争の戦略』（M・E・ポーター著、土岐坤、中辻万治、服部照夫訳、ダイヤモンド社、1995年）、および『エクセレント・カンパニー：超優良企業の条件』（T・J・ピーターズ、R・H・ウォータマン著、大前研一訳、講談社、1983年）。

［注18］以下のブログが、Cレベルの肩書きの爆発的増加についてすばらしい分析をしている。https://blog.ongig.com/job-titles/c-level-titles/. 全体をよく捉えているうえに、ユーモアがある。私が気に入っているのは、「最高ビジョナリー責任者（CVO）」だ。その肩書きが載った自分の名刺をイメージしてみよう！

最高戦略責任者（CSO）という役職も、もちろんある。にもかかわらず、最高ケイパビリティ責任者はいない（CCOって聞いたことある？　ない？）。誰かが任命されそうな気配すらない。組織ケイパビリティには戦略の意図とその実行をつなぐ、なくてはならない役割があるというのに。組織ケイパビリティは、パフォーマンスと競争力の点で企業の成功を左右する。というのも、前述したように、世界最高の事業戦略があろうとも、ケイパビリティがなければそれはただの美しい志でしかないからだ。

戦略的に価値のある組織ケイパビリティは、企業内バリューチェーンの要素である組織アーキテクチャーを構成する人材、文化、構造、プロセス、システム（およびテクノロジーを含むその他のリソース）についての選択の質から得られるものだ〈参2〉。そして、どんな企業にとっても、組織ケイパビリティこそが肝であり、リアラインが最も難しい要素であることは間違いない。組織ケイパビリティはリアラインの結果が、従業員、契約業者、パートナー、顧客など、企業のすべてのステークホルダーにとって望ましいリアラインの結果を実現できるかどうかが決まるポイントなのだ。それほど重要なのに、なぜここまで軽視されているのだろうか？

何が正解かは私にもわからないが、思い浮かんだ理由は2つある。1つ目は、組織ケイパビリティは定義が難しいことだ。かつ対処も難しい。組織ケイパビリティは単一の部門やマネジメント・グループでどうにかできるものではなく、企業全体にとって重大な問題なのだ。

そのため企業のリーダーシップ全体で効率的に取り組む必要がある。2つ目は、企業が必要とする組織ケイパビリティは1つでないということだ。考えてみれば、管理職の間でも、さまざまな社内の役割（運営、人事、財務、IT、あるいは前述のリストにあるその他の肩書き）によっても、求められる組織ケイパビリティは異なる。利害も前提もバラバラで、別々の方法で意思決定がなされている部門は、協調を図ることができない場合が多く、それでは会社全体に必要な組織ケイパビリティを構築できないのも当然だ。

にもかかわらず、多くのリーダーは、これまでとは異なる激しい競争に直面してもなお強みを維持するために、新たな組織ケイパビリティを構築しなければならない。リーダーシップは、変化する事業環境で価値を求めて競争する新しい現実にリアラインすることによりチャンスをつかむ。この章では、問うべき質問や必要な議論、選択を提示しながら、戦略上価値のある組織ケイパビリティを確立するためのプロセスを説明していく。それらの選択肢をまとめ、極めて重要な組織設計の優先事項を明らかにするために、ここでも再び戦略的アラインフレームワークを使用する。その前に、まずは用語の意味を明らかにしておこう。

組織ケイパビリティとは何か？

本書では、組織ケイパビリティを企業の事業戦略の実行を支えるコンピテンシー、能力、活力を保有していることと定義する。**組織アーキテクチャー**（第6章のテーマ）および**経営管理システム**（第7章のテーマ）とともに、組織ケイパビリティは、選択した事業戦略に沿ってその永続的なパーパスを果たすのに適した（それだけの力を持った）企業をどう構築するかにおける広範な検討事項の1つだ〈参2〉。例えば、事業戦略の基盤が価格競争力（市場提供価値の価格が低ければ低いほど、競争力が高まる）にあると仮定しよう。その場合、市場で成功するチャンスは主として効率的な実行力、つまり製品・サービスを必要な基準に合わせて低価格で効率よく製造する能力によって決まる。

ところが、組織ケイパビリティは定義の難しいコンセプトであるため、人によって解釈が異なる場合がある。ある人にとって、組織ケイパビリティは「ノウハウ」を指す。簡単に言うと、財務規定や予算などの日々企業を運営するために必要な職務上の知識である。広く考えれば、ノウハウには業界固有のケイパビリティ――企業が注力領域で力を発揮するために必要な専門知識、具体的には銀行なら金融サービスのスキルセット、ソフトウェア会社なら最新のコーディング・スキルやプログラミングの知識が含まれる〈参133〉。職務上のノウハウも業界固有のケイパビリティも競争上の差別化の土台にはならない。それらは言ってみれば衛生要因〔訳注／アメリカの臨床心理学者フレデリック・ハーズバーグが提唱した二要因理論のうち、仕事の不満足に関わる要因。これが満たされても、仕事の満足度にはつながらない〕のようなもので、欠如すれば企業のパフォーマンスや競争力は低下するが、それがあるからといってパフォーマンスや競争力が向上するわけではないのだ。

また別の人にとっては、組織ケイパビリティは競争上の差別化に関連し、最先端テクノロジーへのアクセスなど、あらゆる状況において優れた普遍的価値のあるケイパビリティやリソースを持っていることを意味する。要するに、「普遍主義」の理論のように、入手できる最高のケイパビリティとリソースを持つ企業（「わが社には業界で最も優秀な人材がそろっている」）はどんなときも競合企業をしのぐ、という考えだ〈参134〉。何を価値があるとみなすかは、もちろん時間とともに変化する〈参135〉。

戦略的に価値のある組織ケイパビリティ

戦略的アラインの観点からすると、どんな状況にあっても戦略的な価値をもたらすことができる総合的な組織ケイパビリティは存在しない。基本的なノウハウや業界固有のケイパビリティは、企業を試合に出場させ、競わせつづけるために最低限必要なものでしかない。組織ケイパビリティ、つまり組織のコンピテンシー、能力、活力は、そのすべてを結集することで戦略の実施に何らかの役割を果たすことは可能だが、戦略的に価値があると言えるのは、事業戦略を実行して競合に勝つために貢献できるものだけだ。

戦略的アプローチが多様であるのと同じように、その実行を後押しする組織ケイパビリティもさまざまだ。重要なのは、組織による競争優位の獲得に直接貢献するケイパビリティを最優先で構築しなければならない、ということである。いくつかの市場で事業を展開している組織ならば、その事業戦略の要件に従って複数の異なる組織ケイパビリティを開発する必要があるかもしれない。ミスアラインが起こるのは、組織のリーダーが選択した事業戦略の要件にマッチした組織ケイパビリティを構築できないときだ。ミスアラインが起きれば企業は事業戦略を効果的に実行することができず、企業業績や競争力向上の観点で長期的に乗り越えられない障壁となってしまう〈参1〉。

戦略的に価値のある組織ケイパビリティと「コアコンピタンス」の概念は密接に関連している。これは、「会社を市場で傑出した存在にするリソースとスキルの、調和のとれた組み合わせ」と定義される〈参136〉。一般に、企業に競争力を与えられるのは、次のようなコアコンピタンスだ。

ⓐ幅広い市場へのアクセスを確保する
ⓑ顧客にとっての製品・サービスの価値を高める
ⓒ競合企業が模倣をするのが難しい〈参137〉

企業の組織ケイパビリティ（コンピテンシー）は、同じような戦略が適用可能な幅広い市場提供価値をサポートすることができる〈参138〉。マクドナルドは、ハンバーガーを大規模に販売するのとまったく同じ組織ケイパビリティを生かし、コーヒー製品を短期間で世界の複数の店舗のメニューに加えることができた。製品の革新性の点で言うと、コーヒーとハンバーガーにはシンプルで、単体で（ほかの製品とは別に）販売できて、極めて標準化された製品、という共通の特徴がある。よって、それら製品の戦略的アプローチは同じ――前述したエフィシェンシー・マキシマイザー――だ。新業態「マックカフェ」の店舗や幅広いコーヒー製品メニューを導入した店舗では、収益が15％アップしたと言われている〈参139〉。

ただし、飛び抜けて優秀な組織を目指すには、トレードオフに慎重に対処すべきだ。企業のリーダーは事業戦略に合った**高い**組織ケイパビリティを構築しなければならない。つまり、同じ市場で同じ戦略的アプローチを追求する競合相手よりも高い能力がなければならないのだ。だが、その結果機会損失が発生する。特定のケイパビリティを高めれば、それ以外のケイパビリティを伸ばすのが難しくなる。

例えば、企業は安定性と俊敏性を両立することはできない。1つを選んだら、もう1つは諦めなければならないのだ。ということは、柔軟性を高めるために必要なケイパビリティを構築しようとすれば、高い効率性を維持するのに必要なケイパビリティは諦めなければならないし、逆もまたしかりである。あらゆることに等しく秀でるのが無理だとしたら、戦略の重要性に照らし、リーダーはどの組織ケイパビリティの構築に努めるべきだろうか？

5-3 組織ケイパビリティのアライン、リーダーシップの課題

すでにおわかりだと思うが、前のセクションの最後の問いの答えは、「状況によって異なる」だ！　企業がどのような卓越したケイパビリティを獲得する必要があるかは、事業戦略と、市場においてどんな方法で競争しようと考えているかによって決まる〈参2〉。リーダーにとって問題なのは、あらゆる状況において優れた組織ケイパビリティというものは存在しない、ということだ。何を市場に提供するか、そしてどんな方法で顧客の好みに対応し、競合相手に勝とうと考えているかに従って、組織全体として高めるべきケイパビリティは異なる〈同上〉。

第2章で、戦略的アラインフレームワークを利用して、企業が顧客の好みに対応し、競合に差をつける方法であるさまざまな戦略的アプローチを紹介した。それらを効果的に実行するには、それぞれ特徴のある組織ケイパビリティでサポートする必要がある。あなたの会社について、以下の点を考えてみよう。

- 選択した事業戦略（市場シェアの競争か、リソース獲得競争かにかかわらず）を実行するに当たっ

て、最優先で構築しなければならない組織ケイパビリティは何か？
●（事業を展開する地域が複数なのか、ビジネスライン部門が複数あるのかにかかわらず）複数の市場で競争している場合、競争上の強みを獲得・保持するために、「複数のケイパビリティ」を高める必要はあるだろうか？　あるとすれば、それぞれの市場で成功を遂げるのに確立しなければならないケイパビリティの違いは何か？　それらのケイパビリティは補完的か、それとも相反する価値観に基づいているだろうか？
●戦略上の優先事項の変化や、複雑化が進み変化の可能性のある不確実な外部の事業環境によって、組織ケイパビリティの要件は将来（今後5～10年で）どう変化すると考えられるか？

戦略的アラインフレームワークを解説した次のセクションを参照すれば、企業リーダーはさまざまな組織ケイパビリティと、ケイパビリティがそれぞれ戦略の実行（第4章を参照）をどのようにうまくサポートできるかを理解することができるだろう。

5―4 戦略的アラインフレームワーク、組織ケイパビリティ

このセクションでもまた戦略的アラインフレームワーク（SAF）を利用する。**図5・1**に示すように、SAFは第2章で説明した正反対の特徴を持つ組織ケイパビリティの2つの軸を組み合わせ、企業リーダーが事業戦略を実行するのに必要なケイパビリティを明らかにするのに役立つ。

競争する市場で優位性を得るために、第4章であなたはどの戦略的アプローチを選んだだろうか？　どのアプローチを選択したかによって、安定性または俊敏性のいずれかを、さらには自律性または連携性のいずれかを、企業がどれくらい必要としているかが決まる。これら2つの軸の領域を組み合わせると、それぞれに事業戦略の実行を助ける潜在能力を持つ、4つの特徴的な組織ケイパビリティの輪郭が明らかになる。

エフィシェンシー・マキシマイザー

繰り返しになるが、エフィシェンシー・マキシマイザーは既知の市場機会を生かして規模

図5・1　戦略的アラインフレームワーク(組織ケイパビリティ)

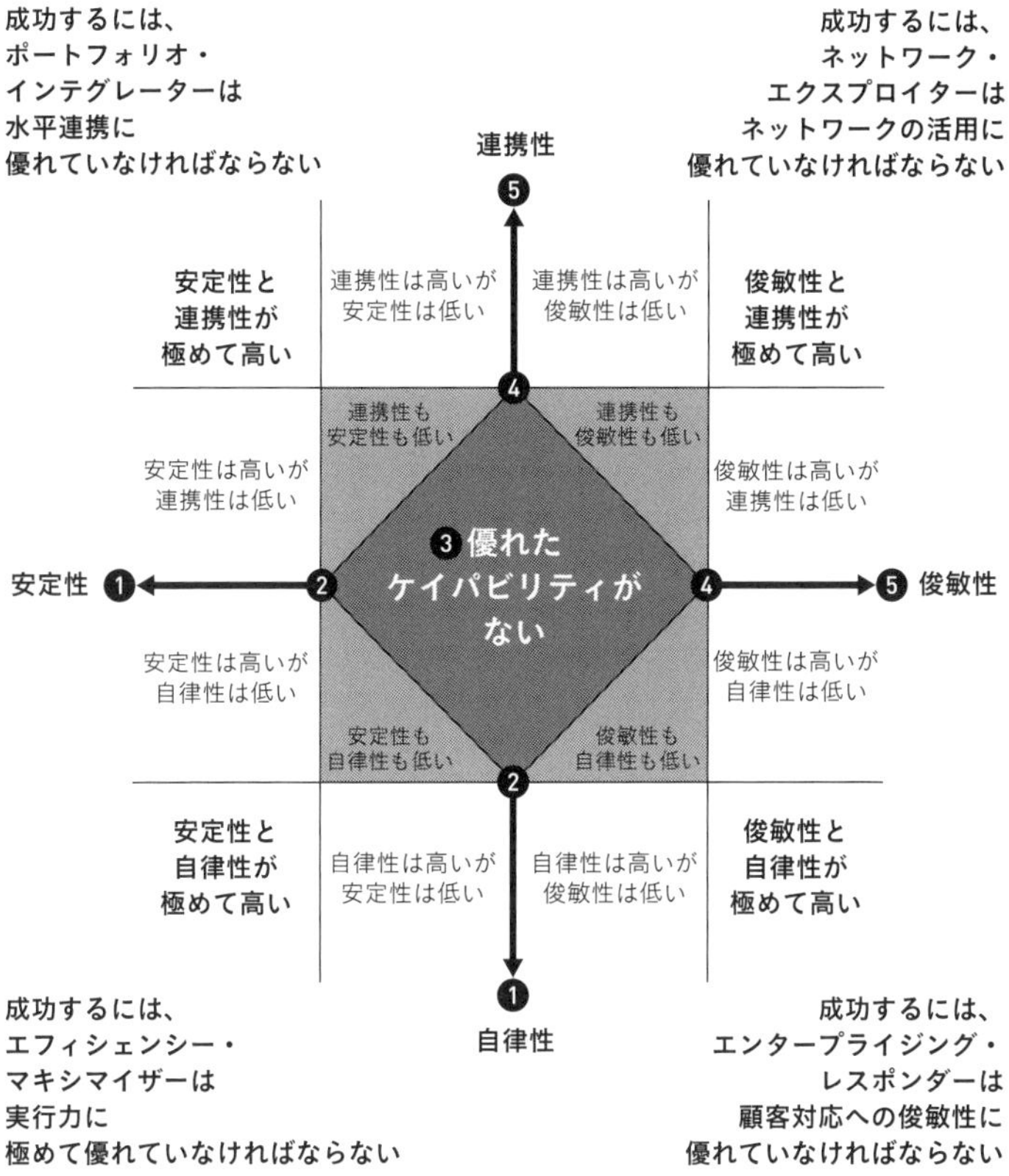

The Strategic Alignment Framework; organizational capability. Copyright © Jonathan Trevor, 2019.

の経済を最大化することで成功を達成する。そのためには、生産コストを最大限抑え、できるだけ多くの製品・サービスを販売する必要がある。市場提供価値は、高度に標準化された、単体で（他製品とのバンドリングなしで）販売可能な、相対的にシンプルな製品・サービスの形をとるのが一般的で、どれも製品中心の市場戦略とスケーラブルな機会に適している。既存製品・サービスの効率的な再生産と、多少の革新性はあっても、あくまでも標準化された新製品・サービスが市場の成長のために必要な力になる。

エフィシェンシー・マキシマイザーに必要なケイパビリティ

エフィシェンシー・マキシマイザーは効率的な実行力に際立って優れていなければならない。そのためには、高い**安定性**と補完的なケイパビリティである高い**自律性**を構築する必要がある。安定した組織は標準化された製品・サービスを継続的に再生産できる。自律した組織は、製品・サービスを可能な限りシンプルかつ効率的に生産することだけにフォーカスできる。

優れた実行力は、収益や利益といった業務運営のアウトプットと、人件費、資本費用、時間といったインプットの関係によって評価される。インプットが少なくてアウトプットが多いほど、効率がよいとみなされる。インプットとアウトプットのこの関係は、選択する戦略的アプローチにかかわらずすべての企業に当てはまるが、なかでもエフィシェンシー・マキシマイザーにとっては生命線だ。SAF上の位置で言うと、図5・1に示すとおり、左下隅（安定性と自律性が極めて高い）がエフィシェンシー・マキシマイザーである。

効率的な実行力を得るには、例えばプロジェクトチームであれば労力や時間、費用などへの投資を最小限にしてタスクを遂行する必要がある。製造業では、作業効率の向上は生産コストを削減し、廃棄率を最低限に抑え、製品の品質を向上させ、生産効率を最大化する（製造のダウンタイムを排除する）ことを意味する。

効率的な実行力（「オペレーショナル・エクセレンス」、「卓越した実行力」とも呼ばれる）には、継続的な改善などのマネジメントの慣行も含まれる場合が多い。（リーン思考やシックスシグマが重視する）継続的な改善とはつまり、時間をかけて漸進的に効率を向上させることであり、規律、適時性、生産効率、問題解決、業務への注力といったポジティブな行動を強化する組織文化を育成することである。

エフィシェンシー・マキシマイザーの考え方を組織に採り入れた、最も有名な例――自動車メーカーのトヨタ自動車（トヨタ）――を考えてみよう。1970年代半ばに確立された「トヨタウェイ」と「トヨタ生産方式（TPS）」について記した資料や文献は、かなりの数にのぼる。これらのオペレーショナル・エクセレンスはどちらも、トヨタを世界の自動車産業において卓越した地位に押し上げ、さまざまな業界で効率的な実行力を追求する企業の模範になっている。

効率的な実行力という核となる組織ケイパビリティのおかげで、トヨタが高品質の自動車製品を競争力のある価格で提供することが可能になったのは、言うまでもない。トヨタは、革新的なアプローチで生産・業務管理を実行した最も有名な企業の1つと言えるだろう。トヨタにはエラーを最小限に抑えてコストを管理しつつ、所定の基準に対してスピード、生産効率、および品質を最大限に高めるケイパビリティがある。トヨタの製品は標準化されていながら革新的とも言えるが、その最も重要な競争上の差別化要因はオペレーショナル・エクセレンスであり、効率的な実行力なのだ。

効率的な実行力とのトレードオフ

標準化された比較的単純なスタンドアロン型の製品・サービスを効率的に大量生産するのに理想的とはいえ、エフィシェンシー・マキシマイザーのアプローチにももちろん欠点がある〈参140〉。エフィシェンシー・マキシマイザーにおける組織の安定性は、標準的な製品・サービスの効率的かつ大規模な生産を可能にするが、特定の市場セグメントや個別の顧客の好みに合わせたカスタマイゼーションや俊敏性の妨げになるのだ。

エフィシェンシー・マキシマイザーは迅速に行動し生産活動の重点領域をリアラインすることができるが、それは代替製品が同じように単純で標準化されたスタンドアロン型である場合に限られる。加えて、エフィシェンシー・マキシマイザーは業務の水平連携にそれほど優れていない。専門的な事業部門が垂直的に配置された組織構造は、新製品や新しいサービス連携を開発したり、シナジーを活用したりする妨げになる。

エンタープライジング・レスポンダー

エンタープライジング・レスポンダーは、市場や顧客の好みの変化に柔軟かつイノベーティブに対応することで成功する。市場提供価値は多くの場合、高度にカスタマイズされたサービスとして、あるいはこれから新たに生まれるニーズにぴったり合った新製品・サービスとしていち早く市場に提供される。

エンタープライジング・レスポンダーに必要なケイパビリティ

エンタープライジング・レスポンダーは顧客対応への俊敏性《カスタマー・アジリティ》に際立って優れていなければならない。そのためには、組織の高い**俊敏性**と補完的なケイパビリティである高い**自律性**を構築する必要がある。俊敏性の高い組織は、製品・サービスを個々の市場や顧客が持つ独特の好みにぴったり合うように構成・再構成することができる（いわゆる「柔軟な対応力」）。エフィシェンシー・マキシマイザーと同じように組織の自律性が高いエンタープライジング・レスポンダーは、外部市場と顧客への対応に注力する自由が与えられている。優れた顧客対応への俊敏性は、その製品・サービスを競争する市場のニーズの変化にどれほどうまく適応させることができるかによって評価される。SAF上の位置で言うと、図5・1に示すとおり、右下隅（俊敏性と自律性が極めて高い）がエンタープライジング・レスポンダーである。

エンタープライジング・レスポンダーの特徴的な性質は、新たな市場提供価値の探究・実験を好み、既存の市場提供価値を市場状況の変化に合わせて再開発することだ。また、状況に応じて柔軟に当該分野を専門とするスタッフに個々の顧客／クライアントを担当させ、新しい何かに挑戦するときにはつきものの不透明さを楽しむことができるのも特徴的だ。外部市場が高価値とみなす市場提供価値を生み出すために、起業家精神に富む独立した企業は、リスクをとりながら極めて少ないリソースで結果を出すよう求められる。不可欠なのは、顧客や市場セグメントの関係を管理する優れた能力と、それら独自の好みについての洞察。そして、まったく新しい機会や脅威に革新的な方法で対応するのには、柔軟性と創造性がなければならない。

徹底した研究開発で知られる大学の研究部門の例を考えてみよう。研究者は機能的に組織された管理部門のサポートを受けるが、研究作業——何を研究するか（研究テーマ）、どんな方法で研究するか（調査の方法やスタイル）——はほぼすべて研究者自身の裁量に任されている。学術研究において重要なのは、研究者がその分野の専門家としての自らの判断に従って、新たな知見を生み出す機会を追究する自由を与えられていることだ。自律性は研究の卓越性のカギとみなされている。確かに共同研究や論文の共同執筆はあるものの、その相手はたいていほかの大学で関連分野の研究を行う仲間の研究者だ（興味深いのは、彼らは協力者であると同時に論文掲載ランキングではライバルでもあることだ。「フレネミー」〔訳注／「フレンド（友達）」と「エネミー（敵）」を合わせた造語。「友を装う敵」または「ライバルと同時に友である者」〕と呼んでもいいかもしれない）。場合によっては、研究者は事業体（企業、政府機関、社会的企業など）に対するロイヤルティよりも、専門分野へのロイヤルティのほうが高いかもしれない。

知識の創出や普及のために新しい機会を活用する俊敏性は、傑出した研究機関（および研究者）になるには不可欠の要素だ。議論の余地はあろうが、外部の専門領域の動きを知るのは、内部の細々した管理業務以上にはるかに重要なのだ。よいか悪いかは別として、管理業務は研究の妨げとみなされる。また、独自性に欠ける考えは評価の高い学術誌には掲載が認められない（もちろん、学生を教えるためには既存の知識も必要だ）。そのため、新規性と革新性について高い評価を受けるためには、研究者は何よりも独自性を重視した研究をすることが求められる。

顧客対応への俊敏性とのトレードオフ

エンタープライジング・レスポンダーの戦略的アプローチにも当然ながら欠点がある。俊敏性が高いと、スケーラブルな、あるいは効率の極めて高い組織にはなれない。標準化された手順どおりの仕事のやり方は、市場や顧客にカスタマイズした製品・サービスを提供するのに必要な、それぞれの裁量に任された独自の仕事の進め方とは正反対だ。イノベーションを実現させるには、新しいものを生み出すときに必ず遭遇する不確実性を克服するために、何度も考察や実験を重ねなければならない。繰り返しでも標準化でもないクリエイティブなバリエーションが、成功するエンタープライジング・レスポンダーの屋台骨なのである。

エンタープライジング・レスポンダーはまた、(少なくとも水平的には)高度に統合されていない。それは、個人とチームの自由が、何よりも尊重されるからである。自律性を重視すれば、シナジーが犠牲になる。有能な個人や局在的なチームは、常に独立して業務を遂行する。彼らは自らの専門的なタスクに注力するか、あるいはそれぞれの事業部門／地域と連携している。

そのため、同じ企業でも部門が別々なら、取引の進め方もその質もまったく異なる、といったようなことが起きる。極端なケースでは、俊敏性は高くても結びつきが緩い企業は、それぞれの地域の縄張りでは実に多才な能力を発揮し、個人やチームが互いに友好的な関係を築く一方で、結局のところは会社全体ではなく各自の狭い利害によって動機づけられる、いわば「友好的な邪魔者」集団のようになる。

ポートフォリオ・インテグレーター

ポートフォリオ・インテグレーターはさまざまな事業部門、地域、チーム、およびテクノロジー間のシナジーがもたらす価値を最大化することで成功する。水平的な連携性が高いと、企業全体は部分の総和以上の価値を生み出す。ポートフォリオ・インテグレーターは、異なる製品・サービスを新たに組み合わせてイノベーションを実現し、製品・サービスのバンドリングによって顧客に豊富な選択肢と利便性を提供する。そして、製品・サービスの多様なポートフォリオを競合企業がたやすく模倣できない独自の新しい方法を活用することで差別化を図るのだ。

ポートフォリオ・インテグレーターに必要なケイパビリティ

ポートフォリオ・インテグレーターは**水平連携**に際立って優れていなければならない。そのためには、組織の高い**連携性**と補完的なケイパビリティである高い**安定性**を構築する必要がある。

水平連携は、市場のニーズに沿った独自の製品・サービスの組み合わせを形成し、さらには今後のイノベーションを実現させ、充実した製品ラインナップを提供するためにチームやテクノロジーを統合する支えとなる。組織の安定性はチームと人材がしっかり結びついた強い組織構造を構築し、新しい製品・サービスを大規模に販売することを可能にする。水平連携の優秀さは、統合された製品・サービス・ポートフォリオ全体、またはさまざまな事業部門、機能、またはチームが、個の総和を超える価値をどこまで生み出すかによって評価される。SAF上の位置で言うと、**図5・1**に示すとおり、左上隅（安定性と連携性が極めて高い）がポートフォリオ・インテグレーターである。

例えば、水平連携は「クロスバリュー」が得られる幅広い活動を可能にする。価値ある顧客インサイトを、事業部門を跨いで共有することもその一例である。あるいは、新たな事業機会や革新的な慣行を、独立してはいるが補完し合うチーム間で相互にやりとりするのも水平連携だ。また、水平連携によってしか生まれない共通の事業機会の創出を可能にする協力体制の構築も含まれる。

有名な例がモルガン・スタンレーだ。1990年代には、ジョン・マックCEOのリーダーシップのもと、インベストメント・バンキング、株式、債券、マーチャント・バンキング、その他の事業部門に部門横断的なチームを導入し、正式な機能構造を重ねることで水平連携のいっそうの強化を目指した。「異なる部門が交わるところ」にこそ重要なビジネスチャンスが存在すると認識したからだ。さらに、部門横断的なジョブ・ローテーションは、前途有望なスタッフにとってキャリア開発の大きなメリットとなったのである〈参141〉。当時、モルガン・スタンレーでは機能別や部門別のサイロ化が起こり、大きなチームとしての意識、グローバルでの顧客開拓機会における柔軟性、大規模化・多様化・複雑化する国際的な事業の適切な運営・管理を妨げていた。それらを取り除き、多くのディレクターたちの利害関係を克服する必要があった。

モルガン・スタンレーにとっては初めての一連の改革の中で、マックは世界中にいる同社のリーダーたちを一堂に集めた。会合の結果、同社の運営についてのリーダーの見解がまとめられた。パフォーマンス管理と従業員のキャリア開発についても、グループでの協調性を重視し連携を促進するために再定義され、個々の事業部門のビジネスプランも共有され、より透明性のあるものになった（同上）。縄張り意識はなくなり、連携が重視されるようになった。ジョン・マックがつくった「one-firm firm（1つに強く結ばれた企業）」は受け継がれ、今日まで続いている。「one-firm firm」は、モルガン・スタンレーの合理化された部門構造と（資産管理などにおける）共同プラットフォームの重視に表れている。プロジェクトチームが部門の垣根を越えて業務を行い、外部環境の調査や監視を実行し、クライアントの期待を満たすのに必要な機能をバンドルし速やかに構成する。

これらのケイパビリティが力となって、2008年の世界的な金融危機の中モルガン・スタンレーは前に進むことができた。最近では（パンデミック前だが）、2018年度通期の収益が前年より5・69%増の400億ドル超（税引き前利益で110億ドル以上）と、同じ期間の収益が9・14%減少したライバルたちを大きく引き離している（参142）。

水平連携とのトレードオフ

ポートフォリオ・インテグレーターは、標準化された製品・サービスを最も効率的に提供するために一般的には大規模な事業展開を必要とすることから、個々の顧客の嗜好に対応する俊敏性は十分でない。場合によっては、マス市場のセグメントに適した方法で豊富な種類の製品・サービスをパッケージ化して提供することは可能だが、パーソナライゼーションは規模の経済の最大化には逆効果なのだ。期待できるのはせいぜい「マス・カスタマイゼーション」〔訳注/大量生産に近い生産性を保ちながらも、顧客ニーズに個別に合わせた製品やサービスを生み出すこと〕くらいである。

しかも、異なる事業部門と協働関係を築くのには時間がかかる。効率的な分業やタスクの専門化の結果として生じる、異なるインセンティブや文化、業務の進め方を克服するのには、かなりの時間と労力をかける必要があるのだ。ポートフォリオ・インテグレーターに属している社員は、2人以上の上司に仕え、垂直方向と水平方向の両方の責任を調和させるという、難しい政治的なバランスを取る行為に直面する〈参143〉。

ネットワーク・エクスプロイター

ネットワーク・エクスプロイターは、極めて能力の高い内部チームと外部のパートナー、サプライヤーの多様なネットワークを活用して成功を手に入れる。そして、このネットワークを利用して製品・サービスの選択肢を増やし、パーソナライゼーションを強化する。ネットワーク・エクスプロイターは、事業のさまざまな要素を連携させて、個々の総和以上の価値を生み出す全体、すなわちプラットフォームを形成する。その点はポートフォリオ・インテグレーターと同じだが、異なるのは、ネットワーク・エクスプロイターのネットワークはより広く、外部パートナーまでも含む（頼ると言ったほうがよいくらいだ）点だ。ネットワーク・エクスプロイターは高度なデータ・インサイトとカスタマー・インテリジェンスを用いて、狭い市場セグメントの嗜好と個々の顧客の独自のニーズに合わせた製品・サービスを提供する。ネットワーク・エクスプロイターは、競合他社が追随できないほどに拡張された豊富なケイパビリティを持つネットワークを活用することによって、成功を成し遂げるのだ。

ネットワーク・エクスプロイターに必要なケイパビリティ

ネットワーク・エクスプロイターは、**ネットワーク活用力**に際立って優れていなければならない。そのためには、組織の高い**連携性**と補完的なケイパビリティである高い**俊敏性**を構築する必要がある。

組織の連携性は、ネットワーク・エクスプロイターが、有能で多種多様な独立した内外のパートナーと機能的な関係を構築するのに役立つ。連携性によって、彼らはインサイトを共有し、市場提供価値の新たな組み合わせを模索し、共通のタスクやパーパスに沿った顧客提供価値を共同でシームレスに届けることができる。組織の俊敏性は、ネットワーク・エクスプロイターがそのネットワークのケイパビリティを再構成し、提供価値を多様な、または変化する個々の市場や顧客の好みに合わせてカスタマイズする力になる。ネットワーク活用力の優秀さは、企業が柔軟で唯一無二の製品・サービスの組み合わせをつくるのに、どこまで役立つかによって評価される。SAF上の位置で言うと、**図5・1**に示すとおり、右上隅（俊敏性と連携性が極めて高い）がネットワーク・エクスプロイターである。

ネットワーク・エクスプロイターの成功は、豊富なケイパビリティを有する広いネットワークを競合他社にはできない方法で活用することによって得られる。彼らは、パートナー・ネットワークの広さと多様性、質の高い顧客インサイト、顧客と市場データを蓄積し利用する能力で差別化を図る。互いの強化のためにネットワーク全体で知識共有を図ることは非常に重要だ。そして、ネットワークの中核となる権限を持つもの（ネットワークの結節点としてのパートナー同士が連携するハブ）を結集し活用する力も不可欠だ。

ネットワーク・エクスプロイターの成功のカギを握るのは、ネットワークの構成を決定し、内外のさまざまな下位組織（パートナー企業、チーム、個人）から価値あるケイパビリティと機能を確保する主組織である。主組織はさまざまな権限を有し、ネットワークを構成する組織を選ぶだけでなく、それらのつながりを確立し、育て、優れた連携性を実現させるという重要な責任も負う。つながりは永続的な場合もあれば、一時的なものもある。

世界で最も時価総額の高い企業の1つ、アマゾンの例を見てみよう。アマゾンが最初に掲げた「社運を賭けた大胆な目標」は、「これまでに書かれたすべての言語のあらゆる書籍を60秒以内に入手できるようにする」ことだった〈参144〉。今日、その目標は、想像しうるほぼすべての種類の消費者製品をアマゾンのプラットフォームで入手可能というところまで広がっている。ただし、プラットフォームはアマゾンの現在のビジネスのほんの一部にすぎない。その現在のミッション・ステートメントは「地球上で最もお客様を大切にする企業になる」ことだ〈参145〉。アマゾンの顧客には、そのサーバーを使って事業のコンピューティング・ニーズを処理する大手企業のほか、販売・取引のフルフィルメント〔訳注／通信販売やECにおいて、受注から配送までの業務プロセス全体のこと〕を利用するサードパーティー・セラー〔訳注／マーケットプレイスを活用して製品を販売している企業〕も含まれる〈参146〉。アマゾンのネットワークは拡大を続けており、アマゾンはネットワーク・ハブとして、それらを利用するベンダーと消費者の金融取引の仲介役となることで収益を生み出すようになった。

そのエコシステムの中で、アマゾンはまず、書籍とメディア・コンテンツの販売を通じて消費者をプライム・サービスに誘導する。プライム・サービスはネットフリックスその他の配信サービスと直接競合するが、ネットフリックスと違ってアマゾンはその連携性の高さから、多種多様な補完的製品——キャラクター商品から衣類、食品（第3章で述べたように、アマゾンは2017年にホールフーズを買収している）に至るあらゆるもの——を活用し、消費者市場の特定のセグメントをターゲットにすることができる。また、アシスタント・デバイスのアマゾン・エコーは、ユーザーとさまざまな提携企業を結びつけ、高性能でありながら標準化された単一のプラットフォームを介して充実した機能を提供することができる。いくつか例を挙げると、アマゾン・エコーを使って、音楽をかけたり、食料品を注文したり、ホームセキュリティ会社に連絡したり、エアコンの温度を調節したりできる。

アマゾンはマイクロソフトやＩＢＭと競合するウェブサービスでも市場を支配している。アマゾンが自身の事業を運営するのに活用するクラウド・コンピューティングのケイパビリティは、ネットフリックスなどの競合企業を含め、利用料を払えば誰でも利用することができる（アマゾンウェブサービスはネットフリックスの配信サービスをサポートしているのだ）。ポートフォリオ内でのアマゾンのサービスはどれも補完性が高く、個人、企業、公的機関を問わず、多様なあらゆる顧客ニーズに対応できる豊富な種類の製品・サービスを提供できるように設計されている。それはすべて、ＩＴを活用し優れた組織の連携性と俊敏性を構築することで可能になるのだ。

ネットワーク活用力とのトレードオフ

ネットワーク・エクスプロイターのアプローチには欠点がいくつかある。その組織形態は実際に管理するには非常に複雑だ。ビジネス誌や会議で話題になる非常にデリケートな問題であるにもかかわらず、既存の組織がうまくネットワーク・エクスプロイターへ組織変革できた例はほとんどない。実際には、権限を持ち、核となる組織が、外部パートナーを含む個々の構成要素に業務遂行の責任と管理を移譲すると同時に、成果についての責任をとりつづける必要がある〈参147〉。

組織が混乱や機能不全、最適でない成果に陥るのを避けるには、強力な組織ガバナンスがなければならない。ところが、ネットワーク・エクスプロイターが本来持つ、形態を自由に変えられる特性上、強力な組織ガバナンスはそもそも難しい。それに、SAFで対極（左下）に位置する企業がネットワーク・エクスプロイターを目指そうとすると、計画策定や結果管理に当然つきものの不確実性が高まる。ネットワーク・エクスプロイターの組織形態は戦略的アプローチの中でも最も高度（それだけ能力が高い）なうえに、正しく構築・管理するのも最も難しいのだ。

5-5 組織ケイパビリティのリアライン、リーダーシップの機会

SAFを実践的に活用することで、企業のリーダーが自社のどの組織ケイパビリティが最も戦略的価値が高いのかを理解することができる。また、SAFを活用することで、すべての下位組織を含めあなたの会社が現在有するケイパビリティは何か、今後必要になりそうなケイパビリティ（およびそれに関連する組織設計の優先事項）は何かを分析することもできる。効果的な戦略的リアラインを実現させるには、これらは絶対に外せない検討事項だ。

前の章で検討したことをもとに、あなたの会社についてさらに以下の点を考察してみよう。

1 顧客の好みに合わせ、競合の中でひときわ際立つために、あなたが選択した事業戦略に必要な組織ケイパビリティはどれか？

ⓐ効率的な実行力？
ⓑ顧客対応への俊敏性？
ⓒ水平連携？
ⓓネットワーク活用？

例えば、シナジー効果主導の事業戦略を効果的に実行するには、企業は水平連携のケイパビリティを明確にすることが必要になる。水平連携は、価値ある顧客インサイトの共有、革新的な業務実践の交わり、リソースの共同利用、新しい市場提供価値の共同創出をはじめ、補完的な事業部門間の協力と「クロスバリュー」の実現を支える。

私が最近仕事をしたある優良多国籍通信会社は、そのすばらしい実例だ。新型コロナウイルス感染症のパンデミックが勃発した頃、ほかの通信会社同様、その企業も帯域幅需要の爆発的な増加に直面した。デジタル・サービス・キャパシティが10倍になっても対応できるようにするためには、全地域・全市場で活動する企業の技術力と人材リソースを会社全体で結集する組織的なコネクティビティが戦略上、絶対に必要であった。

一方、顧客主導が競争上の差別化を図る基盤である場合には、企業は顧客対応への俊敏性を高め、可能な限り顧客の嗜好に合わせて製品・サービスを構成・再構成できなければならない。

以下の点を考えてみよう。

2 あなたの会社は、1つのことだけに特別秀でていればいい（つまり、際立って優れた組織ケイパビリティが1つあればそれが組織のコアコンピタンスになる）か、それとも同時に複数のことに秀でていなければならない（共存する複数の組織ケイパビリティを社内に構築する必要がある）か？

3（SAFによると）あなたの会社には現在どんな優れたケイパビリティがあり、組織をリアラインするには何が必要か？

ⓐ必要なのが安定性だとしたら、どうすればそれを高められるか？

ⓑ俊敏性なら？

ⓒ自律性なら？

ⓓ連携性なら？

4SAFを使って、会社にとって理想的なケイパビリティと現在のケイパビリティのギャップは何か考えてみよう。顧客対応への俊敏性のほうがパーパスに適しているのに、効率を最大化しようとしていないか？　またはその逆のことをしていないか？

これらはすべて戦略の選択についての質問であり、企業のリーダーは結果に責任を負う。前にも述べたが、高めるべき組織ケイパビリティを選ぶ際には、重要なトレードオフについて慎重に考えなければならない。例えば、組織は高い安定性（効率的な実行力）と俊敏性（カスタマイゼーション）を、あるいは高い自律性（独立性、単純性、スピード、フォーカス）と連携性（シナジー）を同時に得ることはできない。リーダーは対照的な価値のどちらか1つを選ばなければならないのだ。あらゆることに等しく有能な組織は存在しえないからだ。

5 組織ケイパビリティをリアラインするとき、SAFではいずれの方向にせよスコア3（中央）からできるだけ離れているのがよいが、あなたの会社はSAFの目盛りの端にどのくらい近づくことができるだろうか？　選択したケイパビリティによって、社員や顧客にとって「よい」会社の姿が決まる。次のケイパビリティは、実際彼らにどのように受け止められるだろうか？

ⓐ（非常に）優れた効率的な実行力は？
ⓑ顧客対応への俊敏性は？
ⓒ水平連携は？
ⓓネットワーク活用は？

しかも、定期的にリアラインしなければ、組織ケイパビリティは時間とともに「筋金入りの頑固さ」に変わり、将来実行されるリアラインの取り組みの足を引っ張りかねない。つまり、企業のリーダーは事業戦略の要件に沿って長期的に確立すべき（複合企業ならば複数の）組織ケイパビリティを賢く選択しなければならないのだ。

6 次の章——組織アーキテクチャー——に関連して、戦略的に有利に働くように組織ケイパビリティを高めるには、組織の文化、構造、プロセス、人材の何を変える必要があると思うか？　詳細については後述する。

これらの質問に対する答えによって、あなたが思い描く未来の企業の姿は極めて具体的になる。ＳＡＦが実際の戦略的リアラインに役立った例として、意欲あふれる公共セクター組織「ＧｏｖＯｒｇ」のケーススタディを紹介しよう。

GovOrgのリアライン

「私たちは戦闘には勝っても戦争には負けるでしょう」。初めて会ったとき、ＧｏｖＯｒｇのグラハムＣＥＯはきっぱりとそう言った。精力的で自分の意見をはっきり述べる彼は、公共セクターのいくつかの組織で著しい業績改善を成し遂げたのちに、ＧｏｖＯｒｇに加わった。彼には有名な一流テック企業、すなわち民間セクターで働いた経験もある。グラハムは詳しい話を語った。

> 市民にとって今ほど厳しい時代はありません。企業は経営不振にあえぎ、インフラは不足しています。私たちは市民に価値をもたらす組織として、予算が大幅に削減されても、政

策立案者や政治家によって定められた目標をすべて達成しています。しかしながら、私たちのサービスは市民生活を大きく向上させられるだけの成果を上げていません。そのためには、私たちが変わる必要があるのです。

公共価値を担う事業体のパーパス

19世紀後半に設立されたGovOrgは、財産、民族性、教育水準、いずれの観点からみても、イギリスにおいて最も多様性のある地域の1つで公共サービスを提供する地方政府組織だ。地域の平均寿命は社会経済的地位によって最大で18％の差がある。GovOrgの職員数は約1万人で、年間予算は20億ポンド近く。GovOrgは150万人の市民に幅広い公共サービスを提供する、法で定められた責任があり、その成果を中央政府と選挙で選ばれた地元議会に報告する義務がある。イギリス内外のほかの公共セクター組織と比較して、GovOrgは最高の成果を上げている組織の1つとみなされている。

公共サービスの責任領域は、環境や廃棄物管理、交通のほか、大人・子供も含めコミュニティ内で支援を必要とする人々に対する社会保障などと幅広い。GovOrgは、社会で発生する最も深刻な社会的・経済的苦境に立ち向かい、すべての市民の利益全体にとって必要な物資や社会インフラを守る最前線である。

公共サービスは市民生活にとって必要不可欠である一方、その役割は複雑さを増すばかりだった。そんな状況で、グラハム率いる新しいリーダーシップ・チームは、GovOrgのパーパスの意味をより明確にしようと試みた。そして大胆にも、GovOrgの存在意義は（第3章で触れたように）「地域のすべての人々が可能な限り最高の生活を送る手助けをする」でなければならないと考えた。

ネットワーク・エクスプロイターとしての未来

新しくなったパーパスを達成するために、GovOrgは改めて「プレース・ベースド〔訳注／主に地域コミュニティにおいて、あるべき姿・戦略を策定する手法の1つ。個々の局所的な空間についてどうあるべきかをまず考え、これらを統合して全体の戦略として昇華させる考え方〕」の原則を採り入れた事業戦略をつくった。新しい戦略で必要とされたのは、次の2点への注力である――（1）市民全体を対象にしたカスタマイズ可能な公共サービスのポートフォリオの策定。（2）住宅不足や社会的孤立といった、コミュニティ・レベルでの経済的・社会的苦境への対処に的を絞り込んだ介入の準備。

単に法定要件を遵守する（公共セクターに属する組織の多くは、これだけを目標として表明している）だけでなく、新戦略には、緊縮予算という厳しい環境にありながら、主要なコミュニティに需要主導型のサービスを革新的な方法で届けるという、GovOrgの野心的な目標「オープン・ガバメント」[注19]が反映された〈参148〉。懇談会や調査が広く実施され、その結果「市民=顧客」の意向が明らかになった。それに対応するため、新しい戦略では各コミュニティ、さらには市民個人の希望やニーズに合わせ、提供される時点でカスタマイズできる公共サービス群を強化することが明言された。選択肢の多い、価値の高い、カスタマイズ（パーソナライズまでも）可能な公共サービス――グラハムはGovOrgの顧客提供価値と提供スタイルの抜本的なリアラインに全力を挙げた。

新しい戦略に必要なのは、GovOrgの公共サービスの価値を市民に提供するための、総合的な組織の連携性と俊敏性のアプローチだった。GovOrgのリーダーは、新戦略の実行にはさまざまな公共サービス価値の連携と個別の顧客ニーズへの俊敏な対応を重視する、ネットワーク・エクスプロイターのアプローチを採り入れる必要があると考えたのだ。それは、過去のGovOrgの標準化された画一的な公共サービスの提供方法とは大きく異なるものだった。

[注19] 経済協力開発機構（OECD）は「オープン・ガバメント」を「透明性、信頼性、説明責任、ステークホルダー参加の原則を基盤とした［中略］戦略と取り組み」と定義している。www.oecd.org/gov/open-government/

ネットワーク・エクスプロイターの組織ケイパビリティ

GovOrgのリーダーシップ・チーム（最上級幹部15名）の全メンバーとその直属の部下が、SAFを用いた組織レベルのマッピング・エクササイズに参加した。その成果を**図5・2**に示す。マッピングの目的は、新しい事業戦略を実行するのに必要な組織ケイパビリティを分析し決定することにあった。将来、GovOrgのサービス部門の大部分（**図5・2**では濃いグレーの丸で示されている）が相対的に高い俊敏性と連携性を確立し、プレース・ベースドの戦略を実行できるようになるのが望ましい、というのが彼らの一致した意見だった。

GovOrgの最上級幹部たちは、組織の各部門が協力し、コミュニティや「市民＝顧客」のニーズに合わせサービスをカスタマイズする、高度なネットワークを有する未来の組織の姿を想像した。さらに、提携機関（警察、病院など公共サービスを提供するほかの機関）や外部の組織との多様なネットワークのケイパビリティを広く活用し、それを原動力にイノベーションを起こし、サービスを提供したいと考えていた。1人のリーダーは私にこんなふうに説明した。

かつては、公共サービスを市民に直接提供できるのは専門家である私たちだけでした。しかし今後は、私たちに代わって公共、民間、非営利セクターのほかの専門家がサービスを

提供するために私たちは専門的な委託者となり、自身のリソースに純粋に依存するよりも優れたサービスを提供することができるようになるでしょう。

GovOrgが思い描く未来のビジョンは、市民に直接サービスを提供しつづける（とくに法で定められている場合や市民生活に不可欠な社会福祉サービス）だけでなく、提携するさまざまなセクターの外部パートナー組織とのエコシステムを介して、カスタマイズ可能な一連の公共サービスを提供するプラットフォームとして機能することである。新たなサービス価値の提供には、デジタル技術のほか、協力的で起業家精神に富む核となる人材のコンピテンシーが大きな役割を果たすだろう。それでも、GovOrgの成功を左右するのは、どれだけうまく全体のエコシステムを連携させることができたか、そして市民のニーズの変化にどれだけ俊敏に対応できたか、なのだ。

そのため、GovOrgの事業戦略には、組織の力だけに頼る供給主導型のサービス提供から、優れたネットワーク活用のケイパビリティを確立し、数百ものパートナーが持つケイパビリティを活用する需要主導型プラットフォーム戦略の実行へと、考え方を根本的にシフトすることが求められた。

エフィシェンシー・マキシマイザーとしての現状

野望はさておき、**図5・2**には戦略的リアラインを開始する前のＧｏｖＯｒｇの組織ケイパビリティの状況も示されている。幹部たちは皆、ＧｏｖＯｒｇのサービス部門は根本的に、高レベルの組織の安定性と自律性という、新しい戦略で必要とされるケイパビリティとは正反対の特徴を持つと考えていた。

これまで、公共政策の要件を遵守し、厳しい予算の制約の中で業務を行うために、ＧｏｖＯｒｇは標準化された公共サービスを可能な限り効率的、経済的に提供することを戦略上の最優先事項にしてきた。それを実行するには、極めて内向きで階層型の管理の厳しい垂直統合型の組織でなければならなかった。そうした組織ではサービス部門がそれぞれの下位組織とともに自律的に業務を遂行する。

これまでＧｏｖＯｒｇの組織構造が、創造性やリスクに立ち向かう職員の姿勢、さらには積極的な行動を押さえ込んでいることは広く知られていた。「職員には自分から行動を起こしてほしいのだが。彼らはリスクを怖がりすぎる。いったいなぜだろう？」、上層部の誰もがそう思っていた。だが現実には、かつてのＧｏｖＯｒｇが単に職員の意見や提案を上層部が吸い上げられるような構造になっていなかっただけなのだ。その構成要素――文化、構造、業務プロセス、人材――は、リスクを取ったり革新的な行動を取ったりすることでは

図5・2　GovOrgのネットワーク・エクスプロイターとしての未来、エフィシェンシー・マキシマイザーである現在

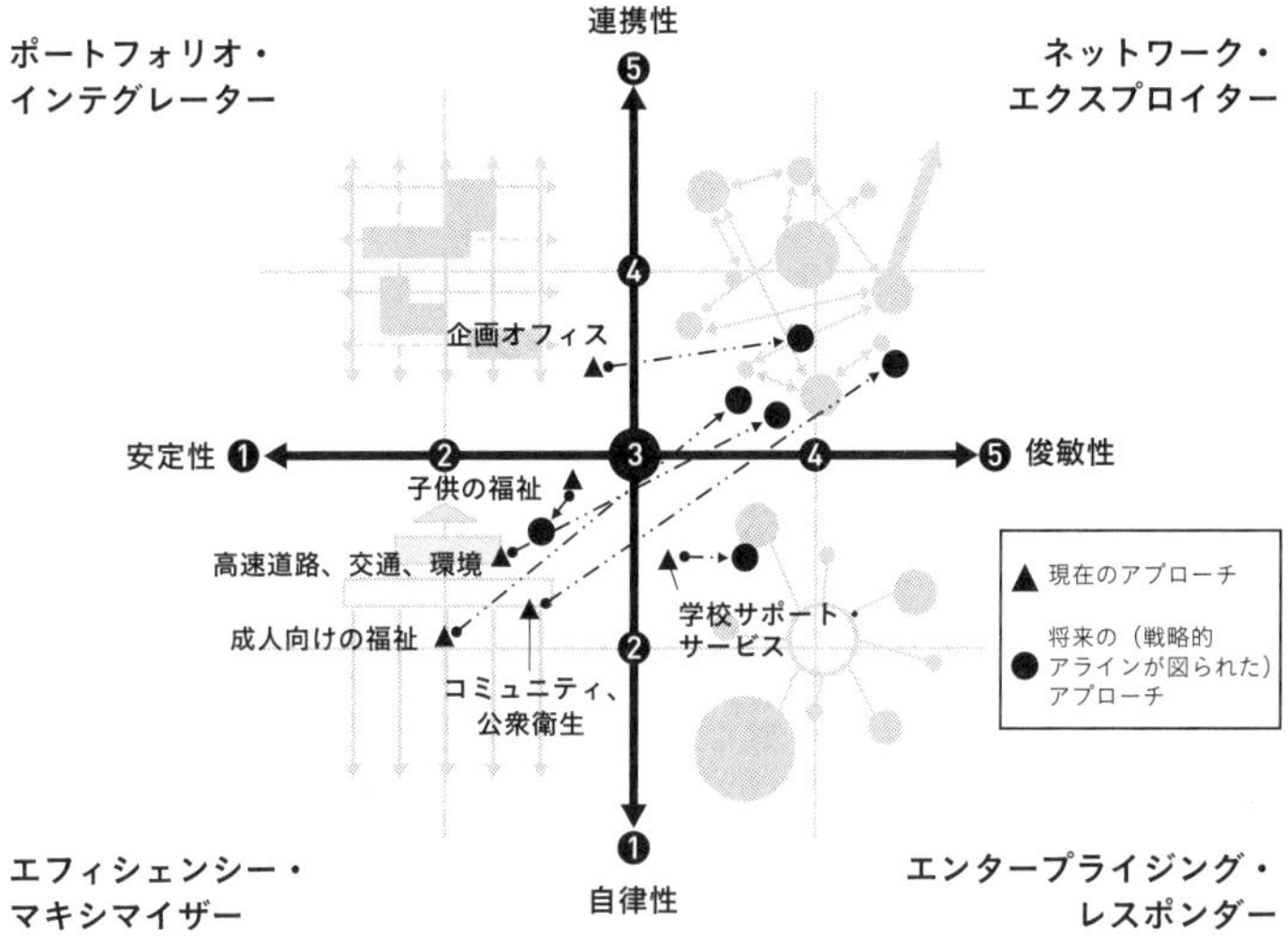

GovOrg's Network Exploiter future and Efficiency Maximizer present. Copyright © Jonathan Trevor, 2019.

なく、主に決められた戦略を実行することを目的として設計されていた。GovOrgでの日常業務は、なぜを問うよりも以前からある正式な規則や手順、習慣に従って仕事をこなしていればよく、どんなに有能な職員でもそれ以上の能力を求められることはなかった。

ギャップを知る

マッピング・エクササイズの結果、改革が実行されない限り、GovOrgがネットワーク・エクスプロイターとしてプレース・ベースドな事業戦略を実行

するのは難しい現状であることが浮き彫りとなった。言い換えれば、その事業戦略と組織ケイパビリティはミスアラインの状態にあったのである。選択した事業戦略を実行できなければ、コミュニティや個人のニーズと意向に合うような方法で公共的な価値を提供できない可能性が高くなる。

変化する事業環境（この場合は政策）に適応し、そのパーパスを遂行できるようになるには、ＧｏｖＯｒｇはすべてのサービス部門の連携性と俊敏性を強化してケイパビリティを高める必要があった。優れたネットワーク活用が、ネットワーク・エクスプロイターの戦略的アプローチを実行するための前提条件であることは明らかだった。

理想の未来像に合わせてGovOrgをリアラインする

次の疑問は当然、必要な組織ケイパビリティを構築し新しく策定した大胆な事業戦略を実行するには**どうすれば**よいかである。その答えが、組織アーキテクチャーをエフィシェンシー・マキシマイザーからネットワーク・エクスプロイターへとリアラインし、数多くの改革を実行することだった。

まず、最も優秀な人材が、ＧｏｖＯｒｇに代わりサービスを提供する外部パートナーやサプライヤーを含むサービス・イノベーターのネットワークを、うまく活用できるようになる必要があった。そのためGovOrgは専用の「リーダーシップ・アカデミー」のプログラムを利用し、核となる人材と彼らのスキル、行動、コンピテンシーを変革した。徹底した教育プログラムにより、上級幹部と極めて有望なリーダー約500名は、バウンダリー・スパナー人材〔訳注／組織や個人の境界を戦略的に連結し組織行動に影響を及ぼす役割。公式な権限がない中、必要な資源に簡易にアクセスし組織の内部ネットワークを外部情報源と結びつける存在〕としてのネットワーク・リーダーの知識とスキルを身につけた。

次にGovOrgが乗り出したのは、外部組織を含む協力関係の強化、責任ある起業家精神の醸成、サービス部門のサイロ構造の解体を進めるための行動を推進する大規模な文化改革プログラムだ。機能横断的な協力が「ニューノーマル」になる必要があったからなのだ。

3つ目はおそらく最も重要な改革の1つで、堅苦しい階層型組織から（少なくともGovOrgの大部分について）有機的なネットワーク型へ組織構造をリアラインすることだ。目的はGovOrg内のさまざまな事業部門、そして外部の複数のパートナーが柔軟に協力して業務を進められるようにすることである。

最後に、GovOrgは核となる業務プロセスをリアラインし、コスト抑制に注力した効率重視の短期的な施策ではなく、長期的と突発的な目的の両方に沿ったアラインを促進させようとした。こうした新たな施策は、探究的な業務の進め方、サービス革新、そして協力を強化するために講じられた。

すべての改革は、従来型の公共セクターが持つ官僚主義的な階層モデルからの根本的な脱却を意味した。複雑化が進む変化の大きな21世紀の顧客環境で永続的なパーパスを達成するチャンスをつかみたいと考える以上、そこまでしてでも戦略的リアラインは欠かせないものだったのである。

組織ケイパビリティは組織が目指す事業戦略の実行にとって不可欠だ。では、リーダーは戦略上重要なケイパビリティをどのような方法で構築すればよいのだろうか？　それが次の章のテーマ——組織アーキテクチャー——である。

第6章

組織アーキテクチャー

Organizational Architecture

6—1 得体が知れない

「ジャクソン」（仮名）は「ソフト社」（仮名）のCEOだった。彼が設立したこの会社は、大企業が支配していたソフトウェア業界の破壊者として影響力をふるっていた。ソフト社の社員数は60人と規模は小さい。その規模を維持していたのには理由があった。「小さいことはよいことです。社員の創造性を最大限に引き出したければ、なおさらです」とジャクソンは私に語った。ソフト社は階層もプロセスも形式重視の構造もほとんど、いやまったくない、堅苦しさとは無縁の企業だった。そこではすべてが話し合いによって決まり、人間関係の構築が仕事をうまく進めるカギだったのだ。

アムステルダムにあるオフィスは流行りのレンガむき出しの造りで、周囲は明らかに活気がみなぎっていた。雰囲気は会社というよりカフェのようだった。職種を問わず、ソフト社の採用基準は常に創造性重視だった。将来有望な人材はすぐに頭角を現し、大きな責任を任されるようになった。社員の離職率も欠勤率も高くその最も顕著な理由としてストレスが挙げられたが、社員はみな実に勤勉で熱心だった。ソフト社で働くいちばんの魅力は仕事が自由にできることだと、彼らはよく口にしていた。

ソフト社は、ソフトウェア開発市場の中でクリエイティブ分野として独自のニッチなポジションを確立していた。同社には、顧客である企業向けにオーダーメードで非常に革新的なソリューションを提供する力があった。その力を生かし、業界で数々の賞を受賞した経験もある。しかし、最初の5年間の勢いを超える成長はみられなくなっていた。新しいビジネスを求めて日々奮闘していたが、収益性は下がる一方だった。事業の獲得数は増えていたものの、事業獲得の頻度は少なくなっていった。事業の当たり外れが大きく、その中間はあまりなかった。言うまでもなく、このままでは持続不可能であった。

そんな自転車操業の経営状態を何とかしようと、ジャクソンは有名な業界大手「ディジ社」（仮名）からの出資オファーを検討しはじめた。傘下に入ることで親会社のネットワークを活用し、サポートと投資を受けて成長を加速させたいと考えたのだ。読みが甘いと思えるだろうが、彼の会社が出資後もそれまでと同様に自律性を保ち、自分たちの思いどおりに業務を行うことができる不可侵の自由を維持しつづけられると思っていたのだ。だが、そもそもディジ社にも彼ら独自の業務のやり方があり、それはソフト社とはまったく異なっていたのだ。

ソフト社がフラットな企業構造であるのに対し、ディジ社では緻密な管理階層を中心に役割がきっちりと決められていた。つまり、企業活動に不可欠な職務（開発、営業など）については、完全なる分業制をとる厳格な構造だったのである。ソフト社はインプット主導型で、割り当てられたリソースの質で顧客の仕事の価値を測っていたのに対し、ディジ社では測定可能な成果のアウトプットを重視した。また、低迷する業績の向上に明らかに貢献するコスト管理と効率化に重点が置かれていた。ソフト社の文化は活気にあふれ、その中心にいるのは適応力の高い、十分な権限を与えられた個々の社員だった。それとは対照的に、ディジ社の大企業文化は、トップダウン型の意思決定責任、規則の遵守、個人の考えとは無関係な企業標準の実施に重点が置かれていた。それ以外にも何かにつけて、2つの世界は衝突した。当然の結果だろうが、ディジ社はソフト社の経営の監督を強化したいと要求した。何しろ、ソフト社の業績は下落しつづけていたのだ。

数年が経過し、ソフト社は相反する文化、構造、プロセス、そして人材の優先順位が相反するどろどろのスープのようになっていた。どちらの特性も生かせず、最高のソフト社でもなければ、最高のディジ社でもない、まさに「得体の知れないもの」になっていた。階層型の組織構造を生かして効率的に業務を進められているわけではなく、かといってフラットで俊敏性に優れているわけでもない。その組織文化は以前のように社員のやる気を引き出せていなかった。従うべき厳密なプロセスはあっても、それはもはや効率的ではなかった。堅苦しさのなさが魅力だった企業が、今や極端に秩序重視に変わった。逆に、必要な秩序が欠けて、混乱が起きている場所もあった。

ジャクソンの希望とは裏腹に、ディジ社への売却の決断は彼の人生をいっそう困難にした。彼の判断は、ソフト社の組織としてのシステムに歓迎すべからざる不均衡状態をもたらしただけだった。どんな方法で従来からの競合との差別化を図ればよいかもわからなくなっており、そのうえ、従来とはタイプの異なる新たな競合企業が予想外のところから次から次へと出現していた。ディジ社の幹部たちはしだいに、ソフト社の買収を失敗だったとさえ考えるようになり「これも経験だ」、「次はうまくやろう」などと言うようになった。もちろん、ジャクソンにしてみればそれは個人攻撃以外の何ものでもなかった。残されていた気力も消えてなくなっていた。ソフト社の強みの源であった社員の起業家精神は完全にたたきのめされた。ジャクソンの目には、ディジ社に強制されることによって、ソフト社本来の組織構造と文化がますます堅苦しく規則に縛られるようになったのだと、映っていた。

正直に言うと、ディジ社が買収するずっと前から、ジャクソンはスタートアップから成長企業へと変わるのに伴いソフト社をどういう組織にすべきか、戦略的に考えることができていなかった。社員に最高の仕事をさせるための必須スキルや理想的な組織構造が明確でなく、先見の明もなかったのである。組織文化において体現すべき、戦略上望ましい行動とはどういうものかについて、また、どんな業務プロセスが会社の業績にとって不可欠な要素のアラインを生み出すかについても、彼に具体的な考えはなかった。

ソフト社は、何を武器として競合との差別化を図ればよいか（組織ケイパビリティ）も、際立ったケイパビリティの源、つまり**組織アーキテクチャー**も見失うという、非常に危険な状況にあった。だがそれは裏を返せば、ジャクソンにとってはリアラインを主導し、未来のソフト社を設計する、すなわち「理想的な」会社の姿を定め、それに向かって社員を導く絶好の機会でもあったのだ。そのための最初のステップは、ソフト社の核となる組織の文化、構造、プロセス、人材の理想を思い描くこと。次のステップは、そのビジョンのために全力を注ぎ、実現させる強い気持ちを持つことだった。

6-2 組織アーキテクチャー

「企業文化は戦略に勝る」――現代経営学の父、ピーター・ドラッカーの名言である。いろいろな意味に解釈できるが、なかでも戦略的アラインの観点から際立つ強く共鳴できるメッセージがある。それは、世界最高の戦略もそれを支える（つまり、「アライン」した）組織文化がなければ、実行の段階で頓挫しかねないということだ。

競争優位を確保するには、企業はその文化と戦略上の重要事項を確実にアラインさせなければならない。それができなければ、ミスアラインの状態にある組織文化から生じる価値観、信念、行動が足かせとなって、業務に悪影響が及ぶリスクがある。それは、ソフト社が直面した重大な問題の1つでもある。ソフト社のストーリーには、おそらく現在職務に就いている多くの上級幹部やマネージャー、従業員も同じように共感できるのではないだろうか。組織文化は、企業の要素の中でもリアラインが最も困難なものの1つなのだ。

著名な経営学者であるエドガー・シャインは、組織文化を3段階に分類した。(1)アーティファクト(ロゴやオフィスのレイアウトなど目に見えるもの)、(2)共有される価値観(バリュー・ステートメント)、(3)根底深くにある基本的な前提(組織に内在し、人々の行動に無意識の影響を与える信念や考え方)〈参149〉。変化に対する抵抗力が最も強いのは、最後のカテゴリーである〈同上〉。根底にある基本的な前提はいつまでも消えることはなく、変革を起こそうとしても人々は無意識に古いやり方を繰り返してしまう。

要するに、リーダーが組織のリアラインを想定したこと自体が、文化が広く浸透している組織にとっては緊急事態なのだろう。戦略は文化の延長にあり、文化に従属するものではない、というのが、前述のピーター・ドラッカーの言葉のもう1つの重要な解釈だ。新型コロナウイルス感染症のパンデミックのような危機は、私たちに衝撃を与え認識を新たにさせ、何も起こらなければ選んでいたはずの選択肢とは別の何かを選ぶように促す力を秘めている。この現象を生徒に説明するとき、私が引き合いに出すのが、大ヒット映画『マトリックス』[注20]に登場する青い薬と赤い薬の場面だ。

映画の主人公ネオと同じで、たいていの場合、私たちが意識的な選択をすることができるのは、それまで抱いていた現状がこのまま続いていくという幻想が、外部環境の混乱、すなわち現実を直視することによって打ち砕かれるときだけだ。そのときの選択は、現状を維持するか、リアラインして新しい形にするかのどちらかだ。そういう意味で、混乱はリーダーシップにとっての挑戦でもあり機会でもある。逆境で選択を迫られたときに正しいほうを選び取ることができれば、有利な状況が生まれる可能性がある。それが本書の、とりわけ組織アーキテクチャーの戦略的リアラインの主要なテーマだ。ここがいわゆる正念場であり、組織アーキテクチャーのリアラインは実際に企業とそれに関わる人々に大きな影響を及ぼすのだ。

企業が選択した戦略の実行を可能にするのは、組織文化だけではない。すべての企業には、人的資本（人材）、物的資本（財産）、組織資本（構造やプロセス）、その他さまざまな基本的機能がある〈参150〉。企業が競争力を得るには、核となる組織の構成要素、つまり互いに補い合える多様な人材、組織構造、組織文化、および業務プロセスを選び、構築し利用できなければならない〈参2〉。それらの要素がすべてそろってこそ、企業は戦略的に価値のある組織ケイパビリティを確立することができる〈参151〉。

現在順調に経営されている企業も、何もしないでいれば、この先の競争に苦労しかねないが、その理由は、場合によっては競合と差別化を図る人材の厚みが十分ではないことかもしれないし、あるいは、戦略上望ましい行動、例えば起業家精神に富む独創的な発想などを人々から引き出すのに必要な組織文化が、欠けているからかもしれない。もしかすると、そうした人々が硬直した組織構造によって自分たちの独創性を押さえつけられていると感じているからかもしれない。業績にとって重要なのは、企業の核となる構成要素がいかにうまく補完し合い、競合との差別化を図り顧客に訴求するのにどれほど有効かなのである〈参152〉。

企業の組織アーキテクチャー（あるいは設計と言ってもいい）の要件は、戦略的アプローチ次第で組織ごとに異なる。例えば、効率的な実行力を持つ人々の特徴は、顧客対応において際立った俊敏性を持つ人々の特徴とは大きく異なる。戦略的アラインを実行する企業リーダーは、組織の核となる4つの構成要素それぞれの適切なタイプを選び、構築し、フル活用し、さらにそれらを補完的に組み合わせて戦略上価値のある組織ケイパビリティを確立しなければならない〈参2〉。

そうしたことを頭に置いたうえでの設計における選択は、概念的にも実際に行動に移すのも非常に難しい。頭で考えるだけでも、組織アーキテクチャーをリアラインするのは極めて入り組んだプロセスで、選択ミスは重大な結果をもたらす。そして現実に行動面では、組織改革を実行しようとすると、リーダーは大きな抵抗に遭う可能性がある。第2章で述べたよ

［注20］この場面をまとめたウィキペディアの説明がわかりやすい。「赤い薬を飲んで、人生を変える可能性のある不気味な真実を知ろうとするか、青い薬を飲み、現実に満足して何も知らないままでいるかの選択。1999年の映画『マトリックス』の一場面」（www.wikipedia.org/wiki/Red_pill_and_blue_pill）

うに、大半の改革プログラムがまさにそうした理由で失敗しているのだ〈参153〉。とはいえ、改革はリーダーが企業に永遠に色褪せることのない重要な足跡を残す機会でもある。それについては、敬愛すべき建築家で知識人のバックミンスター・フラーの説明がいちばんわかりやすいだろう。

> 今ある現実と戦っても、物事は決して変わらない。何かを変えたければ、既存のモデルを陳腐化させるような新しいモデルを構築すべきである。

あなたの前にあるのは、企業の未来の成功を設計し、組織を形づくるための新しいモデルを確立する機会だ。組織アーキテクチャーのリアラインのプロセスは、企業内バリューチェーンの4つ目の、そして最後から2つ目の要素である。

組織アーキテクチャーとは何か？

組織アーキテクチャーは、あらゆる企業の原動力であり、いくつかの重要な点において企業の能力を極めて高く効率的にする源泉である〈参154〉。何よりすべての企業は、異なるタイプの「資本」の形をした同じ本質の組織的要素で構成されており、それらすべてがうまく機能する必要がある〈参155〉。資本には以下が含まれ、これらによって企業の組織としての「形態」が決まる。

- 企業の人々が持つすべてのスキル、行動、知識（人材または人的資本）
- 公式、非公式を問わず人々がつながり、協力するネットワークと人間関係の価値（社会資本）
- 形式化された構造、システム、プロセス、組織文化（組織資本）
- 不動産、機械、設備などの物理的資産（物的資本）
- 情報または生産に関連するテクノロジーの価値（技術資本）〈参148〉

次に、希少で独自性があり比類のない中核的な組織の構成要素（社員のユニークなケイパビリティなど）を持つことで、競合企業が容易に模倣できないような差別化された市場戦略を推し進めることができる〈参156〉。これは組織アーキテクチャーの戦略的なアプローチを支える根本的な原則である。企業は、人材（人的資本）、価値観と行動（文化）、関係とネットワーク（ネットワーク・リーダーシップ）、情報と知識（知識）、テクノロジー（情報）、その他さまざまな基本的な組織の構成要素に焦点を当てて組織を設計することができる。

重要性が明白であるにもかかわらず、不名誉なことに経営の理論や実践において組織設計はなおざりにされている。「organizational design（組織設計）」をグーグル検索してみても、ヒット件数は4770万件と、「business strategy（事業戦略）」の33億件という桁外れな数字に比べて恐ろしく少ない［注21］。比較の意味で、本書の執筆時点で、テレビでよく目にする有名人「Kim Kardashian（キム・カーダシアン）」を検索してみよう——ヒット件数はわずか2億7300万件！　書籍では、「strategy（戦略）」をキーワードにAmazon.comで検索すると、表示件数の上限である6万件が表示されるのに対し、「organizational design（組織設計）」で検索しても2000件しか該当しない（しかもイギリス式のスペルで「organisational design」と入力すると、ヒットするのはたったの865件だ）。

戦略的アラインの観点からすると、企業の組織アーキテクチャーは企業内バリューチェーンのほかの要素と同じように重要であり、戦略上の優先事項として改めて注目するべきだろう。

核となる組織の構成要素に注力

本書で考察する組織アーキテクチャーで注目するのは、正しい方法で選択・構築し、それらをフル活用することができれば企業にとって大きな競争上の強みとなる、4つの核となる組織の構成要素だ。その4つとは企業の核となる人材、組織構造、組織文化、そして業務プロセス〈参2〉で、それぞれ次のように定義される。

1 **核となる人材**は、企業が業務を行い競合と差別化するために活用できる、(従業員、契約業者、パートナーなどの)人的資本として理想的な特性を持つ人材だ。核となる人材の特性には、個人とグループ両方の戦略上価値のあるコンピテンシー、行動、知識、努力が含まれる〈同上〉。これらは的を絞った能力開発を通じ、変化する戦略や組織の優先事項に合わせて成長させていくことが可能だ〈参157〉。どんな役割(人材)が企業の競争力にとって核となるかを決めるのに、年功序列は関係ない。核となる構成要素の1つである核となる人材とは、企業の事業戦略を首尾よく実行するのに不可欠なすべての役割とそれを担う個人のことである〈参158〉。

2 **核となる組織構造**とは、企業の核となる人材が最高の仕事をすることを可能にする理想的な組織構造を指す。最高の仕事を実現させるのは、例えば効率的な協調や自発的な協力ができる組織である。組織構造の特性を示す要素は、階層の程度(厳格な管理か権限の委譲か)や、管理の方法(仕事の指示は、話し合いの余地がなく決められた規則に従って出されるか、価値観などのより主観的な行動指針に則るか)などだ。また、垂直化(さまざまな事業部門が分業を行う構造)や俊敏性(事業環境の変化に後れをとらないために、組織構造はどこまで固定されているか、あるいは変化に適応

[注21] 数字はすべて端数を切り上げており、執筆時点で正確である。

できなければならないか）も含まれる。

3 **核となる組織文化**は、企業の核となる人材（およびそれ以外の人々）がそれぞれの役割を果たすときにどう行動するかに影響を及ぼす、戦略上望ましい価値観、信念、行動である〈参159〉。組織構造とは違い、組織文化はつかみどころがない。とはいえ、共有される価値観（例えばバリュー・ステートメント）として明示することはできるし、リアラインするのは難しいが人々の行動に強い影響を与える基本的前提に、それとなく盛り込んでもよい〈参160〉。

4 **核となる業務プロセス**は、企業の核となる人材がそれぞれの職務を果たすために不可欠な所定のプロセス、活動、タスク、施策、ワークフローである〈参2〉。公式な目的、業務期間、ワークフローと標準、社会的な決まりごと、習慣、慣行などが含まれる。それらの特性によって、個人とグループが協力し最大限効率的に企業パーパスを遂行する方法の狙い、優先事項、強度が決定する。

重要な点が2つある。第1に、組織アーキテクチャーは、競争上の差別化を図ることができる可能性が最も高い中核的な組織要素に的を絞って注力しなければならない。検討対象に含まれる構成要素はほかにも、さまざまな物的リソース（オフィス・ビル、作業場、設備、機械類など）や技術リソース（情報システムや作業ロボットを開発するロボット工学など）などがある。しかし、これらを含め中核となるリソースでないものはいったん脇に置いておこう。なぜならそれらは競合企業も比較的手に入れやすく模倣しやすいからだ。ただし、そのような状況も新しいテクノロジーの急速な進歩によって変わりつつある。例えば人工知能は、人材と並んで、いや人間に替わり、まもなく企業の組織アーキテクチャーにおいて欠かすことのできない核となる組織のリソースになる可能性がある。

第2に、組織アーキテクチャーにおいて重視されるのは、組織の**すべての**人材ではなく、競合との差別化を実現するためのケイパビリティにとって核となる人材だけを選び、育成し、活用することである。言い換えれば、組織アーキテクチャーは企業に競争上の強みを与える人材、構造、文化、プロセスのみに焦点を当てるのである。核となる人材とは、いつもどおりにただ普通に仕事をしている人を指すのではない。それはそれで大切なことなのだが。

6-3 組織アーキテクチャーのアライン、リーダーシップの課題

理想的な組織アーキテクチャーの形は、顧客を勝ち取り、ライバルを打ち負かすのに必要

な競争力のタイプ（つまり、選択した事業戦略と組織ケイパビリティの要件）次第で（驚いたことに）決まる〈参2〉。ソフト社のように、企業が核となるそれぞれの構成要素について適切な選択ができないと、あるいはそれらを補完的に組み合わせるのに失敗すると、組織アーキテクチャーのプアアラインやミスアラインが起きる。そうなれば、組織アーキテクチャーは戦略上価値のある組織ケイパビリティの構築をサポートできないか、プロセス全体を阻むことになる。ミスアラインが生じた結果、競合との差別化が図れなくなり、成長は阻まれ、顧客満足度は低下し、従業員のエンゲージメントも下がり、事業機会を逸し、資金を浪費する羽目になるのだ。

企業内バリューチェーンのこの段階では、企業リーダーにとっての戦略的アラインにおける課題は2つある。第1に、戦略上重要な核となる組織の構成要素の理想的なタイプを選ぶこと。第2に、すべての構成要素が相互に補完し合って、1つの、一貫性のある、戦略的アラインのとれた、戦略上価値のある組織ケイパビリティの構築をうまくサポートする組織アーキテクチャーを確実に形成すること。企業リーダーが優先して取り組むべきこれら2つを別の言葉で言い換えると、「組織アーキテクチャーのタイプ」と「組織アーキテクチャーの補完性」になる。

組織アーキテクチャーのタイプ

企業のリーダーはまず、核となる組織の構成要素の数ある選択肢の中から、戦略上価値のある組織ケイパビリティの構築をいちばんサポートできる、適切なタイプを選ばなければならない〈参161〉。（第4章で触れた）航空宇宙企業ロールス・ロイスの例を再び考えてみよう。ロールス・ロイスはこの重要な原則を見事に実行に移し、世界最先端の超精密技術を駆使して航空エンジンを製造している。近年の大きな課題は、グローバルな成長を支え、製品（タービン）を製造・修理する場所を顧客（航空会社）の近くに設けるという方針を守るために、各地域の機械工学分野の人材を集め、維持し、能力開発を行わなければならないことだ。成長著しいアジアの航空機市場に参入するため、5億6500万ドルのコストをかけてシンガポールに新しく先進の製造施設をつくった〈参13〉。そして、拡大戦略により新しく導入されたエアバスA350など、市場で最も革新的な一部の航空機用部品の製造に、機械工学とテクノロジー分野のスタッフ450名を採用する必要が生じた。

航空宇宙セクターで競争に勝つには、最高水準の製品を製造しなければならない。数十年間にわたり技術的に非常に高度な製品をつくってきた、イギリス、ダービーにある本部のエンジニアリング部門に所属する社員とは異なり、地域の人材には豊富な経験によって得られるそのような能力が欠けていた。そこでロールス・ロイスは、標準的な製造プロセスを細かく分解し、シンプルなルーティンにする画期的な方法で問題に対処した。分解と単純化のおかげで新しいスタッフが製造プロセスを学ぶのが容易になった。また、高度なタスクの専業化を促して、地域のエンジニアリング・スタッフの能力開発を迅速に進め、数量目標や品質基準の達成に求められる技術力を身につけさせた〈参13〉。市場競争力を得るために会社全体としてはネットワーク・エクスプロイターのアプローチを採用していたが、タスクの単純化、ルーティン化、そして焦点を1つに絞るというエフィシェンシー・マキシマイザーとしての施策は、アジアにある同社の事業拠点で働くエンジニアリング部門のスタッフにとって非常に有効だった。

あなたの会社において、以下に示す核となる組織の構成要素のそれぞれについて、戦略的アプローチを完璧にサポートするのはどのようなタイプかを考えてみよう。

●核となる人材　選択した事業戦略に合わせて市場提供価値を差別化する能力にとって、核となるのはどのようなタイプの人材だろうか？　一例を挙げると、技術革新力を頼りに競争しようという企業は、個人の創造力、長期的なパフォーマンスへの注力、リスクをとる意欲、といった特徴を高く評価する〈参162〉。対照的に、効率化とコスト抑制中心の競争戦略をとる企業は、従業員のコスト意識、エラーを低減する行動、生産効率を重視する傾向がある〈参163〉。あなたの会社の広範な労働力（業務委託先の従業員やパートナー企業の人材を含む）の中で、戦略上最も重要なのはどの役割、職種、個人、またはグループか？ スキルと行動の観点から、理想的な特性は何か？ それはなぜか？

●核となる組織構造 核となる人材に戦略上重要な仕事を遂行させるのに最もふさわしい組織構造のタイプとは、どのようなものか？ 構造のタイプは数多く、それぞれに合った競争戦略やそれを実行し成功に導くために必要な組織ケイパビリティがある。階層型かフラット型か。はっきりした形態を採用するかそうでないか。組織全体に浸透しているかいないか。中央集権型か分散型か。垂直統合か水平統合か。安定しているか流動的か〈参152〉。それぞれの特徴に適した業務の進め方は異なり、生み出される組織の成果も異なる。例えば、階層型は管理、分業、手順、規則を実行して業務効率の向上を図る。対して、フラット型は適応力に優れ、形式張らない、階層がない（マネジメントの圧力がない、とも言う）構造を持ち、従業員に権限が委譲されていて、イノベーション・ケイパビリティが高い。

●核となる組織文化 人々が戦略上望ましい行動をとるのに最も影響を与えると思われるのは、どんなタイプの組織文化だろうか？ マネジメントについての影響力のある論文は、「強固な」組織文化——組織の重要な価値観と信念に広く影響をもたらす文化——の構築がいかに大切かを浮き彫りにしている〈参164〉。核となる組織文化は組織の価値観を体現し、それと一致した行動をとるよう従業員を導くことができる。例を挙げると、外部の影響にオープンな文化もあれば、驚くほど自己充足型の文化もある。また、個人の努力を重視する文化もあれば、企業全体の利害を重視する文化もある。組織文化は、リスクがどこまで許容されるか、避けるべきかの判断にも影響を与える可能性がある。どんな特性も重要だが、組織ケイパビリティの要件に応じて、企業ごとにその重要度には差がある。

●核となる業務プロセス　業績向上の観点から、核となる人材の仕事を企業の最重要事項とアラインさせるために不可欠なのは、どんなタイプの業務プロセスだろうか？　例えば目標を達成するために何が「有効」な業務プロセスかわかっている、あるいは業務プロセスに進化の可能性がある場合、目標設定は仕事に取り組むずっと前にできる。不確実性の高い環境ではなおさらそうすべきである。目標によって方向性が与えられ、期限が明らかになり、社員の焦点が定まるからだ。あなたが重視するのは短期的、それとも長期的な計画策定と業績か？　ワークフローは前もってきっちり決められているか、それとも進化や過去の経験を生かす余地を残しているか？　業績測定は（販売数量や新規事業の財務価値などの）ハード・メトリクスの形をとる成果のアウトプット・ベースか、（必要なスキルなどの）インプット・ベースか？

どの質問の答えも、**「状況によって異なる」**であるのは言うまでもない（不満を言うなかれ）。理想的な核となる組織の構成要素のタイプは、原則的に組織ケイパビリティの要件次第で決まる〈参2〉。例えば人材の価値は、戦略上価値のある組織ケイパビリティの構築にどの程度貢献するかによって決まる。具体例を挙げるとエフィシェンシー・マキシマイザーの場合は効率的な実行力への貢献、ポートフォリオ・インテグレーターならば水平連携への貢献といった具合だ〈同上〉。

ただし危険なのは、ソフト社のように、企業のリーダーが核となる組織の構成要素を戦略的に選択できない、または選択の結果を生かせないケースが往々にしてあることだ。例えば、同じ会社でも事業部門が別であれば戦略要件が異なるため、必要な組織設定も異なる場合がある。（複数事業部制の企業などで）事業運営に必要な組織の構成要素の選択・構築・活用で、ワンパターンのアプローチを異なる部門に適用すれば、ミスアラインが生じ、価値観が破壊されるのは目に見えている。

同様に、核となる構成要素を一新するのを怠ると、ミスアラインを引き起こす可能性がある。企業リーダーは常に組織アーキテクチャーを見直し、新たな戦略要件がパーパスに適応しつづけているか確認するべきである。定期的に再検討しないと、組織ケイパビリティは（第4章で述べたように）いつしか競争力を制限する「筋金入りの頑固さ」になりかねない〈参165〉。

事業戦略の要となるのはどんな組織の成果で、パーパスに最も適しているのは、どんなタイプの核となる人材、構造、文化、プロセスの組み合わせだろうか？　これらの質問に対する答えが、あなたの組織アーキテクチャーの形態、機能、そして価値を決定づける。

組織アーキテクチャーの補完性

このセクションのはじめにも述べたが、どれだけ希有な、唯一無二の、模倣できないものであっても、戦略上価値のある組織ケイパビリティを1つの構成要素だけで構築することはできない。例を挙げると、よく耳にする「人材は最も重要な資産」という言葉は一部の企業にとっては真実かもしれないが、現実には、企業の人材がいかに有能であろうと、それだけの力で持続的な成功を成し遂げるのは無理なのだ。本当に大切なのは、4つの核となる組織の構成要素すべてをどう組み合わせて、競争力をもたらすケイパビリティの構築をサポートする組織アーキテクチャーを形成するか、なのである〈参166〉。

核となる人材の選択、育成、活用に投資して効果を得るには、ほかの人々やグループとの効率的な協力・協調を可能にする核となる組織構造など、ほかの3つの核となる構成要素にも補完的な投資を行わなければならない。加えて、戦略にとって望ましい行動の指針となる、補完的な核となる組織文化の醸成に投資するなら、その結果、核となる業務プロセスの円滑な進行が促され、ひいては核となる人材が可能な限り生産的に業務を遂行することができなければならない。4つの中にほかと矛盾するものが1つでもあれば、組織アーキテクチャー全体がパーパスに合わなくなる可能性がある。

1つあるいは複数の核となる構成要素のミスアラインメントは、組織のエンジンルームに有害な摩擦を生じさせる。例えば、製品とサービスのシナジーを促進する部門間協力の文化を創出しようとしても、硬直した組織構造が個々の事業部門や機能を超えて人々と連携を図る試みを妨げていれば、失敗に終わるだろう。同様に、効率化を促進するためにつくられた緻密な業務プロセスは、その仕事に従事する人々にルールや手順に従うケイパビリティがなければ、役に立たない。人材、文化、構造、そしてプロセスという核となる組織の構成要素を効果的に活用したければ、それらが見事に調和して──交響楽団の楽器のように美しく並んで──同時に機能できるような設計にする必要がある。

オラクルの例を考えてみよう。内部ネットワークの連携構築は、オラクルでは極めて重要な知識管理活動であり、競争力の根源でもある。かつてオラクルは、エンタープライズ・ソフトウェアと「オンプレミス」〔訳注／サーバーやソフトウェアなどの情報システムをユーザーが管理する施設の構内に設置し運用すること〕のデータ処理・保存市場で積極的な拡大戦略を推し進めていた。2000年代初め、グローバル市場のリーダーであるSAPをはじめ競合企業に後れをとらないよう事業のリアラインを大規模に展開する中で、主力のデータベース事業を補完するために、オラクルは特注のアプリケーションやコンサルティング・サービスなどの新たなエンタープライズ・ソフトウェア・ソリューションを導入した〈参167〉。顧客提供価値の新たなポートフォリオから首尾よく利益を生み出すには、グローバル企業オラクルはさまざまな事業部門間の水平連携に相当な額の投資をする必要があった〈参168〉。

密接な協力とグローバルな連携をサポートする仕組みの1つが、オラクル・コミュニティ・オブ・プラクティス（COP）である。COPは形式重視の組織構造を補完するスタッフ専用のネットワーキング・フォーラムだ。COPはまた、ほかに連携する手段を持たない事業部門の間で、重要な顧客インサイトを共有し、技術に関する知識を交換し、技術革新の可能性についてのブレインストーミングを行い、共通の教育・能力開発を実行するための手段でもある〈参168〉。COPは、グローバル企業オラクルがさまざまな事業部門や地域の枠を超えて、社内横断的に新しい知識を創出・移転・統合する一助になっている。

オラクル幹部の話によると、COPは同社が「知識管理のコンセプト、プロセス、そしてツールを利用してより効率的かつ効果的な組織になる」ことを可能にする〈参169〉。具体的に言うと、COPのメリットは、必要な知識を必要とされる場所に構築し、スキルを育成し、専門家のノウハウを移転し、技術革新を促進し、コミュニティの問題を解決し、好ましい企業風土を維持することだという〈同上〉。

つまり、COPは有益な知識の「フロー」と「ストック」の構築を促進する。COPのような社内横断型の知識管理の仕組みを通して、知識は必要なところに流れ、企業内に独自の知識ストックが増える〈参170〉。各種のプロジェクトや取り組みの合間に何に時間を使うかは、基本的に個人の希望が重視され従業員が自分で決める〈参171〉。COPは社内横断型の文化——オラクルの確固たる信念、価値観、行動——の感覚をも育んでいる。上層部は定期的

図6・1　組織アーキテクチャー

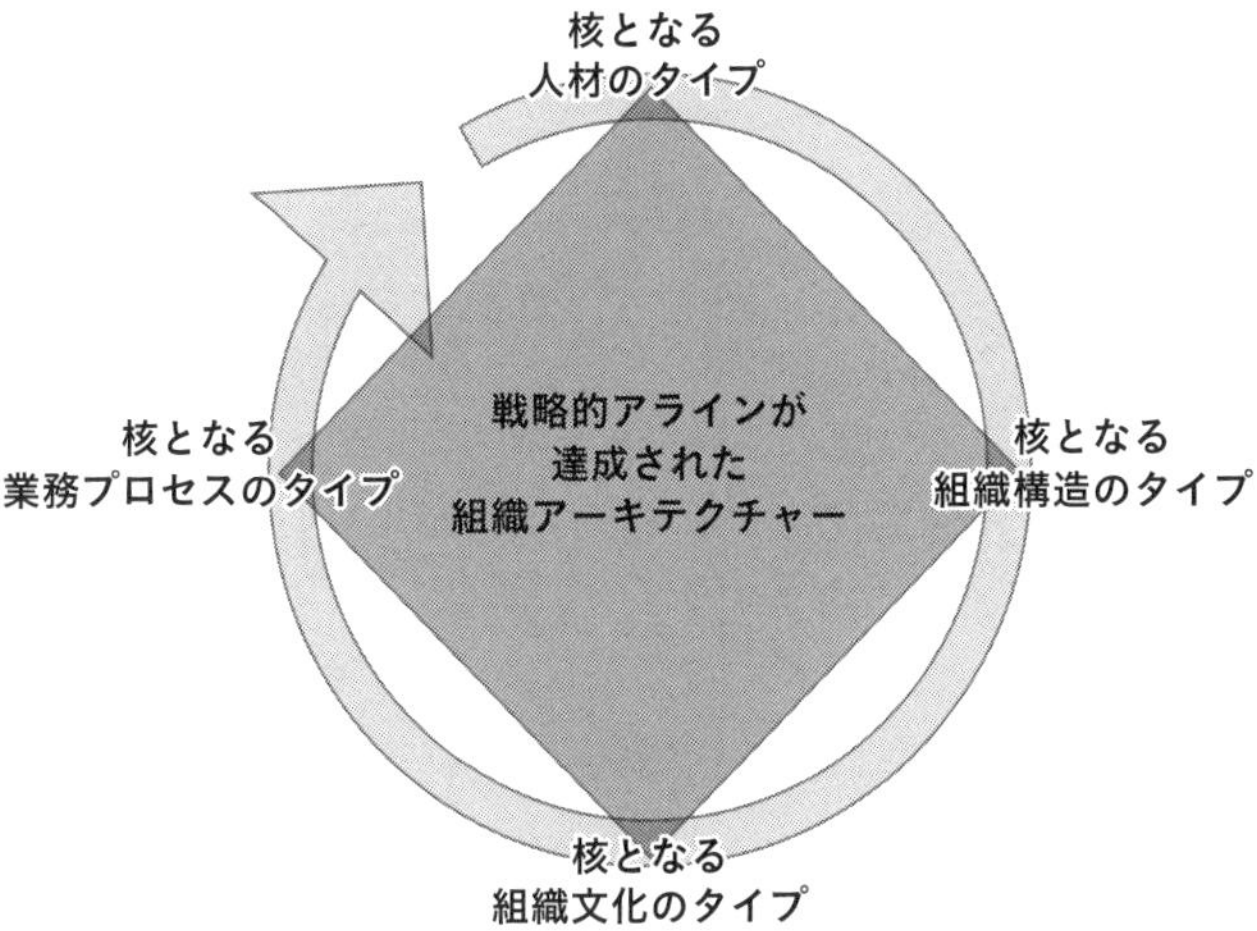

The organizational architecture. Copyright © Jonathan Trevor, 2019.

にCOPの活動に参加し、特筆すべき貢献や成果に報酬を与える〈同上〉。

COPは、企業の組織アーキテクチャーのさまざまな要素を統合し、競合企業が手に入れたり模倣したりするのが難しい価値を生み出す仕組みの一例だ。核となるさまざまな組織の構成要素——人材、文化、構造、業務プロセス——が調和しながら機能し、オラクルではサービス・イノベーションの形で戦略上価値のある組織の成果が生み出されている。

こう考えると、**図6・1**に示すように、個々の構成要素が互いに補い合うように選択、構築、活用されていれば、企業の組織アーキテクチャー全体で各構成要素の総和以上の価値が得られる。

あなたの会社について考えてみよう。核となる組織の構成要素がどれだけうまく補完し合い、一貫性のある、戦略的アラインが図られた組織アーキテクチャーを形成しているだろうか？　具体的には、

●組織構造は、核となる人材（戦略的アプローチの実行に最も不可欠な人材）が常にまたは柔軟に活動の調整を図り、必要に応じて協力するのをどの程度助けているか？
●組織文化は、核となる人材（場合によっては外部の広い範囲の人材を含む）が例えば効率的な実行力や実験的なイノベーションに特化した、戦略上最も有益な行動をとるよう、どれほどうまく影響を及ぼしているか？
●業務プロセスは、短期、長期にかかわらず、既知の方法か常に進化する方法で、企業にとって戦略上重要な業務の遂行をどこまで円滑にしているか？

さらに、

●すべての構成要素が相互に補完し合い、戦略的アラインを確実に達成できるようにするために、核となる組織の構成要素——人材、構造、文化、業務プロセス——のうち、リアラインする必要がありそうなものはどれか？

ケーキを焼くのと同じくらい簡単？

戦略的アラインがもたらす課題を現実的な観点から捉えるために、ケーキづくりに例えてみることにしよう。まず決めなければならないのはどんなケーキを焼くかだ。チョコレートケーキ、それともフルーツケーキ？　どちらも同じように美味しいが、つくり方は異なる。うまく焼くために用意しなければならない材料もその配合も異なる。この点は組織ケイパビリティの要件と同じだ。市場で勝つ事業戦略を実行するには、どんなタイプの組織アーキテクチャーを構築すべきか？　会社に必要なのはどんなケイパビリティだろうか？

ケーキの例えに戻ろう。チョコレートケーキもフルーツケーキも、小麦粉、卵、砂糖、バターなど、基本的な材料は同じだ。ただし、どの材料にもたくさんの種類がある。例えば砂糖なら、グラニュー糖、上白糖、パールシュガー、デメララシュガーなどである。砂糖でも小麦粉でもそれ以外の材料でも、種類の選択を間違えば失敗作ができあがる可能性は高い。自分の会社について考えたとき、戦略にとって核となる人材の特徴とは何だろう？　核となる人材から最高の成果を引き出すことができる組織構造とは何か？　戦略上望ましい行動につながる可能性が最も高い組織文化はどういうものか？　どんな業務プロセスが、企業にとって決定的に重要な業績を向上させるだろうか？

プロであってもそうでなくても、ケーキを焼くにはその前に慎重に考え、念入りに計画を立て、必要な材料を細かい種類まで正確に準備しなければならない。つくりたいケーキの形になるように、材料を混ぜる手順を理解する必要もある。企業のリーダーとて同じだ。彼らは構築したい組織ケイパビリティのタイプ（第4章、第5章と同じコンセプトを用いて、エフィシェンシー・マキシマイザー、エンタープライジング・レスポンダー、ポートフォリオ・インテグレーター、またはネットワーク・エクスプロイター）を慎重に検討し、核となる組織の構成要素から戦略に適したものを選び、構築し、フル活用して組織ケイパビリティに合う組織アーキテクチャーを設計しなければならない。

そんなに簡単じゃない

ケーキづくりの例え話がフィットしない点は、キッチンで試すまでもなく、私たちはケーキづくりの詳細、つまり必要な材料は何で、どんな配合にすべきかをあらかじめ知ることができるからだ。便利なレシピや（魅力的な写真つきの）料理本のおかげで、うまく焼けたらどんな見た目になるかも正確なつくり方も、前もって確認できる。つくり手にある程度のスキルがあって忠実に指示に従えば、努力の結果は予測可能なはずだ。

複雑で変化の激しい企業の運営が、それくらい単純だったらどんなによいだろう。21世紀のビジネスを取り巻く混乱とややこしい現実の中で、企業リーダーが戦略上、または組織にとって何が「正しい」かを、事前にわかっていることは滅多にない。困ったらこれに従っておけばいいというマニュアルも用意されていない。私はコンサルタントとして企業幹部を支援する仕事を通じて、会社の組織設計について何を実行し、どう考えるべきかを理解していない企業リーダーをしばしば目にしてきた。危険なのは、彼らがベストプラクティスとおぼしき影響力のある外部の事例に注目し、自分の会社にも同様のメリットがあるという間違った思い込みに従って同じ慣行を採り入れ、他社の成功に倣おうとすることである。こうした現象を組織論では「模倣的同型化」〔訳注／不確実性に対処するためほかの組織の先行事例をモデルとして模倣することによって、組織が似通ったものになる現象〕と呼ぶ〈参172〉。その結果企業は状況に適さない慣行を採用し、害のあるミスアラインを引き起こしかねない。

企業の、とくに核となる構成要素の適切なタイプと組み合わせを選択するのは、取締役会、そして、IT、財務管理、業務、人事、不動産、施設管理といった企業のコーポレート部門の基本的な役割でなければならない。とはいえ、これらの部門はそれぞれが独立して業務を行っている場合が多い。そのため、彼らが管理する組織の構成要素が全体の事業ニーズにも、他部門の優先事項にもうまく連携しないということが起こりえる。つまり彼らが管理する組織の構成要素と全体の事業ニーズ、あるいはほかの部門の優先事項との間にプアアラインが生じる可能性があるのだ（次の章で詳細を検討する）。

役割や権限にかかわらず、企業のリーダーには、協力し合いながら核となる構成要素の理想的なタイプを決定し、それらを組み合わせ、パーパスに適した、競争力の獲得につながる組織アーキテクチャーを形成するための枠組みが必要なのだ。

6-4 戦略的アラインフレームワーク、組織アーキテクチャー

SAFを利用して、リーダーは特徴ある組織アーキテクチャーの4つの形態を明らかにすることができる。これらの組織アーキテクチャーはそれぞれ異なる組織ケイパビリティの構築を促進させる。**図6・2**に、特徴的な組織アーキテクチャーを構成する、相互補完的な核となる組織の構成要素を戦略的アプローチ別にまとめた[注22]。

第4章、第5章で事業戦略と組織ケイパビリティについて考察したとき、あなたが最も共感した戦略的アプローチはどれだろう？ それに沿って、あなたの戦略的アプローチをサポートし、競合する市場における競争力を得るのにいちばん適した組織アーキテクチャーはどれだろうか？

図6・2　戦略的アラインフレームワーク(組織アーキテクチャー)

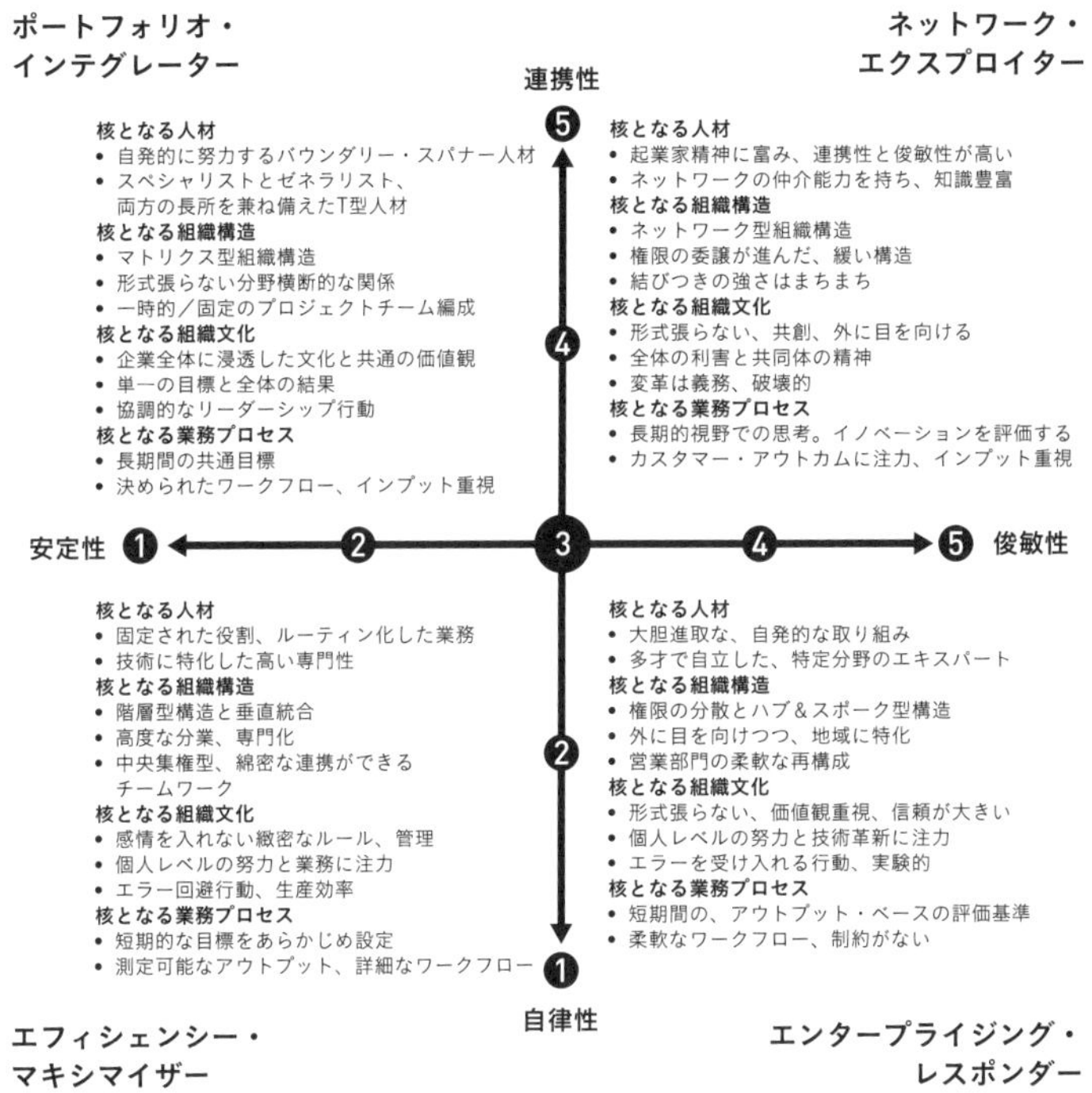

The Strategic Alignment Framework; organizational architecture. Copyright © Jonathan Trevor, 2019.

エフィシェンシー・マキシマイザーの組織アーキテクチャー

エフィシェンシー・マキシマイザーは、スケーラブルな市場機会を効率的に活用することで成功する。彼らの市場競争力は、意図した戦略を競合よりも効率よく実行する能力によって得られる。エフィシェンシー・マキシマイザーに競争優位を与えるのは、次のような特徴を持つ組織アーキテクチャーだ。

●核となる人材　エフィシェンシー・マキシマイザーの核となる人材は、意図する事業戦略を効率的に実行するうえで中心的な役割を果たす。また、顧客獲得競争が展開されている高度にコモディティ化された市場で、企業が大規模に営業活動を行うことを可能にする。実用的なスキルをマスターし、役割の専門性に求められる特定のコンピテンシーに特化するために、管理部門、現場を問わず、核となる人材は固定のポストに就いているのが一般的だ。人材育成は、新しい技術やテクニックを学んで継続的な改善と高い業務効率を実現することを目的として行われる。そして、エフィシェンシー・マキシマイザーに何より大切なのが、既知の基準に沿った通常どおりの業務遂行だ。厳密な管理、正式な手順の遵守と生産効率は、その核となる人材の顕著な特徴である。まさに、エフィシェンシー・マキシマイザーの核となる人材は、その製品の特徴――シンプルで、標準化され、個々に独立して（つまり、他者と一緒に仕事をしても、必ずしもすべてを相手の裁量に委ねるとは限らない）、とりわけ重要なことには効率的――に近い。

●**核となる組織構造** 企業レベルで、エフィシェンシー・マキシマイザーの核となる組織構造は、垂直統合された階層型が一般的である。高度な分業体制が敷かれ、専門的な部門、機能、事業単位（個々の事業部門など）、チームがそれぞれ垂直に配置されているところからもそれは明らかだ。権限の分配の観点からみた組織構造もトップダウン型が一般的で、最

[注22] 調査方法についての注意事項。このセクションで説明した組織アーキテクチャーの特徴は、主要な実地研究に基づいている。その原則は以下のとおり。

a）文献の包括的なレビューによって、核となる人材、組織構造、組織文化、業務プロセスの特徴をまとめることができた。

b）2次情報調査、経営幹部へのインタビュー、アンケート調査を通してある企業の組織アーキテクチャーの現状と理想を「マッピング」するために、提示される一連の診断用の基準を策定した。

c）マッピング対象にはあるパイロット企業を選んだ。その企業の典型的な特徴をもとに、組織アーキテクチャーの現状と理想的な未来の状態を分析した。その過程で特徴と評価の両方を微調整した。

組織アーキテクチャーの特徴と評価スケール（微調整後）が正しいことを確認したのに加え、調査結果に基づいてパイロット企業ではコーポレート部門の人々がエビデンスに基づく正しい意思決定ができるようになった。調査結果はまた、（a）企業がどのような構造になっているか（b）理想的にはどんな構造にすべきかの間のギャップの特定に役立ち、リアラインの取り組みを実行する際の情報になる。特徴と評価はその後、複数のセクターで多種多様な新しい企業環境に適用された。バリー・ヴァルコー博士の協力に感謝する。6―4で説明した組織アーキテクチャーの特徴のいくつかは、博士との協力と共同執筆した未出版の書籍から導き出されたものである。

高幹部が戦略的な計画策定や業務協力に最大の影響力を発揮する。このような組織構造の場合、綿密な管理を通じて効果的な協調が可能になり、統合は上級幹部レベルでのみ起きる。構造的に、エフィシェンシー・マキシマイザーは主に内部リソースを活用し、内部環境と外部環境の境界がはっきりしている。チームレベルでは、エフィシェンシー・マキシマイザーは（レストランや工場のような、決められた事業単位内部で）綿密な連携ができるチームワークを重視する。ここが、事業単位同士のチームワークを重視するポートフォリオ・インテグレーターとは異なる点だ。

●**核となる組織文化**　エフィシェンシー・マキシマイザーの核となる組織文化は、内部重視である。つまり、戦略の効率的な実行を確立するために企業内部の仕組みや運営に注意が向けられているのだ。文化的には、期待される基準を確実に満たすために厳格な管理が行われる傾向にある。チームで仕事をしていても、従業員の取り組みの焦点は個人に向いている。そして一人ひとりが最大限集中して仕事に取り組むよう強く求められる。何を優れた成果とするかの基準は、同僚との相対的な比較によって明確に定められている。所定の基準から逸脱させないようにするため、仕事のやり方はルーティン化、形式化されている。細かいルールが決められており、社員はそれを守るよう期待される。

●**核となる業務プロセス**　一般的に、核となる業務プロセスには目標が盛り込まれているが、それは業務に取りかかるよりもずっと前に設定され、決められた基準以上の成果を上げる責任を負う大勢の社員に伝えられている。計画期間は多くの場合すぐ先の短い期間で、既知の機会を最大限活用することに注力する。仕事のやり方は入念に考えられていて、テイラー主義の科学的管理法のアプローチに似て、すべてのステップ、行動、タスク完了までの期間は評価、改善され、それから個人の成果を評価する基準として規定される。したがって、仕事のやり方ははっきり決められていて、求められる生産効率や生産性のレベルが確実に実現されるように、個人の努力の成果は慎重に評価される。核となる業務プロセスは、エフィシェンシー・マキシマイザーが目指す戦略の効率的な実行にとってなくてはならないものである。それによって既定の基準や標準からの逸脱は減り、規模の経済の最大化が可能になるのだ。

ＪＲグループはエフィシェンシー・マキシマイザーの組織アーキテクチャーが見事に奏功した一例だ。日本には世界で最も複雑でありながら極めて優秀な鉄道システムがあり、推定で年間１２０億人の乗客を運んでいる。過去10年の運行一列車当たりの年間平均遅延時間は０・９分で、これには（自然災害など）やむをえない事情による遅延も含まれる（参173）。東京―新大阪間約５６０㎞を1時間に19本も走る東海道新幹線の場合、遅延時間は驚きの０・４分（参174）。東京とロンドンの地下鉄を時間の正確性で比較すると、その差は歴然だ。東京メトロ銀座線が２０１７年に10分以上遅れた日数の割合は６％。それに対し、ロンドンのセントラル・ラインは68％だった（しかも遅延時間は15分を超える）〈参175〉。

ＪＲの卓越した実績には、さまざまな要因がある。非常に緻密につくられた時刻表どおりに効率的に列車を走らせるには、核となる業務プロセスは不可欠だ。日本のすべての鉄道運行会社に共通する業務プロセスの1つが、「指差喚呼《しさかんこ》」の実践である。日本で電車に乗れば、車掌や運転士、駅員がこれを実行しているのがすぐに目に入る。指差喚呼をする職員は、信号や速度計の点検などのタスクの完了を、身体を動かし（指差しの動作が一般的だが、互いに敬礼を交わすのもよく見る）、たとえ自分一人しかいなくても声に出して確認するのだが、その目的は「労働者の意識レベルを上げて」確実かつ正確なタスクの完了を促進させることにある〈参176〉。

指差喚呼のルーティン化により、職場におけるエラーが最大85％低減すると考えられている〈参177〉。エフィシェンシー・マキシマイザーと共通の特徴を持つ経営管理システムはほかにも、リーン思考、シックスシグマ、総合的品質管理などがある。どれもみな、エラーを減らし、信頼性を向上させ、ムダをなくして業務遂行の効率を最大限に高めることを目的としており、そのために従業員に規則を遵守して効率を向上させるよう求める。

ＪＲの成功は偶然得られたものではない。ＪＲが世界最高の鉄道会社なのは、高度に形式化され、明確に定義されたプロセス重視——どれも皆複雑な公共交通を安全に、時間厳守で、効率的に運営するのに必要な条件——の組織を目指し、企業リーダーがはっきりとした目的に従って体系的に組織を設計したからなのだ。

エンタープライジング・レスポンダーの組織アーキテクチャー

エンタープライジング・レスポンダーは、まったく新しい製品・サービスや、カスタマイゼーション（パーソナライゼーション）を施した既存の製品・サービスなど、顧客に新しい製品やサービスを提供することで競合との差別化を図る。そのために求められるのが、高度な**顧客対応への俊敏性**だ。エンタープライジング・レスポンダーに競争力を与えるのは、次のような特徴を持つ組織アーキテクチャーである。

●核となる人材　エンタープライジング・レスポンダーの核となる人材は、変化する市場の好みに対応した新しい製品・サービスの開発をリードする。彼らは市場イノベーション〔訳注／新しい市場に参入して従来とは異なる顧客や販路を開拓したり、これまでのマーケティングや販売促進の方法を見直したりすることによるイノベーション〕の最前線に立ち、競合との差別化のための新たな機会を積極的に見つけ出す。核となる人材は、役割のあいまいさも成功の測定基準の緩さも受け入れる。彼らには高度な権限の委譲が認められ、制約なしに、つまり現在奏功している方法にこだわらずに業務を遂行する自由が与えられている。適応力が極めて高いエンタープライジング・レスポンダーに必要なのは、独立心が強く、自発的で、自立した人材だ。彼らはたいてい専門分野を極めており、ほとんどの場合その「分野」のプロ、つまりエキスパートとして、市場で求められていることにアラインした深い知識と、必要に応じてそれをリアラインする能力を持っている。エンタープライジング・レスポンダーの核となる人材を何かに例えるとしたら、猫だろう。指示があっても、やる気にならなければ彼らは動かない。

●**核となる組織構造**　エンタープライジング・レスポンダーの核となる組織構造は、ハブ＆スポーク型に近い。ハブの内部では調整の役割を担う中心的なグループが、多くの場合共通の貸借対照表による財務会計処理や共通のコーポレート部門などの必要な管理インフラを提供する。経営管理の裁量は、スポーク、すなわちおおむね自律的に業務を行い、それぞれの市場や顧客基盤に注力する個々の事業部門、チーム、機能に任されている。現場の業務構造は非常に柔軟で、状況に合わせて、専門知識を持ち顧客機会に創造力を駆使して素早く適応できるチームが結成される。市場提供価値と同様に、エンタープライジング・レスポンダーの各部門の構造は顧客エンゲージメント重視で、顧客の好みや市場機会の変化に合わせてつくり変えることができる。

●**核となる組織文化**　エンタープライジング・レスポンダーの核となる組織文化は、起業家精神を発揮した業務の遂行（顧客とのやりとりなど）と制約のない自由さが特徴だ。重視されるのは、高度な創造性を支える集中力、自律性の土台となる自分の力で進む意志である。核となる人材は、最大限制約を受けずに次の機会の発見・追求に注力することができる。また、エラーを受け入れる文化が浸透している。技術革新を実現するまでのプロセスに実験は必須なので、失敗はよく起こることであり、学習機会とみなされているのだ。同じ理由から、必要な技術や専門知識に加え、組織学習や起業家としての考え方の育成も大いに重視されている。核となる人材はリスクをとることが奨励される。彼らの取り組みの焦点を決めるのには、インセンティブが活用される。緩い組織文化のおかげで、一人ひとりの個性が認められ、日々何に取り組むかを各自が自分の裁量で決めることができる。

●核となる業務プロセス　エンタープライジング・レスポンダーの核となる業務プロセスには、ほとんどの場合短期目標が盛り込まれている。目標設定は大まかで、測定が容易な財務的アウトプット（専門サービス会社なら課金対象時間、新製品開発なら単位当たりの利益など）が対象になる。個人のイニシアティブと独立性をサポートするため、エンタープライジング・レスポンダーはインセンティブ主導型だ。個人と少人数のチームが市場機会開拓の先頭に立ち、革新的な（多くの場合高級な）製品・サービスを生み出す。成果重視ではあるが、ワークフローは臨機応変に決定される。最大の成果を上げるにはどうすればいいかの判断は、多分に個人の裁量に任されている。決められた目標、インセンティブ、適応力の組み合わせが、顧客ニーズへの最大限俊敏な対応を可能にする。

エンタープライジング・レスポンダーのアプローチを採用した企業の一例が、ソフトウェア開発会社のバルブ（Valve）だ。かつてマイクロソフトに勤務していたソフトウェア開発者によって設立されたバルブ社はビデオゲーム市場のリーダーに成長し、「ハーフライフ」や「カウンターストライク」といったゲーム界を代表するヒット作を世に送り出した。最近では、ソフトウェア・プラットフォームの「スチーム」が、同社を含む開発業者向けの世界最大のゲーム用デジタル配信プラットフォームになった。従業員1人当たりで測定すると、バルブ社は世界で最も収益性の高い企業だ（ゲームは世界でも成長の速いセクターである。今やゲームは、膨大な予算をつぎ込んで製作されるハリウッド映画よりも多額の利益を生み出すのが当たり前なのだ）。

バルブ社は顧客要件を満たし、それ以上の結果を出すためにはどうすればいいかの意思決定をほぼ完全に社員に任せている。つまり、社員に「マネージャーではなく自分が最も有望だと思うプロジェクトや機会を創出、または自ら選択」させるのだ（参178）。そして、同社には「3人ルール」として知られるシンプルな業務慣行がある。これは、社内の誰でもプロジェクトを発案していいが、その人はプロジェクトに関わる社員を少なくともあと2名集める必要がある、という決まりだ（同上）。

このルールはいろいろな意味で有益に機能する。まず、発案者は時間やリソースを投資する前にプロジェクトの潜在的な価値と新しいアイデアのテーマを同僚に説明し、精査・吟味してもらわなければならない。それに、1人より3人（またはそれ以上）のほうが力強い。3人ルールにより、たとえ小さな規模であっても、新しいプロジェクトや製品を立ち上げるのに、社内全体の人材の英知を確実に活用することができる〔同上〕。

ポートフォリオ・インテグレーターの組織アーキテクチャー

ポートフォリオ・インテグレーターは、製品・サービスの選択肢を増やす、製品・サービスをこれまでにない組み合わせで提供する、市場へのワンストップサービス・チャネルを介して顧客によるポートフォリオへのアクセスを容易にする、といったいずれかの方法で、さまざまな製品・サービスを市場に提供し、差別化を図る。彼らは、異なる事業部門、機能、地域間の**水平連携**とシナジーの潜在能力を活用して成功を実現する。ポートフォリオ・インテグレーターに競争力をもたらすのは、次のような特徴を持つ組織アーキテクチャーだ。

●核となる人材 ポートフォリオ・インテグレーターの核となる人材は、企業の異なる事業部門、それ以外の部門・機能・チーム間の水平連携の形成・維持を主導し、個の総和以上に大きな価値を実現する。彼らには、通常であれば構造的に連携が不可能と思われる、硬直した組織構造を持つ個々の部門（事業部門など）で活動する個人やグループ間の連携と協調を促進させるという独自の役割がある。その目的は、知識の共有、新しいベンチャー・ビジネスの共創、リソースの共同利用などである。こうした「バウンダリー・スパニング（境界を越えて組織をつなぐ）」な行動は、ポートフォリオ・インテグレーターの核となる人材が「T型人材」〔訳注／特定の分野を極め、専門的な知識や経験を蓄積しながら、その他の幅広いジャンルの知見も備えている人材〕だから可能なのだ（参179）。彼らは、企業の事業ポートフォリオの重要分野における深い知識のほか、それ以外の分野においても幅広い知識を有している。私が仕事をともにしているポートフォリオ・インテグレーター企業は、核となる人材を「協調的なリーダー」と呼ぶ。彼らは構造的にバラバラのチームを結びつけ、アイデアを共有し、それまでにない生産的な協調関係を率先して構築するなど、リーダーとして企業に貢献している。

●核となる組織構造　ポートフォリオ・インテグレーターの全体的な組織構造はマトリクス型である。構造の第1層では、さまざまな個人・グループが制約を受けることなく水平的に移動・協調することが可能だ。第2の層はどちらかと言えば形式重視の垂直構造、すなわち組織の既存の事業部門、その他の部門、機能に近い。制約のない水平構造では、個人やグループが相互に関わりながら（つまり「社会的に」）結びついている。結びつきには弱いものもあれば強いものもある。弱い結びつきは、個人やグループ間で、特定の領域に適用されて管理の慣行や成果を向上させる、顧客インテリジェンスのような知識のやりとりを円滑にする。一方、強い結びつきは仕事上の相互の依存関係を強固なものにする。成功を実現させるには、共通の目標を目指してともに尽力しリソース（人材、資金など）を共同利用する必要がある。それにより、核となる人材が複数の境界を効率的につなぎ、縄張り争い、利己主義、構造的慣性〔訳注／価値観や習慣などが定着した組織が変化に直面したとき、安定を維持しようとする力や動きのこと。組織変革の抵抗要因の1つ〕がもたらす構造的な摩擦のリスクを最小限に抑えることが可能になる。

●核となる組織文化　ポートフォリオ・インテグレーターの組織文化は、企業の一部ではなく全体の利害を明らかにするよう核となる人材に働きかける、社内横断型の価値観を重視する。ポートフォリオ・インテグレーターは「ワンファーム」という言葉を使ったり、自らを「ワンファーム企業」と呼んだりするが、これは、一連の価値観が企業とその活動全体に浸透している、という意味である。戦略上価値のある行動には、協調的な取り組みや構造上のサイロを破壊する行動も含まれる。核となる組織文化では、ネットワークへの権限付与や新たな連携の自発的な構築が認められている。ただし、会社全体の文化はやはり内部（企業内）重視であることに変わりはない。協調の障壁と、企業の製品・サービス・ポートフォリオを顧客への訴求力が高い新たな方法で統合する際の取引コストを減らすために、可能な限り同質的な文化でなければならない。

●核となる業務プロセス　ポートフォリオ・インテグレーターの核となる業務プロセスは協

調整型だが、それは取り組みの焦点が、シナジーが持つ潜在能力の活用に置かれているからだ。その核となる業務プロセスは核となる人材に新たな連携を確立し、製品、サービス、チーム、テクノロジーの新たな組み合わせを長期にわたって追求することを可能にする、高い適応力を与える。その反面、日常的な業務を実行する際にはどちらかというと安定した既存のプロセスに従い、その核となる製品・サービスのスケーラビリティをサポートする（つまり、協調的なリーダーシップにより新製品を生み出し、その規模を拡張する）。

中国の通信機器メーカーファーウェイは、ポートフォリオ・インテグレーターの考え方を実行に移したよい例である。ファーウェイは900億ドルを超える売上高を持つ世界最大の通信設備製造企業で、その66％は中国以外の145カ国の事業拠点によって得られている〈参180〉。強固な階層を維持し、それにより経営幹部は製造、製品開発、販売、財務会計といった専門の事業部門や機能の綿密な管理を行っている〈参13〉。多様な組織ケイパビリティ（ノウハウ）同様に、これらの部門は特定の事業機会や課題に応じて素早く再構成することができる。例えば、企業の各部門から人材を集めて迅速にチームを結成し、新たな顧客機会に対応し、新しい技術の潜在能力を活用することが可能だ〈同上〉。

水平連携はファーウェイに3つの主要な観点から戦略上の強みをもたらす。まず、トップ・リーダーの指導のもと、グローバルに展開するファーウェイの機能横断型チームがアイデアから製品開発、製造、最終的な設置、アフターサービスに至る、新製品に関するすべてにおいてイニシアティブを発揮する。この成果ベースのアプローチが顧客にエンドツーエンドの価値を届け、バラバラだった部門を効率的に結びつける。

次に、必要に応じて、調達要件に合わせプロセスのどの段階でも、技術や営業に強い人材を新たに採用するか、ほかの部門から異動させることができる。人材の再構成は、ファーウェイの機能や事業部門のポートフォリオ全体に価値ある連携を構築するためのカギである。これは、選択肢の多さと統合を求める顧客のニーズを満たし、グローバルな顧客や市場〔国家的な5Gネットワークの導入など、大規模なインフラ設備投資プロジェクトを含む〕にサービスを提供し、製品・サービスの技術革新の可能性を明らかにするうえで重要だ〔同上〕。

第3に、実践面でとくに有効なのは、すでに効果が実証されている「ハドル&アクト」〔訳注／問題が発生したとき、ただちにミーティングを実行して問題を特定し、迅速にソリューションを決定して実行に移すこと。「ハドル」は「集まり」を意味する〕による問題解決法だ〔同上〕。顧客から突きつけられた難題や新たな技術要件などの問題に直面すると、プロジェクトチームは社内のあらゆる人に協力を求め、ファーウェイの人材が持つ「集合知」や全体のインテリジェンスをうまく活用することができる。問題を首尾よく解決したら、「ハドル」は解散し、メンバーはそれぞれの通常業務に戻る。

堅固な垂直型の階層構造ではあるが、水平方向にはあらゆるレベルで柔軟に、分野横断的に人材を集め、新しく発生した機会や課題に注力させることが可能だ。人材を柔軟に構成・再構成するこのような能力が、創設者でCEOの任正非《レン・ジェンフェイ》がたった5000ドルの初期投資で興してからわずか数十年で、ファーウェイを世界の市場をリードする地位へと押し上げたのだ〈参181〉。

ネットワーク・エクスプロイターの組織アーキテクチャー

ネットワーク・エクスプロイターは、製品・サービスを新しく組み合わせて高度な市場のカスタマイゼーションと顧客のパーソナライゼーションを可能にし、顧客に製品・サービスの豊富な選択肢を提供することで差別化を図る。企業内のリソースだけではコストがかかりすぎて最適なサービスが実現できない場合、外部ネットワークの多様な能力を活用し、ビジネス化できるような、ネットワークの活用に優れている必要がある。ネットワーク・エクスプロイターに競争力を与えるのは、次のような組織アーキテクチャーだ。

●核となる人材　ネットワーク・エクスプロイターの核となる人材は、ポートフォリオ・インテグレーターとエンタープライジング・レスポンダーの最良の特徴を併せ持っている。組織全体で見ると、ネットワーク・エクスプロイターは極めて協調的（連携性に優れている）

であり、それと同じくらい進取的（俊敏性に優れている）だ。核となる人材は、外部パートナーのネットワークとしての企業を設計・管理する責任を負う役割に就いている。彼らは社内、そしてより可能性の大きい社外のネットワークを構成する組織の関係を仲介する役目を担い、ネットワーク全体を動かして、顧客に他社にはない製品・サービスを提供する。そのために、ネットワーク・エクスプロイターの核となる人材は、高いレベルの創造力とイニシアティブを発揮できなければならない。さらに、自らの判断に従って、機会の獲得を目指し、脅威を避けて進むよう企業を舵取りする責任もある。そして彼らはたいてい多分野にわたる知識を持っている。というのも、とくにパートナー・ネットワーク内での「企業間連携による経済」の活用や、その多様なケイパビリティをどうやって新しい顧客機会とアラインするかに関して、広く浅く知っていなければならないからだ。彼らは幅広い知識とエコシステム・レベルで考える能力に加え、適応力も高くなければならない。状況に応じて、対応のスピードを切り替え、ネットワークがもたらすある機会からまた別の機会へと焦点を移し、そのたびに配置転換する必要がある。

●核となる組織構造　ネットワーク・エクスプロイターの核となる組織構造は、共通のパーパスのもとに団結したネットワーク、またはつながりの深いコミュニティに近い。それを構成するのは、権限を持つ中心的な企業と、技術革新や製品・サービスの提供を協力して行う社内外（外部のほうが多い）の多様なパートナーだ。ネットワーク・エクスプロイターの組織構造はとても柔軟で、業務委託や事業取引のみならず、新しい市場機会の獲得を目的にネットワークを半ば継続的に再構成することができる。言ってみればネットワーク・エクスプロイターは「変身妖怪《シェイプシフター》」だ。市場環境や業績の変動を受けてパートナー企業が加わったり、抜けたりするのに応じて、ネットワークの形態と構成が絶えず変化する。ネットワーク・エクスプロイターの境界設定は緩やかである。それは、高度な水平連携（関係と協調）を持つ拡張型のシステム（ネットワークを構成し相互に依存する数千の組織が持つ可能性を想像してみよう）だ。その傾向がとくに強いのが、権限を持つ中心的な企業の内部と、知識交換、共通の利益と価値観の確立、統合された顧客提供価値の共同創出をサポートするネットワーク・パートナー同士の関係である。さまざまな分野のネットワーク・パートナーの存在によって、ネットワーク・エクスプロイターの核となる人材は、迅速かつ大規模な活用が可能な、ネットワーク全体の多様なケイパビリティを生かすことができる。

●核となる組織文化

企業が繁栄するために、ネットワーク・エクスプロイターの核となる人材は外部環境に常に目を配り、市場の機会と脅威、そしてネットワークに戦略上有利に働く新たなケイパビリティをもたらす可能性のある新しいパートナーを見つけなければならない。そのため、核となる組織文化は人々に外に目を向けるよう働きかける。核となる人材は顧客と外部パートナーのニーズや好みを把握し、両者を効率的、効果的に仲介し、高度に差別化された製品・サービスを生み出す必要がある。企業の核となる人材同士の極めて強固な信頼関係と、彼らとパートナー企業の従業員との関係を基盤に、権限の委譲が十分に行われている。単なる取引や業務委託にとどまらず、価値ある社会資本の確立と、機会の共有を促すネットワークを構成する多様な組織を結びつける強い絆の構築が重んじられている。あらゆる努力の焦点は、ネットワーク全体を豊かにすることに向けられている。

●核となる業務プロセス 文化や構造と同じで、ネットワーク・エクスプロイターの核となる業務プロセスは、核となる人材の高い適応力、連携性、そして実験的な側面を持つ業務をサポートする。業務の成果はアウトプットよりも準備段階のインプットによって評価される——焦点は、パートナー全体で共有するプールから投機的事業に向けられるリソースに当てられる。目標はたいてい、ネットワークから生まれる機会〔新製品のアイデアなど〕や、選択肢の充実やパーソナライゼーションを求める顧客のニーズなどの外部のプレッシャーを軸に、おおむね緩く設定されている。計画期間は長いが、それは主として新しいまたは効果のほどが定かでないビジネスモデルの場合、パートナーシップ事業〔またはイノベーション〕から十分な投資利益が得られるまでに何年もかかるからである。その例が、ロールス・ロイスの「飛行時間連動型」のビジネスモデル〔訳注／第4章を参照〕とアマゾンのプラットフォーム〔訳注／第5章を参照〕である。

第1章で検討したアーム社の事例を、もう少し掘り下げてみよう。アームは目的を持って、「一時しのぎのチップ設計コンサルティング企業」になることはやめようと決めた〈参13〉。アームの創設時のビジョンは、「2000年までにアームの設計を1億枚のチップに組み込むという目標のもと、縮小命令セットコンピューター（RISC）チップのグローバル・スタンダードになる」だった〈同上〉。今日、アームのRISC設計は世界中のチップ設計の業界スタンダードである。

この成功は偶然や幸運によって得られたわけではない。アームの組織は、構造に関する3つの重要なポイントを考慮に入れて設計されている。イノベーションの観点からおそらく最も重要なのがプロジェクト組織だ。アームでは新しいテクノロジー、問題、市場機会に合わせて迅速に、効率的に戦略プロジェクトが形成され、アームの人材が持つ価値（スキル、知識、経験）があまねく利用される。第2に、アームは5つの事業部門で構成されており、部門横断型のプロジェクトによってイノベーションが実行に移される。第3に、アームの上層部にはさまざまな委員会があり、各部門の活動とワークフローは会社全体と調和がとれているかを監視し、それらがグループ全体の戦略上の優先事項とアラインするよう努めている〈同上〉。

プロジェクトは組織の境界を越えて価値を生み出し、上層部のリーダーは戦略上重要な「水平連携」に対する障壁を最小限に抑えることでそれをサポートする。彼らは、組織の内部に**加えて**3000以上のビジネス・パートナーで構成される、外部のエコシステムから得られるケイパビリティと知識を統合し、プロジェクトを推し進め、複雑な問題を解決に導き、顧客へのサービス提供を確実にする役割を果たす〈参182〉。その「核となる人材」は社内外の複数の組織の境界を越え、有益な知識とケイパビリティをアームのエコシステム全体で活用するための橋渡し役を務める。T型人材である彼らは1つの分野に関して深い知識を持ち、さらにそれ以外の幅広い分野についても理解しており、価値ある連携の確立と発展に貢献する。

イノベーション・ケイパビリティを高めるには、強い連携が必要だ。パートナーとの関係を管理し、有意義な知識交流を行うため、アームは「パートナー・マネージャー」を提携企業に送り込み、顧客、ひいては顧客の顧客にも常に人材を配置している〈同上〉。第1章でアームをニューラル・ネットワーク――細胞（つまり、ネットワーク・ノードとしての役割を果たす、専門知識を有するネットワークの構成要素）とシナプス（つながり）からなる脳になぞらえた。そのような関係はアームの社内、外部パートナー、顧客、顧客の顧客などに広がり、直近の10年間、世界で最もイノベーティブな企業としてのアームの地位を支えてきた、欠くことのできないものである〈参183〉。

しかし、現在はそれが功を奏しているかもしれないが、一部の業界分析では、核となるモバイル・コンピューティング市場はすでに成熟しているため、アームには今後「身動きがとれなくなる」リスクがあるという結果が出ている〈参184〉。車載コンピューティングと高性能サーバーの新市場には大きな成長を遂げる潜在能力があるが、参入障壁は非常に高い。2020年9月にアームの親会社のソフトバンクグループからアームを買収することで合意した（第1章を参照）競合のチップメーカーのエヌビディアが依頼した報告書によると、アームは中核事業への投資を削減しコストを下げることで、これらの新しい市場に方向転換し、必要な研究開発の資金を調達することが提言されている〈参184〉。成功には周期がある、ということか。

アームがこれからも成功しつづけたければ、第2章で検討したシェルやフォックスコン同様に（事業戦略の一部として）核となる市場、組織ケイパビリティ、文化、構造、プロセス、および人材（つまり組織アーキテクチャー）をリアラインする必要があるだろう。前述したように、戦略的リアラインは企業リーダーにとってはかなり大きな挑戦だ。と同時に、今日の移り変わりの激しい混乱した事業環境において、それは先を見通した勇気あるリーダーにとっての機会でもあるのだ。

6-5 組織アーキテクチャーのリアライン、リーダーシップの機会

理論はこのくらいにしよう。では、実際問題として、どうすれば戦略的アラインの視点を企業の核となる構成要素の（再）設計に採り入れることができるだろうか？ 前に説明したように、全体の戦略的アラインを考えるとき、組織アーキテクチャーの段階で最も重要な問いは、選択した市場における競争力を与える核となる組織文化、構造、プロセス、人材の理想的な形とは何か、である。そしてこの質問には続きがある──現時点で私たちはどれくらいの競争力を持っているだろうか？

具体的に言うと、スキル、フォーカス、行動の点で、組織に求められる核となる人材がそろっているかを、どうすれば判断できるだろうか？ 企業の核となる組織文化が、競合との差別化を図る手段をサポートする正しい行動を促しているか、どうすればわかるだろう？ 核となる組織構造が、人材が極めて効率的に、場合によっては逆に効率を度外視して協調しまとまることを可能にできるか、どうすればわかるだろうか？

同じように、環境の変化に直面した、あるいは現在の状況に混乱が起こったときに、今後、例えば5～10年間パーパスに完璧に合った企業でありつづけるため、組織アーキテクチャー

をどのようにリアラインするべきか？　業績の改善、混乱の克服、いずれの場合においても、企業の組織アーキテクチャーのリアラインは事業成果と競争優位を維持するのに不可欠だ。

効率的な実行、顧客対応への俊敏性、水平連携、ネットワーク活用に対する組織ケイパビリティの要件に照らして、あなたの会社について以下に記す質問の答えを考えてみよう。

1 核となる人材　先のことを考えたとき、選択した戦略的アプローチを首尾よく実行するためには、どのようなスキル、知識、経験、行動がカギとなるか？　繰り返しになるが、ここで注目すべきは社員全員ではなく（場合によってはそうしなければならないかもしれないが）、会社の存在を際立たせ、競合よりも優位に立たせるのに貢献できるグループ、役割、タスクだ。

2 核となる組織構造　今後の会社にとってベストなのは、どんなタイプの組織構造か？　一般的に答えは階層型、ハブ＆スポーク型、マトリクス型、ネットワーク型事業組織のいずれかである。同じ企業でも事業部門ごとに必要な構造が異なる場合がある。複数の異なる構造のもとで事業活動を行う企業は、それだけ舵取りの複雑さが増すだろう。多様な事業活動を可能にするために、企業は全体としてどのような形態をとるべきだろうか？

3 核となる組織文化　今後長期的に成功を成し遂げるために、最も適しているのはどんな組織文化か？　戦略上いちばん望ましいのは、どんな価値観、信念、行動だろうか？　例えば、社員には主にどんなことに注力してもらいたいか？　外部の技術革新、それとも内部の事業運営だろうか? 両方とも必要な場合もあるが、たいていの場合はどちらかを優先しなければならない。

4 核となる業務プロセス 最も重要な仕事をサポートする核となるプロセスは何か? 財務実績を上げるには詳細で明確な目標への高度な注力が必要だろうか? それとも、必要なのは従業員のエンパワーメント、創造力、イノベーション・ケイパビリティをサポートし、可能にする幅広い目標と施策への注力か? 将来の業務プロセスで優先すべきなのは、長期的な価値の創出か、短期的な結果か?

6-1~**6-4**に書かれていることが、質問に答える指針となるだろう。これらの戦略要件をふまえて、さらに以下の点についても検討しよう。

5 核となる構成要素の補完性 会社の未来に目を向けたとき、組織アーキテクチャーの核となる構成要素の相互補完性はどれくらいだろうか? あなたの会社の組織アーキテクチャーには、団結し統合の図られた意味のある上部構造はあるか? 例えば、組織構造(人材がどのように協力・協調するか)は組織文化(人々が何を重視し、どう行動するか)を補完しているか、それともその反対に作用するか? 核となる業務プロセスは求める成果を社員から引き出すことができるか? ミスアラインの状態にあり、社内を不安定にする、あるいは業績の足を引っ張る核となる構成要素はあるか？　調和のとれた組織アーキテクチャーにするためには、何を優先してリアラインに取り組むべきか？

そして最後に、

6 リアラインの要件

あなたの会社の現状は、右記で考察した未来像にどれくらい近いだろうか？　あなたの会社の組織アーキテクチャーを（または構成要素ごとに）リアラインするためのプロセスを、ＳＡＦを用いて示すことはできるか？

ⓐリアラインはどの程度必要か？　第2章2―2で検討した枠組みによると、リアラインの緊急性と重要性はどれくらいか？

ⓑ特別な注意を払うべき、核となる構成要素はあるか？

ⓒ有意義なリアラインの障壁になりそうなものは何か？　会社の核となる1つまたはすべての構成要素をリアラインするための最善の努力を妨げる可能性のあるものは何か？

ⓓ戦略要件に従って実施した組織の文化、構造、プロセスおよび人材のリアラインが失敗すると、どうなるか？

言うまでもないが、あなたの会社の組織設計の機能や形態についてのこれらの根本的な質問に対する答えに、正解も不正解もない。よい答えと悪い答えがあるだけだ。このようなことを考察する最初の目的は、あなたの会社の組織設計について「何をリアラインすべきか」を明らかにすることだ。第2の目的は、戦略要件に従って「何のためにリアラインすべきか」を理解することだ。SAFはこの2つ目の質問の答えを導き出す指針となる。

次のケーススタディ、「ロジスティクス社」（仮名）を通して考えてみよう。

効率向上のためのロジスティクス社のリアライン

「ロジスティクス社」には長年の経験があった。もし特権階級企業なるものがあるとしたら、欧州の超優良企業、ロジスティクス社がまさにそれである。本国では国を代表する企業のステータスを享受していた。消費者と企業の両方にサービスを提供するロジスティクス社は国際的にもその名をとどろかせていたが、それは主に誰もが知る同社の車が世界中を走り回り、思いつくおよそすべての種類の荷物を運んでいるからだ。

その本部を訪れたとき、私にはいろいろと気づいた点があった。オフィスのレイアウトや社員の行動から、その強固な企業文化がはっきりと見てとれたのだ。社内を案内してくれた人は、開口一番私に礼儀作法をアドバイスした。「どうしても、という場合はエレベーターを使ってかまいませんが、階段のほうが望ましいです。創業者がずっとそうしていましたから。ランチは無料ですので、社員と交流してください。座りっぱなしは喫煙と同様に身体に害を及ぼします。できれば立って仕事をしましょう。ほら、デスクは胸の高さに調整できますから。不明な点がありましたら……」などなど。オープンプラン・オフィスは不自然なほど静まり返っている。グレーと青と緑の家具に囲まれた図書館を思わせる雰囲気の中、人々は下を向いたまま脇目もふらず仕事をしていた。海をイメージしているのだろうか。オフィスはまるで、威厳のある巨大な船のようだ。

華々しい過去からは想像もつかないほど、ロジスティクス社は苦境にあった。業績は業界平均を下回っていた。社内を見る限り、会社の衰退ぶりをはっきりと感じ取ることはできなかったが、業界のアナリストたちはそれを確信していた。一言で言うと、ロジスティクス社は効率性に問題があった。価格は高すぎるし、それ以外のほぼすべての点においてもライバル企業に歯が立たない状況だった。しかも、新興経済圏企業との競合、なかでも中国企業の価格設定に太刀打ちするのにかなり苦戦していた。競合企業はロジスティクス社と同レベルのグローバルなリーチ、物流キャパシティ、サービスの信頼性をはるかに低いコストで提供できる。ロジスティクス社は、確かに当初は成果が楽に手に入ったため、値引きして消費者に還元できていた。すぐに思いつく解決方法の1つが、車両の速度を制限し、高額な燃料消費を抑えることである。だが、簡単な方法は、ライバル企業にもあっさり模倣される。

ロジスティクス社が戦略上喫緊に優先しなければならないのは、規模の経済に価値を見いだし、世界中で物流量を増やしつつ、コストを可能な限り抑え、その配送チャネルの潜在能力を最大化することだった。今後中長期的に業績を維持するために、ロジスティクス社は事業戦略、組織ケイパビリティ、そして戦略実行の観点から最も重要な組織アーキテクチャーの**構想主導型**リアラインを遂行する必要があった。それが成功を収めるための戦略的リアラインの要件だった。

俊敏性のための構造

手軽な解決策に頼らないとなると、2つの点で可能な限りムダのない運営管理を目指して会社をリアラインするという、はるかに困難なタスクに取り組まなければならない。その1つは、厳密な業務標準を策定して世界各国で実行し、事業慣行が地域によってバラバラにならないようにすること（つまり企業の標準化）。もう1つは、会社全体の業務遂行の質を向上させ、エラーを減らし、コストを低減し、ムダを最小限にすること。最重要課題は効率性で、業務の一元化と標準化はそれを実現するための手段である。しかし、現実のロジスティクス社の組織構造はそれとは正反対だった。

図6・3はSAFを利用して数年前に実施されたマッピング・エクササイズの結果で、ロジスティクス社の現在と理想の組織アーキテクチャーを表している。この図を見れば、低価

図6・3　効率を向上させるための戦略的リアライン

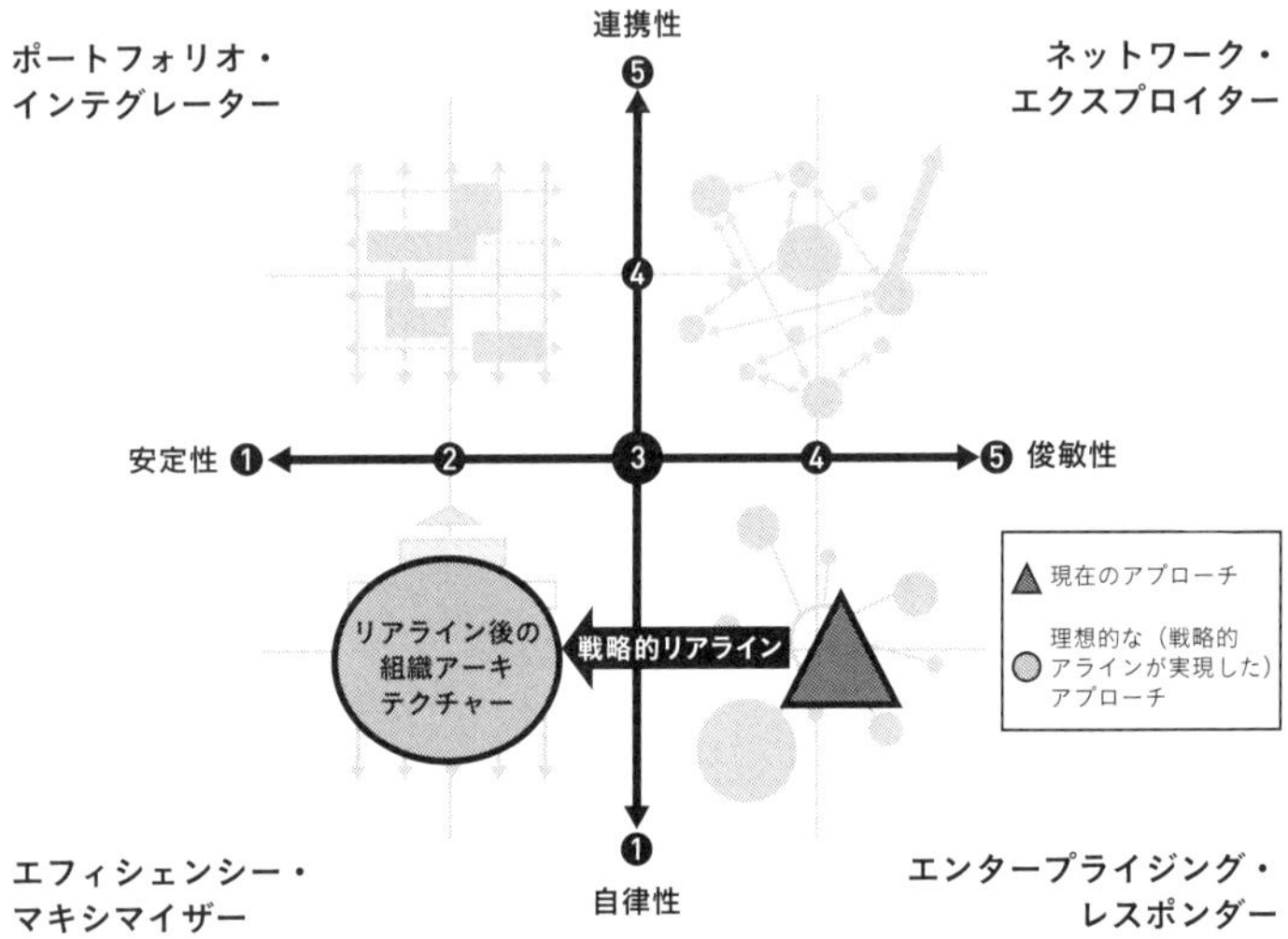

Strategic realignment to improve efficiency. Copyright © Jonathan Trevor, 2019.

格と高い貨物輸送率を売りにする競合と勝負するのに必要な効率性の確保に、ロジスティクス社が苦労しつづけてきた理由がわかる。また、この図によってリアラインのプロセス――現状から戦略的アラインが達成された「理想的」状態への変化――と、それに伴いどんな改革が必要になるかを深く知ることができる。

マッピング・データの土台となったのは、全マネージャーの中から選ばれた代表的サンプルの回答である。これらのデータから、ロジスティクス社は高いレベルで地域の俊敏性を認める組織だということが明らかになった。つまり、各地域の事業会社に権限が高度に委譲された、分散型、独立型で俊敏性に優れた組織構造だったわけだ。こうした特徴は、上層部が思い描く、標準化と一貫性を通じて規模の経済の最大化を目指す戦略要件と矛盾していた。

とはいうものの、この会社の既存の組織文化、構造、業務プロセスは長年続いてきたもので、組織の奥深くにまでしっかり根づいていた。低価格を武器にする競合との厳しいグローバル競争をする前に、ロジスティクス社の上層部はその原点について考えた。本部のある国の文化でも、やはり個々の自律性と平等主義の価値観が重視されている。昔から従業員の日々の行動指針となっていたのは、その国の文化と深く関係するこうした共通の価値観だ。決して、規則や厳格で血の通わない手順などではない。

その既存の組織アーキテクチャーには、言うまでもなく強みがあった。同社の組織文化は極めて起業家精神に富んでいた。また、事業における意思決定の権限の多くは分散化され、第一線で業務にあたる人々に委譲されていた。その結果、地域ベースではあったが、わくわくするようなイノベーションが生まれ、それが地域の顧客の高いロイヤルティをもたらしていたのだ。ただし、欠点もある。地域に権限を委譲したことで、同じ事業部門の中でも、さまざまな市場や地域によって業務の質や仕事の方法に著しい違いが生じてしまっていたのである。

標準的なプロセスはほとんどなく、業務部門はそれぞれに独自の文化を持ち、「外部の影響」が及ぶとなれば、彼らはたとえ本部が相手でもものすごい勢いで自分たちの文化を守ろうとする。そんな運営モデルをスケールアップするのは至難の業だ。そのうえ、世界中の顧客が、同じロジスティクス社と取引する場合でも、市場が異なればまるでその都度別の会社と仕事をしているような気になる、と不満を述べた。

ロジスティクス社は自律性の高い組織で構成されるコングロマリットで、理想とされているような精密に較正された機械ではなかった。そうなるべきだと提案したところで、組織の文化はそれを受けつけない。にもかかわらず、コスト意識の高い市場で顧客を獲得しライバルを倒すには、規模の経済の可能性を最大化する必要があった。ロジスティクス社は文字どおりの意味でも(比喩的な意味でも)大企業だが、実際には複数の小規模企業の集合体として運営されていた。だが、そうしたやり方は、長く続けられるものではなかった。

効率向上のためのリアライン

明らかな(だが容易ではない)解決策は、核となる事業に注力し、それを可能な限り一貫して効率よく行うことである。さらに分析の結果、ロジスティクス社は明確な権限階層の確立に投資するべきだと判明した。リアラインのためにはほかにも、管理を強化し、地域の権限を厳密に制限し、高い業績を重視する文化を育て、外的なインセンティブやペナルティを通じてその文化を強化し、標準化された目標と成果基準を設定し、地域スタッフの行動や成果を綿密に監視し、ワークフローをルーティン化し、具体的で測定可能な息の長い目標を課す必要があった。

会社が新たに目指すべきは、階層、管理、ルーティン、規則、高度な分業の確立だった。コーポレート部門がこれらの原則を落とし込んだ業務計画を作成した。計画を実行に移すに当たって大きな障壁となるのは、言うまでもなく、地域のマネージャーや現地スタッフの抵抗だろう。地域のマネージャーの会社に対する忠誠心はすさまじく、この会社で働くこと、そしてそこから得られるステータスに誇りを持っていた。他方では、彼らは少なくとも自分のテリトリーでは、「ボス」として意のままに采配を振るのが当たり前だと思っていた。企業の事業部門を規則に従わせるのは生やさしいことではないだろうが、何としてでもやり遂げねばならない。リアラインによって効率を高めない限り、ロジスティクス社はサービスのコスト、信頼性、一貫性で競合企業に負け、この先ますます競争力を失っていくと思われた。

現在まで時間を早送りしてみると、**図6・3**を見ればわかるように、ロジスティクス社はここ数年劇的なリアラインを実施している。その狙いは、各地の事業会社に「本業に専念」[注23]させ、エフィシェンシー・マキシマイザーとしての戦略の効率的な実行に注力させることだった。選択した市場で競争するため、ロジスティクス社が思い描いたのはよりムダのない、的を絞った、先見の明がある組織だ。組織アーキテクチャーにおいて戦略上何を優先すべきかを決めるには、顧客ニーズと競合企業のケイパビリティに明確な焦点を当てなければならなかった。何より重要なのは、その結果、ロジスティクス社の効率が上がったことだ。

手短に言うと、戦略的アラインが実現した組織アーキテクチャーは企業内バリューチェーンの極めて重要な要素なのだ。企業リーダーの次の挑戦は、価値を生み出すためには核となる組織の構成要素をどう管理するのがベストなのかを考えることである。とりわけ、公表した野心的な業績目標に対して、企業業績を最大限伸ばすのは、どんな経営管理システムだろうか？　次の章のテーマである経営管理システムは、企業内バリューチェーンの5番目の、そして最後の構成要素である。

［注23］「本業に専念する」は、1982年にトム・ピーターズとロバート・ウォータマンの著書『エクセレント・カンパニー』によって、ビジネスやマネジメントの分野で一般的になった表現。知っていることをやりつづけ、トップになるという意味。

第7章 経営管理システム

Management Systems

7―1 戦略的でもなければ統合されてもいない

「グループ・コーポレーション」（仮名）は、精密工学から小売に至るあらゆるセクターで市場リーダーとしての地位を確立していた。20世紀初頭、創業者が自分の車の後部座席でスタートさせた同社は、今日では120を超える国で約10万人を雇用し、年間1000億ドルを超える売り上げを上げるまでになった。同社は1つのブランドのもとに数十の事業会社が存在する、典型的なコングロマリットだった。

事業会社の多くはそれぞれが本部、事業部、チームを持つ独立した大企業だった。それら事業会社のトップにあるのが「グループ本社」である。グループ本社にはCEOがいて、取締役会があり、この会社の中枢である経営管理サポート部門が置かれていた。経営管理サポート部門はグループ・コーポレーション全体の貸借対照表と資金を管理する強力な財務会計部門のほか、調達、マーケティング、戦略、情報システム、人事部門などである。グループ本社自体、数千人の社員を抱える大きな組織である。

その構造は、理論上では筋が通っているように思えた。だが実際のところ、あまりに複雑すぎて、社内外を問わずその仕組みを理解していると言える人はほとんどいなかった。企業ブランド以外に、事業会社に共通点はない。各社が独自の文化を持ちそれぞれの方法で事業を展開していた。このような統合の欠如は深刻な結果をもたらした。グループ・コーポレーションはコングロマリット・ディスカウントに苦しんでいた——会社全体の価値が部分（「事業会社」）の総和よりも低かったのである。統合を図り、業績を改善するためにリアラインを実行できなければ、会社が衰退するのは目に見えていたが、社内ではそのようなリアラインは想像さえされていなかった。

実際のところ、戦略的リアラインの成功を妨げる要因はいくつかあった。まず、2つの重要な経営管理レベル、すなわちグループ本社の経営管理部門と各事業会社の経営管理部門は、「よそはよそ、うちはうち」という意識が強かった。グループ本社のマネージャーは事業会社のミーティングでの尊大な態度が目立ったが、それは彼らが会社の序列で自分たちのほうが上だと思っていたからだ。これに対して事業会社の経営管理部門はグループ本社のマネージャーと経営管理部門を、それぞれ「現場を知らないお偉いさん」、「コストセンター」〔訳注／業務にかかったコストだけが集計される部門。できるだけコストを抑えて業務を遂行する責任を負う〕と評した。「あっち〔グループ本社〕は全然現場をわかっていない」が、事業会社のマネージャーの口癖だった。両者の優先事項、前提、仕事のやり方が相反することが有害なミスアラインを生じさせ、変革と業績改善の障壁になっていたのだ。

戦略的リアラインを妨げる第2の要因は、グループ全体の統合を進めて業績を向上させることを目的に、グループ・コーポレーションの取締役会が意思決定を一元化させたことだ。

それ以前は、数値目標を達成している限りすべての判断は事業会社に任されていた。それが今では、画一的な経営管理方針が本社から次々と指示されるようになった。一元化と標準化がとりわけ顕著だったのが人事部門だ。「グループ本社人事部」は、マネジメント・インセンティブ・プログラム（ＭＩＰ）はじめ会社のピープルマネジメントシステムの設計と管理のすべての責任を負っていた。新たに導入された、すこぶる評判の悪いＭＩＰは、もともとグループ・コーポレーションの銀行業務で利用されていたもので、その後すべての事業会社に拡大展開された。事前に設定された測定可能なチャレンジ目標に照らして個々の従業員の実績を評価し、それに応じた報酬を払うことで高い業績を追求する文化の構築を促すのが目的だった。

ところが、多くの事業会社はＭＩＰがパーパスに合っていないと不満を感じていた。彼らの考えでは、業績を引き上げるにはチームの協力と長期的なイノベーションが不可欠なのだ。にもかかわらず、ＭＩＰは短期主義〔訳注／企業などが短期的利益を追求し、長期的な成長や価値向上を軽視した行動をとること〕を推し進め、ボーナスプール〔訳注／会社のボーナス総額から個々の従業員に配分される額〕からのより大きな分け前を求めて社員同士を競わせ、協力体制に水を差していると彼らは訴えていた。それ以外にも、画一的なピープルマネジメントシステムが会社の多様な従業員に適していないことも明らかになった。その意図に反して、グループ本社人事部の方針は分裂をいっそう悪化させ、評価の高い社員の離職率の上昇を招き、ムダな労力を増やし、気力を奪う対立をもたらす結果となった。しかもそれは人事部だけの問題ではない。ほかのほとんどすべての本社部門からの介入もミスアラインに終わり、同じことが起きていたのだ。

第3の要因は、グループ本社の管理部門の各所にもミスアラインが生じ、それが会社のあらゆるレベルで価値を破壊する機能不全を引き起こす可能性があったことだ。一例を挙げると、同じ本部オフィス（もちろんフロアは異なるが）にいながら、本社の人事部門とIT部門が協力して何かを検討したり意思決定したりすることは滅多になかった。それが誰の目にも明らかになったのが、ハイブリッド・ワーキング・モデルの導入失敗——事業会社のマネジメントはこれに大いに不満を持っていた——である。新型コロナウイルス感染症のパンデミックが起きる以前から、グループ・コーポレーションはハイブリッド・ワーキングの導入を全社で積極的に進めようとしていた。グループ本社人事部が方針を作成し、世界中の社員が各自のライフスタイルに合わせ、就業時間、在宅勤務か出社するかを柔軟に選択できるようにした。それは、従業員エンゲージメントを高め、優秀な人材に選ばれる雇用主としてグループ・コーポレーションを傑出した企業にするための、思い切った判断だった。

しかし、こうした新たな勤務形態を実行に移すには、ITシステムとサポートの大規模なリアラインが必要になる。まずは最も基本的なこととして、デスクトップ・コンピューターを廃止して社員にノートパソコンを支給しなければならないが、世界中に10万人近くの社員を抱える企業にとって、それは一筋縄ではいかなかった。巨額の設備投資がかかり、事業会社は好むと好まざるとにかかわらず資金面の影響をまともに受けることになったのだ。それに、リモートワークを浸透させるには、ただ単にハードウェアを提供するだけでなく、社員がどこにいても常に安全に仕事ができるようにするため、「ゼロトラスト」〔訳注／「何も信頼しない」を前提に、情報資産を守り脅威を防ぐ対策を講じる新しいセキュリティの考え方〕ポリシーを含む新たなセキュリティ・プロトコルの導入が求められた。だが、グループ本社人事部がセキュリティ・インフラをきちんと確立するのに必要なリードタイムを考慮に入れなかったために、同じ本社のＩＴ部門に不満を生じさせる結果になっていた。さらに、リモートワークはＳｌａｃｋやＺｏｏｍ、Ｔｅａｍｓなどのコラボレーション・プラットフォームに頼るところが大きい。問題は、各事業会社がもともと別々のシステムを使っていたことだ。現在稼動している数十もの異なるシステムを１つのプロバイダー、１つのプロトコルに一本化するのは、とてつもなく困難なタスクだった。

こうしたさまざまな理由によって、ＩＴ部門の準備は間に合わず、鳴り物入りで発表されたグループ・コーポレーションのハイブリッド・ワーキング・ポリシーの導入は失敗に終わった。オフィスを基本とした勤務形態がそのまま続くことになったわけだ。人事部とＩＴ部門の連携不足により、結局両部門とも会社のニーズにうまく対応できなかった。事業会社の最前線で働く人事担当マネージャーからは、同じ組織でありながら実施していることがちぐはぐだと指摘された。一体なぜそんなことになったのだろう？

興味深いことに、2020年の世界的なパンデミックが始まるやいなや、ハイブリッド・ワーキングの導入にいち早く取り組んだ（ファーストムーバーになろうとした）にもかかわらず、グループ・コーポレーションは不意を突かれ、競合企業やパートナー、さらには顧客企業と比べ、リモートワークへの移行準備がまったくできていなかったように見えた。明らかに、最初の失敗から状況が改善されていなかった。

同社は、これまでと同様に、3つの重大な点において統合が不十分でミスアラインが起きていた。

1 グループ本社と事業会社、2つの肝心なマネジメント・レベルの間のミスアライン
2 各事業会社の多様な戦略要件と、グループ本社各部門の標準化方針の間のミスアライン
3 グループ本社の部門間のミスアラインと、それによりもたらされる経営管理システムの統合の欠如

複雑で多様な多国籍企業であるグループ・コーポレーションにおいて、多くの流動的要素で構成される機能別の経営管理システムは、実際のところ**戦略的でもなければ統合されてもいなかった**。そのために混乱が生じ、同社のリアラインは行き詰まり、コングロマリットとしての価値は下がりつづけていた。いったいいつになれば改善するのだろうか？

7－2 経営管理システム

経営管理システムは企業内バリューチェーンの最後の要素であり、事業戦略を実行に移すためには極めて重要な要素でもある。経営管理システムとは、企業が組織アーキテクチャーの核となる構成要素――核となる人材、組織構造、組織文化、業務プロセス――を管理するのに用いる機能的な方針、手順、慣行、および活動を意味する〈参2〉。具体的に言うなら、それは企業のリーダーが自らの会社を戦略的に経営し、選択した市場で競争に勝てるだけの業績を上げるための方法である。

ピープルマネジメントシステム（「人事システム」とも言う）を戦略的に利用するにはどうすればよいか考えてみよう。ピープルマネジメントシステムとは、企業が従業員を募集・選考し、能力開発を行い、登用し、成果管理をし、報酬を払う仕組みである。以下に示すように、正しく設計すれば、ピープルマネジメントシステムは従業員の中に独特の価値観、信念、行動を育み、特有の組織文化を生み出すことができる。

1 募集と選考　戦略上望ましい価値観、信念、行動に近い性質を持つ従業員を選ぶ（雇用、選考委員会、優秀な人材の獲得）。

2 **イグジット**〔訳注／雇用の出口管理のこと〕 期待される基準に達しない従業員を整理する（組織再編、余剰人員の解雇）。

3 **能力開発** 戦略上の優先事項に合わせて従業員教育を実施し、それに基づいて彼らの技術的、行動的コンピテンシーを伸ばす（トレーニング・プログラム、リーダーシップ能力開発、幹部教育、一時的配置換え、OJTトレーニング）。

4 **承継** リーダーとしての潜在能力をうかがわせ、組織文化の醸成につながる価値観の手本になる従業員を抜擢する（垂直的な昇進、水平的な異動）。

5 **成果管理** 必要な基準の確立、従業員の取り組みに関する指針の明確化、望ましい行動の強化を促すような方法で目標を設定し、従業員の成果を評価する（360度評価、功績表彰制度）。

6 **報酬** 望ましい行動をとり、最も重要な目標に向けて努力するよう従業員の労働意欲を高める（短期／長期的なインセンティブ・プログラム、能力給、バトルフィールド・ボーナスと呼ばれる金銭的報酬、ストックオプション）。

理論的には、戦略的アラインがなされている企業の場合、特徴的な組織文化は同じ特徴を持つ戦略上価値のある組織ケイパビリティの構築を促す。そしてその組織ケイパビリティによって、企業は事業戦略を効果的に実行することができる。よって、企業内バリューチェーンのほかのすべての要素と同様に、ピープルマネジメントシステムの戦略的アラインが重要なのだ。経営管理システムによって企業内バリューチェーンのあらゆる先行要素が形をなす。

こうやって見てみると、戦略的リアラインの1つの重要な原則に気がつく。経営管理システムは企業内バリューチェーンの5番目、つまり最後の要素だが、混乱に打ち勝ち業績を向上させるためにリアラインを実行するときは、いの一番に注力すべき要素だ。ただし、経営管理システムをどう再設計すべきかは、どのような組織アーキテクチャーの形態が望ましいかによって決まり、その組織アーキテクチャーはどのような組織ケイパビリティが必要かによって決まる。つまり、企業リーダーが経営管理システムをどのように設計（再設計）すべきかは、先行要素の要件との関連で理解するしかないのだ[注24]。

だが、1つ厄介な問題がある。戦略的リアラインの観点から、そして企業内バリューチェーンを考えてもわかるように、私たちの行うビジョン作成や計画立案は直線的な関係にある。企業内バリューチェーンの各要素の形態はその前の要素をサポートする機能によって決まる。要するに、（第1章、**1**—**3**で触れたように）形態は機能によって決まるのである。よって、企業内バリューチェーンの進む方向は**左から右**なのだ〔訳注／第1章図1・2を参照〕。そうした直線的思考はいかにも西洋的で、限界もあるだろう。とはいえ因果関係に根ざした論理的な考え方でもある。ただし、前述したように戦略的リアラインの取り組みは経営管理システムを皮切りに、**右から左へ**と**実施**していく。

要するに、企業内バリューチェーンは双方向なのである。企業リーダーは「左から右に」、バリューチェーンの要素一つひとつについて理想的な形態のビジョンを確立していく。それに対し、ビジョンを実現させる——理想の企業を現実のものにするときは「右から左に」進めていく。企業リーダーはその点に留意し、どちらの方向も念頭に置いて戦略的リアラインを検討し、計画を立て、行動に移さなければならない。

注意すべきは、ピープルマネジメントに限らず多くの機能領域において経営管理システムの再設計は必要だということだ。企業では通常、業務、財務会計、ITなどの機能領域別に異なる経営管理システムが用いられている。機能別の経営管理システムの実行に伴う企業の支出額はかなりにのぼる。例えば、銀行・証券セクターの企業のIT関連の年間投資額は平均で年間収益の7%を超える〈参185〉。2025年までに、施設管理サービスの世界的な外部委託市場は1兆ドルを上回る規模になるだろう〈参186〉。人件費は業種によって幅があるが、サービス業の場合は年間の総事業コストの70%を超える可能性がある〈参187〉。価値をもたらす投資と捉えるか、リスクとして扱うべきコストと捉えるか、いずれにしても企業の経営管

[注24] 企業を運営するうえで必要になる、例えば法規制の遵守、安全衛生、リスク管理、会計実務など数多くの事柄もこの段階で検討されることになる。ただし、これらは競争優位の確保に影響する要因ではなく、本書でも取り上げていない。対処を間違ったり、失敗したりすれば価値を破壊する恐れはあるが、それ自体が価値を生み出すことはない。

理システムは戦略上の重要事項だ。

企業の経営管理システムの設計には数多くの異なる方法がある。例えばワークプレースの設計には、パーティションで仕切られたオフィスやオープンプラン・オフィス、あるいはコワーキング・スペースなどがある。ブームや流行、あるいは型にはまった「ベストプラクティス」とは違い、ワークプレースやその他の機能の経営管理システムの1つの設計方法が、それ以外のものより優れているということは、理論上ありえない。どれも性質が異なり、戦略上望ましいかどうかはともかく、企業の状況に応じてそれぞれ異なる業務スタイルをサポートしているからである。

リーダーシップには、各機能にとって適切な経営管理システムの形態を選び、それらを統合して1つの「総合的な経営管理システム」を構築するという課題が課せられている。これを実現させるには、企業リーダーは戦略的かつ機能横断的に将来の見通しを立て、意思決定をしなければならない。正しい選択が企業の組織アーキテクチャーの管理を最も円滑にし、望ましいレベルの業績達成につながるだろう。

戦略的アラインがなされた経営管理システム

成功に必要なレベルの業績を上げるのに重要なのは、すべての機能の経営管理システムが

いかにうまく企業の組織アーキテクチャーの管理に役立つかである〈参2〉。企業の経営管理システムの理想的な形態は、どんなタイプの（核となる）組織文化、構造、プロセス、人材が、（選択した事業戦略を実行する）企業のケイパビリティの根幹をなすかによって決まる〈同上〉。

ストリーミング・サービス企業ネットフリックスは、（ピープルマネジメントシステムの一例として）独自の従業員評価方法を考案した企業のよい例である。かつて業界の標準だった年間評価システムに代わり、ネットフリックスはよりインフォーマルな360度評価のプロセスを導入した。このプロセスでは、マネージャーがフィードバックするだけではなく、ほかのスタッフも仕事でできる限り最高の成果を上げるために同僚が何をやめ、始め、やりつづけるべきだと思うかを本人に伝えるよう求められる。現在ネットフリックスでは成果評価は年に1度でなく、継続的に実施されている。協調と相互の説明責任が戦略にもたらす価値を重視し、評価は1人のマネージャーの意見ではなくチーム全員の意見をもとに行われる〈参188〉。

逆に、経営管理システム（またはサブシステム）にプアアラインが生じていると、企業が得られる価値は限定され、破壊される恐れすらある。ネットフリックスとは対照的な例として、今はすでに廃止されているマイクロソフトの従業員評価制度「スタックランキング」（「強制ランキング」、「強制分布法」とも言う）を見ていこう。これは全従業員を個人の成果に応じて順位づけし、ベルカーブ（正規分布曲線）に従う割合で、「トップ・パフォーマー」、「グッド・パフォーマー」、「アベレージ・パフォーマー」、「ビロウ・アベレージ・パフォーマー」、「プア・パフォーマー」のいずれかに振り分けるという手法だ。

マイクロソフトが採用したスタックランキングのシステムに反対する人々は、そのやり方は同社がサービス中心の事業戦略を実行するのに必要な協調的な組織文化に反している、と批判した〈参189〉。元CEOスティーブ・バルマーにより導入されたこの制度の影響で、「マイクロソフトではスター社員がほかのスター社員と仕事をしたがらなくなった。なぜなら、勤務評定で自分がトップランクに分類されるチャンスが減る可能性があるからだ」〈同上〉。加えて、聞くところによるとほかの社員の仕事を妨害したり、同僚から得た重要な情報を秘密にしたり、短期的な成果にばかり注力したりと、社員はいちばん下の「区分」にランクづけされないよう策略を講じ、好ましくない行動がしばしば目につくようになったという〈同上〉。また、営業部門の業績管理の分野では、慎重に設計・管理されたスタックランキング制度は非常に効果的なことが証明されている。しかしながら、競争ではなくスタッフ間の協調が求められるその戦略的アプローチから考えても、マイクロソフトには適していなかった。

戦略的アラインの観点から、守るべき重要な原則は2つある。1つは、どんな状況においても最大の効果が発揮される経営管理システムの形態は存在しないということだ。この原則に基づけば、(例えば) エフィシェンシー・マキシマイザーの組織アーキテクチャー――厳格な就業規則、内部への注力、個人の努力を重視――の管理に適した業務管理システムは、エンタープライジング・レスポンダー、ポートフォリオ・インテグレーター、ネットワーク・エクスプロイターに用いられる業務管理システムとはまったく異なる方法で設計しなければならない。

この原則は不動産・施設、調達、人事に至る経営管理のすべての機能領域に当てはまる。企業のリーダーが機能別経営管理システムを設計するとき、その方法にいちばん大きな影響を与えるのは戦略要件のはずだ。最良の経営管理システムとは、どんな形態であろうと、企業の組織アーキテクチャーの管理を最も効果的にサポートするものだ。

もう1つの原則は、いかに洗練されリソースが十分だろうと、それ単独で成功に必要な業績を達成できる機能別の経営管理システムはない、ということだ。企業が成功するには、連携して機能するすべての経営管理システムの力をフル活用する必要がある。前のセクションで触れたグループ・コーポレーションの例からもわかるように、例えば企業のピープルマネジメントシステムは、それだけで確かな組織のリアラインを成し遂げることも、高い業績を上げることもできない。そうなるためには、ピープルマネジメントシステムは同じように適切に設計されたIT管理、財務管理、業務管理、不動産・施設管理システムによって補完される必要がある。よって、これらの異なる機能別管理システムには補完性がなければならないのだ。

経営管理システムがバラバラで、もっと悪ければ矛盾があるせいで、業績に悪影響が及んでいる企業は多い。たいていの場合、企業の各部門がそれぞれに独自の管理システムを設計

図7・1　統合された経営管理システム

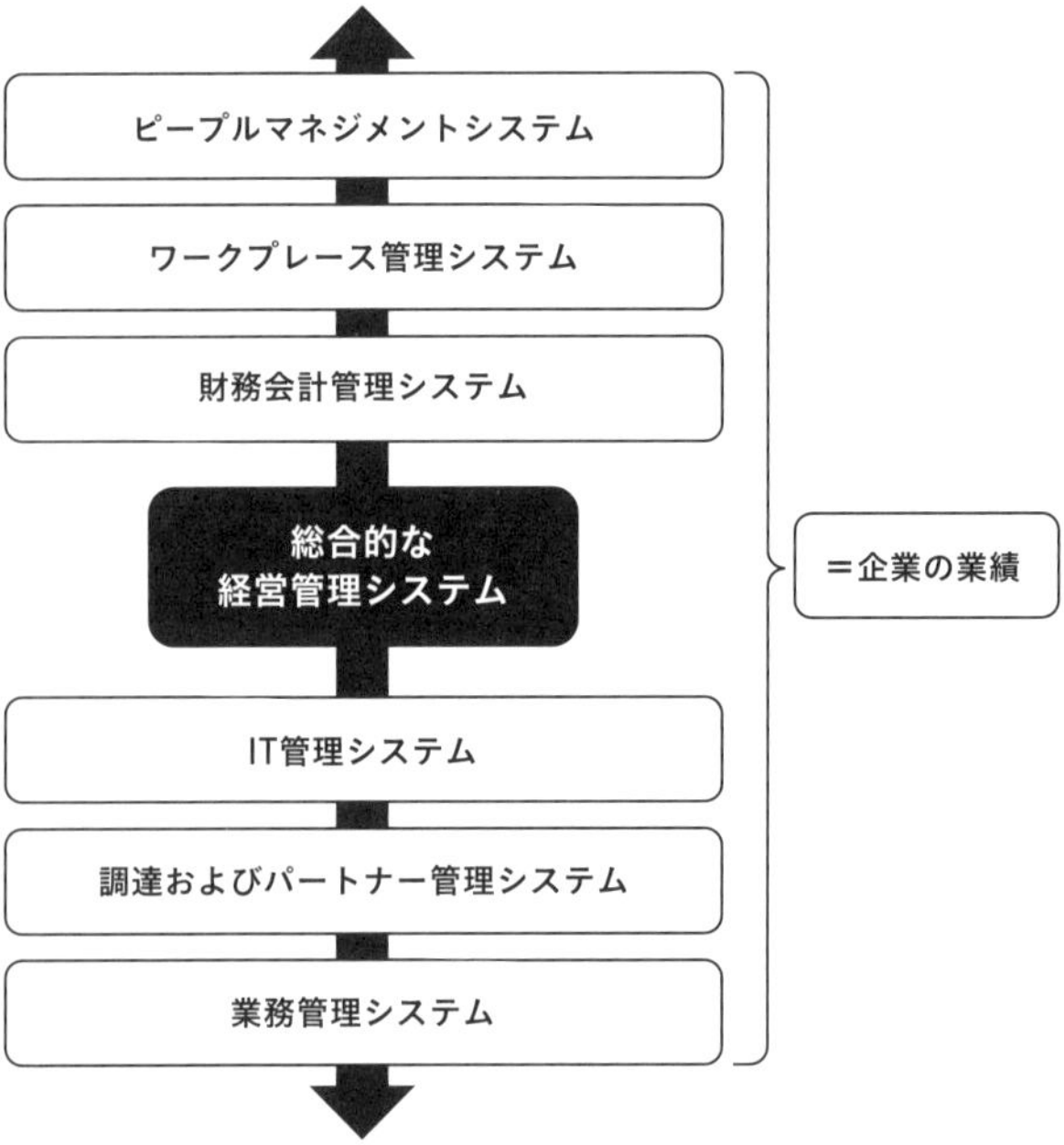

Integrated management systems. Copyright © Jonathan Trevor, 2019.

しているのがその理由だ。そのやり方には大きな犠牲が伴うが、そうせざるをえない事情がある。機能別の経営管理システムは極めて複雑で、効果的に設計・維持するにはしばしば高度な技術的知識が必要になる。たとえ企業の各部門が補完し合って戦略的アラインが図られていても（そうあるべきなのだが）、業務の専門化が進んでいるため、ほかの業務領域の複雑さを理解するのが難しくなっているのだ（**図7・1**を参照）。

7-3 経営管理システムのアライン、リーダーシップの課題

高い業績を上げて競争に打ち勝つために、あなたの会社の経営管理システムはどんな形態をとるのが理想的だろうか？　そう、いい加減うんざりしているとは思うが、答えは**状況によって異なる！**　だ。企業内バリューチェーンの最後の要素におけるリーダーシップの課題はまず、企業の核となる組織の構成要素を活用して最大限の戦略的価値を得るのに、最も役に立つ経営管理システムの形態を選ぶことだ。次に、人材、設備、技術など、すべての経営

管理システムに補完性があり、矛盾なく機能するようにすることである。

これらの課題に対処するため、あなた自身の会社、または戦略上重要なその機能や事業部門について、以下の問いに対する答えを考えてみよう。

●あなたの会社の組織アーキテクチャー、すなわち競争する市場で成功するための核となる組織文化、構造、プロセス、人材を管理するには、どのような経営管理システムが必要か？　起業家精神にあふれた小規模スタートアップでも、会社を成長させるためにはさまざまなタイプの機能別経営管理システムが必要になる。

さらに考えてみよう。

●まず、どのような形態の経営管理システムがパーパスに最も適しているか？　例えば、選択した戦略的アプローチを実行し組織の成果を達成するために必要なのは、どんな形態のＩＴ管理システムか？　現状と理想とされる経営管理システムを比較したとき、根本的にどんな違いがあるだろうか？
●次に、機能別経営管理システムはそれぞれいかにうまくサポートし合っているか？　それらはどの程度統合されているか？　一つひとつの経営管理システムは、統合され戦略的アラインがなされた、企業の戦略要件の変化に合わせ柔軟に形態を変えるポートフォリオの一部でなければならない。それらを効果的にアラインするために、今後どのような策を講じることができるか？

戦略的リアラインの観点からすると、これらの問いに答えることで、混乱を乗り越え企業の業績を改善させるために経営管理システムを再設計する準備が整う。

7-4 3つの経営管理システムの再設計にまつわる物語

このセクションでは、再びSAFを利用し、3つの機能、すなわちワークプレース、人事管理、ITにおける経営管理システムの再設計のケーススタディを紹介する。1つの企業（「チョック社」）内で、タイプの異なる2つの事業部門を管理し、市場における成功を目指してまったく性質の異なる2つのアプローチを採り入れるにはどうすればよいかを見ていこう。

「チョック社」（仮名）はアメリカに本社を置く有名な製菓会社だ。20カ国以上に大規模な製造・販売事業会社があり、世界中のさらに多くの市場に製品を供給していた。市場リーダーとしての過去の成功は、**エフィシェンシー・マキシマイザー**の事業戦略を効率的に実行し、各市場で規模の経済の可能性を最大化するケイパビリティを基盤としていた。主力であるグローバル・ブランドのさまざまな種類のチョコレートやキャンディ製品は、かつてはごくたまに口にする贅沢品として個別に販売されていた。今ではそれらの製品の多くはマルチパックで売られている。そのうえ、大規模小売業者がそのとてつもない購買力にものを言わせて供給業者からの仕入れ値を低く抑え、「1袋購入すればもう1袋無料でついてくる」といった形で大幅に値引き販売することも珍しくない（しかも低価格を売りにしたプライベート・ブランド製品まで販売している）。

チョック社内では、世の中の動きに遅れることなく、これまでになく厳しい世間の目や規制強化に対応しなければならないと考えられていた。中核市場のコモディティ化に加え、健康・栄養志向の高まりによって消費者の購買行動は著しく変化していた。そこで、かなりのリソースが投入され、ライフスタイルと健康を重視したまったく新しい製品・サービスを取り扱う、高い潜在能力を秘めた新しい事業部門が設立された。イノベーションに必要な専門知識を社内だけで構築するのはコスト面で無理があるため、新規事業の運営にはパートナー・ネットワークの密接な関与が必要になるだろう。チョック社の既存の菓子類製造・販売事業はエフィシェンシー・マキシマイザーの戦略的アプローチに従っていたが、新規事業はそれとは大きく異なるネットワーク・エクスプロイターの戦略的アプローチに基づいていた。

市場で成功を成し遂げるには、チョック社は**エフィシェンシー・マキシマイザー**の戦略的アプローチを採り入れた既存事業の効率を大幅に高める必要があった。高い業務効率を実現させる要因はいくつか考えられる。第1に、最高のスキルで業務をこなす核となる人材のルーティン・ワーク。第2に、決められたタスクへの注力と、核となる階層型の組織構造内部の業績に関する責任の所在の透明化。第3に、個人の努力、安定した業務、エラー回避行動を最大限強化するよう促す形式と細かい規則を重視する核となる組織文化である。そして第4の要因は、従業員が事前に設定された詳細な短期目標と連携した緻密なワークフローに従って（プロセスの自動化によって強化された）業務に取り組むための、核となる業務プロセスだ。

一方、**ネットワーク・エクスプロイター**の戦略的アプローチを採用した新規事業の場合、ビジネスモデルのイノベーションを進めて市場に製品を届けるには、**ネットワーク活用**に優れていなければならない。チョック社に成功の可能性を与えたのは、起業家精神に富み、パートナー企業と連携し関係を仲介する能力を持つ核となる人材だった。新規事業に求められたのは、パートナーとの間に豊かな関係が築かれた、俊敏性の高い、権限が高度に委譲されたネットワーク主導型の組織構造である。その形式張らない核となる組織文化が重視するのは、協調、適応力、会社全体に共通の利害だ。核となる業務プロセスが、原則的に事業インプットの質（例えば会社のネットワークの活力と多様性）で評価される長期的な業績を支えた。

どうしても知りたいのは、それぞれに特徴的なこれら2つの組織アーキテクチャーを最も効果的に管理し、チョック社に求められる業績水準を達成できる経営管理システムはどれか、ということだ。おわかりだと思うが、画一的なアプローチに頼ってもうまくいかない。こうした戦略的アラインの課題に取り組むため、同社のリーダーは新しい意思決定アプローチを採用した。チョック社は既存・新規の2つの事業部門のほか、同社の幅広い管理部門の上級幹部を集めて、機能横断型のワーキング・グループをつくった。管理部門には不動産・施設管理（RF&FM）、人事（HR）、ITなどがある。

ワーキング・グループの目的は、異なる2つの事業部門について、将来のワークプレース、人事およびIT管理システムをどう設計するのが理想的かを決めることであった。そのとき最も重視されたのがアラインだった。

チョック社のワークプレース管理システムの再設計

「何のためにリアラインすべきか」を考えたとき、**図7・2**に示すように、ワーキング・グループが思い描いたエフィシェンシー・マキシマイザーの理想的なワークプレースの設計は、**オープン・レイアウト**だった。十分な作業スペースが確保され、マネジメントから社員がよ

図7・2　チョック社のワークプレース管理システムの再設計

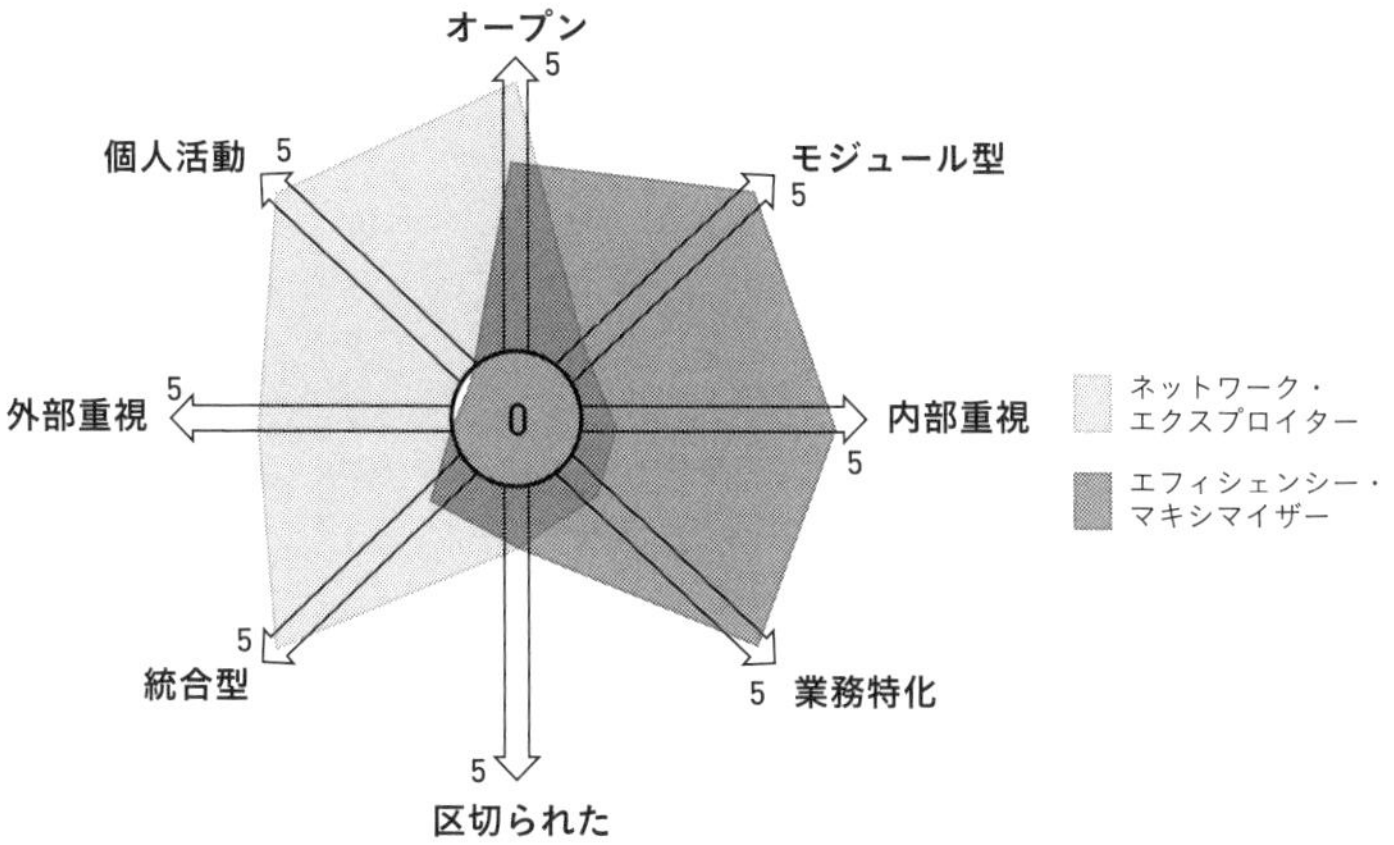

Redesign of Choc Co.'s workplace management system. Copyright © Jonathan Trevor, 2019.

く見え活動に目が行き届くからだ。**モジュール**式のユニットで構成され、ワークプレース内のレイアウトをキャパシティ要件の変化に合わせて迅速に再設計できるようにする。また、そこはまさに業務の遂行だけを目的として、チョック社**内部**の業務ニーズのみに**特化した**設計になるだろう。

同様に、ワーキング・グループはネットワーク・エクスプロイターのワークプレースもオープン・レイアウトにすべきだと考えたが、それは生産性を監視するためではなく、一時的なコワーキングを円滑に進めるためだった。それ以外のあらゆる点において、ネットワーク・エクスプロイターの理想的なワークプレースの設計はエフィシェンシー・マキシマイザーのそれとは著しく異なる。ワークプレースには、ルーティンでない知識作業をサポートし、リモート会議、バーチャルワーク〔訳注／最新のテクノロジーを活用し、オンライン上の仮想空間に設けられたワークプレースで仕事をすること〕やモバイルワーク〔訳注／移動中にスマートフォンやタブレットなどのモバイル端末を利用して業務を行うなど時間や場所に縛られない柔軟な働き方のこと〕など、重要なコミュニケーション活動を可能にするITとの高度な**統合**が必要になると想定された。ホットデスク〔訳注／同じデスクを別々の人が別の時間帯に使用するなどして、執務空間やコンピューターを共有すること。ホットデスキングとも言う〕は今後、個人の**活動**とモバイルワークを支える常識になるだろう。すべてのワークプレースは協調を円滑にするコワーキング・スペースとして設計され、必要な設備がそろった「ドロップイン」〔訳注／各自の都合に合わせて一時的にその場所を利用すること〕式ワークプレースのスタイルで、**外部**パートナーや顧客までもが利用できるようになる。

すべての事業部門のワークプレースには、スタイルの違いこそあれ、〔ロゴやブランディングに調和した〕チョック社カラーが塗られ、不動産・施設管理部門によって最新設備が整備されることになっていた。しかし、そのような外観の要素を除けば、2つの事業部門が戦略要件に沿ったワークプレースの設計・管理を行うのに必要なアプローチはまったく異なっていた。

不動産・施設管理部門のその後の課題は、このような理想の設計原則をもとに実際の管理方針を策定し、先頭に立ってそれらを実行に移し、経営管理システムを現実に機能させることである。また、ワークプレースがどんなに効果的に設計されていようと、それだけで企業が優れた成果を上げることは不可能だ。十分な効果を発揮するためには、ワークプレース管理システムをほかの機能別経営管理システムと相互に補完するよう設計する必要がある。

チョック社のピープルマネジメントシステムの再設計

図7・3にあるように、エフィシェンシー・マキシマイザーの理想的なピープルマネジメントシステムの設計は、各従業員の**個人としての**努力と成果を最大化するものでなければならない、とワーキング・グループは考えた。従業員ができるだけ素早く業務に習熟できるようにするには、個人の**技術的**スキルの開発にフォーカスすべきだ。そのためには、従業員の職務と必要な業務に関連する**スペシャリスト**としての知識が求められた。**成果**の中でも、個人の職務遂行能力を測る主な基準であるピーク時の生産性と、可能な限りエラーを最小限に抑える能力がとくに重視される。

ネットワーク・エクスプロイターの理想的なピープルマネジメントシステムの設計も、エフィシェンシー・マキシマイザーと同様に、成果、スペシャリストとしての知識と技術的なスキルに（ある程度）フォーカスするべきだ。ただし、それ以外のすべての点において、両者のピープルマネジメントシステムは大きく異なる。ネットワーク・エクスプロイターの場合、それはグループの目標を設定し、チームまたは会社の業績に連動してボーナスを付与するな

図7・3　チョック社のピープルマネジメントシステムの再設計

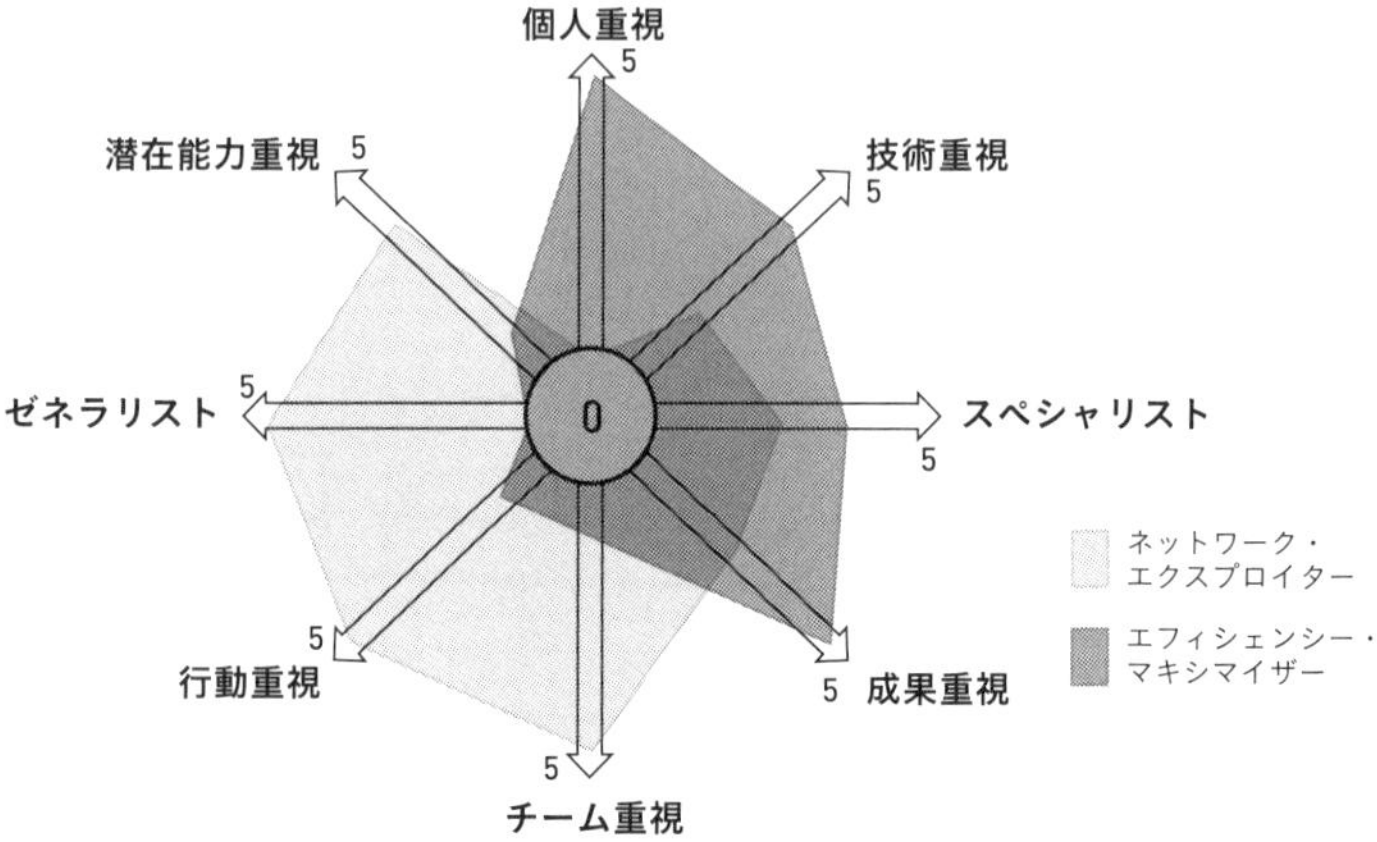

Redesign of Choc Co.'s people management system. Copyright © Jonathan Trevor, 2019.

ど、**組織全体の**努力と成果への意欲を高めるものでなければならない。第1に目指すのは、協調性のある柔軟なリーダーシップと不確実性に対処できる能力に焦点を当てた**行動的**コンピテンシーの開発だ。また、**ゼネラリスト**として社内のほかの業務や外部のパートナーについての知識も求められた。それは新たなネットワークの連携構築を可能にし、組織の顧客対応への俊敏性強化を目的としたリアラインをリードする、個人の**潜在能力**の発揮が重視されるようにするためだった。

チョック社の人事部門は、全従業員の行為や行動に（必要に応じ苦情や懲罰の対応にも）適用される最低限の共通基準を管理する責任を負っていた。そのほか、給与や雇用法の遵守といった管理プロセスへの対応も役割の1つだ。だがこれらの「衛生」要因を除けば、ワークプレースの設計同様に、エフィシェンシー・マキシマイザーとネットワーク・エクスプロイターのピープルマネジメント要件は明らかに異なっている。人事部門はタイプの異なる2つの事業のピープルマネジメントサブシステムの設計開発をリードすることで、戦略の実施に寄与することができる。

とはいえ、補完的に機能するよう設計されたワークプレースおよびピープルマネジメントシステムの力を合わせても、それぞれの事業が成功したと言えるだけの業績を達成するには十分ではなかった。ITをはじめ、戦略上重要な機能別の経営管理システムはほかにもあったからだ。

チョック社のIT管理システムの再設計

図7・4に、ワーキング・グループが考えたエフィシェンシー・マキシマイザーの理想的なIT管理システムの設計を示している。

エフィシェンシー・マキシマイザーのアプローチを採用した既存事業の管理をサポートするIT管理システムの設計は、厳格な標準に則ってシームレスかつ効率的なタスクと活動の遂行を促進する、高度に**カスタマイズされた**エンドツーエンドなソフトウェア・プロセスの

図7・4　チョック社のIT管理システムの再設計

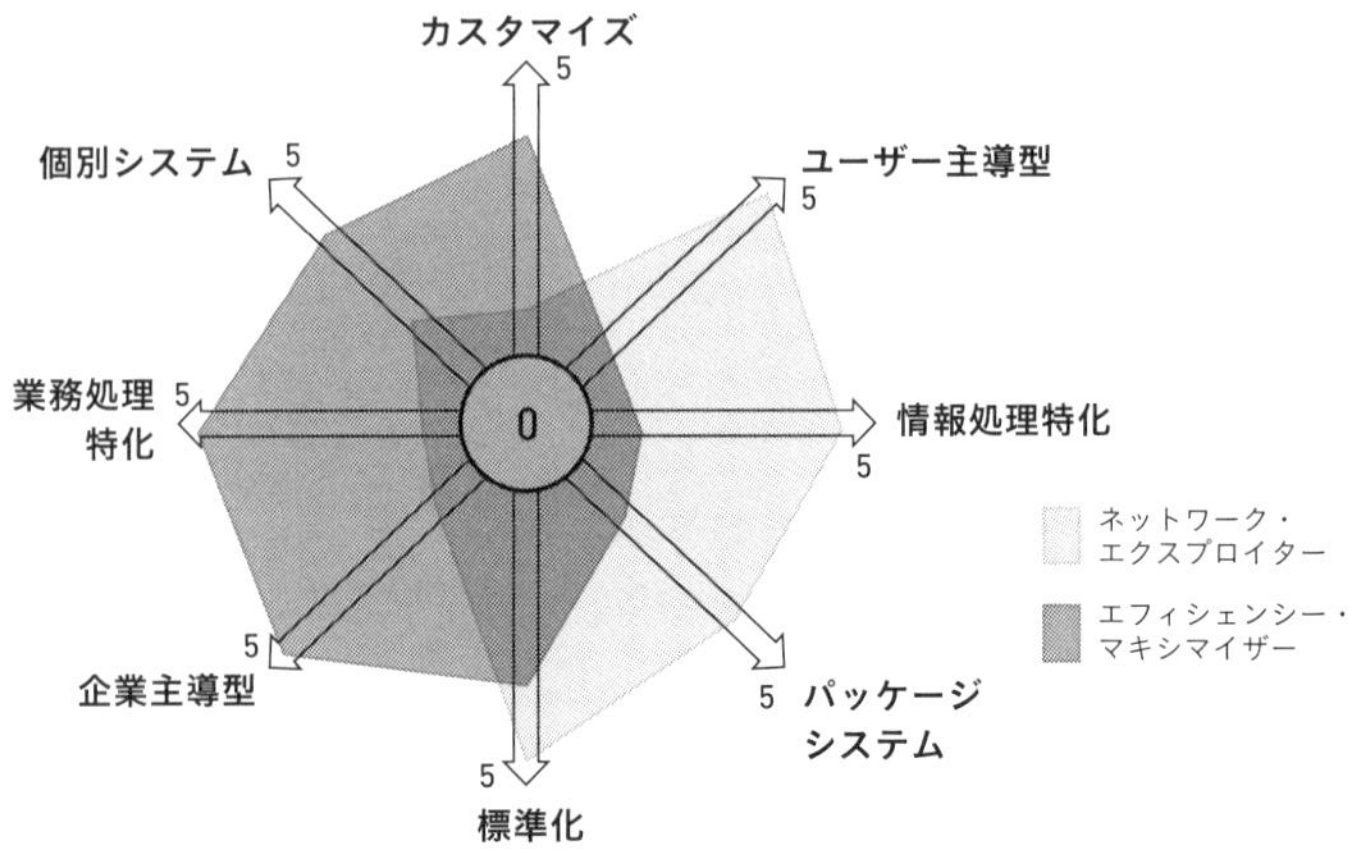

Redesign of Choc Co.'s information technology management system. Copyright © Jonathan Trevor, 2019.

利用を基盤とするのが理想だった。そして、完全な**独占**使用のために開発され、既存事業の特別な目的に特化した（専門的だがルーティン化されたタスクの遂行を円滑にする）ソフトウェア／ハードウェアに注力する必要があった。また、既存事業には最大限効率的なルーティンの実施を助ける**業務処理に適した**ＩＴも求められた。そのためには標準化された**企業主導型**のソフトウェア／ハードウェアを規定する必要もあった。

一方、ネットワーク・エクスプロイターの理想的なＩＴ管理システムは、（会社全体ではなく）個々の**ユーザー**独自のニーズに焦点を当てる必要があった。そのためには、ユーザーの嗜好に合わせて複数の異なるコンピューター・システムを同時に稼動させなければならない。例を挙げると、ウィンドウズが好きなスタッフもいれば、Macを好むスタッフもいる。必要ならば、チョック社はどちらのシステムもサポートしたいと考えた。さらには、自動化が不可能な、ルーティンでない、各自の裁量に任された**情報関連業務**（クリエイティブ業務またはリレーショナル業務）をサポートする必要もあった。その設計では、リモートワークやフレキシブルワークを可能にし、外部のパートナーやネットワークとITリソースを安全に共有するために社内に移植された、**汎用化された市販テクノロジー**（COTS）〔訳注／特注品でなく、標準化された市販のソフトウェアやハードウェア製品を採用すること〕・ソフトウェアのシステムおよびケイパビリティを使用し、社内で移植することで、リモートワークやフレキシブルワークを可能にし、外部のパートナーやネットワークとITリソースを安全に共有できるようにした。最後に、個々のユーザーが求めたのは、アクティビティ・ベースド・ワーキング〔訳注／時間や場所を個人が自由に選べる働き方で、一般的にはABWという〕を円滑にする、低コストで容易にリアラインが可能な**標準化された**ITソリューションに近いものだった。実際のところ、セキュリティ・リスクがない限り、それぞれが自分でソフトウェアを調達できるよう個人に予算が与えられることが期待されていた。

IT部門の課題は、タイプが大きく異なるこれら2つのITシステムの管理だった。エフィシェンシー・マキシマイザーの場合、IT部門にはルーティン・ワークの効率的な遂行を目的とした会社専用のIT管理システムの設計、実装（および継続的サポート）が求められた。

それに対しネットワーク・エクスプロイターが必要としたのは、（外部パートナーや契約業者を含む）個人と彼らが自由に選択するバーチャルワークやフレキシブルワークといった働き方を重視した、市販品を採用したユーザー主導型のＩＴ管理システムの設計・維持だ。

チョック社のＣＩＯは、ＩＴ部門の役割を次のように述べて、彼らに課された課題をうまく表現している。

Ｂ２Ｂ（企業と企業）、Ｂ２Ｃ（企業と消費者）という2つのまったく異なる関係にある顧客のニーズに対応すること。

したがって、人事、不動産・施設管理をはじめとするほかの部門と同じように、チョック社のＩＴ部門の戦略的な機能とケイパビリティは、二刀流でなければならない。

チョック社のケースから、戦略の実行において役割を果たすため、企業のさまざまなすべての管理部門が、将来の見通しや意思決定についてそれぞれが戦略的かつ統合的に将来の見通しを立て、意思決定を行わなければならないことは明らかだ。戦略的アラインがなされた企業で居場所を確保する方法は、ほかにない。

おわりに

理論と実践の架け橋として、企業を取り巻く混乱と変化の続く世界を冷静に考察するのに必要なコンセプトや知見、枠組みを読者の皆さんに提示するのが、本書の主要な目的の１つだ。企業リーダーである（もしくはリーダーになろうという野心を持っているであろう）皆さんがこの世界の理解を深め、会社のパーパスや戦略、構造をアライン／リアラインする方法に関して的確な質問をし、有意義な対話を重ね可能な限り最善の選択をするのに、本書が一役買うよう願っている。

ペンを置く前に、（「はじめに」で言及したように、コンティンジェンシー理論支持者として普遍主義を否定していること以外に）本書の土台をなす重要なメッセージについて考えておきたい。昨今では、競争戦略、人事、マーケティング、ＩＴ、業務、イノベーション、組織文化の管理、デジタル、リーダーシップ、顧客など、ビジネスやマネジメントに関する出版物のテーマは実に多様で、その範囲は広がりつづけている。企業がその機能をいかんなく発揮できるようにするために、企業の設計・管理について検討すべき事柄は数々あるが、一つひとつのテーマは専門的でニッチだ。

新しい書籍は興味深いが、その数の多さには圧倒される。情報が増えるほど、学者や企業のマネージャーはそれを理解するため専門的な知識を身につけなければならない。専門的とはつまり高度な知識なわけだが、その結果必然的に組織には隔絶が生じる。そして隔絶は、断片化された分野、機能、グループ、個人間に誤解や対立（つまりミスアライン）が生まれるリスクを高める。要するに、企業の設計・管理のアプローチはますますニッチになり、相互の関連性をなくしつつあるのだ。このような断片化は情報時代である現代の特徴であり、社会のさまざまな側面に影響を及ぼしている。

しかし、ビジネスや経営管理における戦略的アラインの視点は、学者や企業リーダーに、対極にある資質を求めている。何といっても、どんな企業も相互に依存する要素からなるバリューチェーンであり、企業内バリューチェーンの強さは、最も脆弱な要素に依存する〈参2〉。同じことは、政治、経済、社会のシステムとそれらが依って立つグローバルなバリューチェーンにも言える。それらはたくさんの流動的要素で構成される複雑なシステムであるがゆえに、混乱に対して脆弱だ。世界中を巻き込んだ新型コロナウイルス感染症のパンデミックに伴う一連の出来事が、そのことをはっきり物語っている。

私がこの本を書いたのは、理論と実践のテーマの断片化に対抗するためでもあった。本書には、企業リーダーとして戦略的かつ総合的に考えるにはどうすればよいか、実際に役立つ青写真が提示されている。アラインはひとりでに生じるものでも偶然の産物でもない。戦略における理にかなった選択（そしておそらく、ほんのわずかの幸運）の結果によってのみ得られるものだ――そういうわけで、本書に書かれた戦略的アライン／リアラインの考察を参照されたい。

詰まるところ、リーダーシップの意思決定の優劣が、企業がアラインを成し遂げられるか、成功するか失敗するかに大きな影響を及ぼす。人間には、衝動によってではなく、合理的考察の結果に基づいて一連の行動を選択するという独自の能力があるが、それは人間の経験の極みである（と、少なくとも著者は考えている）。それが誰で、どのような形をしていようと、他者の人生にプラスの影響を与えることが、人間の最も崇高な使命だ。

人間にそうした能力や使命が与えられていることを、私たちは喜ぶべきであって、憂えてはならない。実のところ、この本を書く最大のモチベーションになったのは、私たちの生活や経済的、社会的幸福にとって不可欠な存在である事業体は適切に機能すべきであり、機能することが可能で、それを実現させる力は人間だけに与えられたギフト（天賦の才）であるという心からの信念なのだ。

自分の会社に積極的なリアラインを実践することに成功している、あるいは今後リアラインを試みようという人に、この本が少しでも役に立ったならうれしい。読んでくださってありがとう。幸運を祈る。

謝辞

この新作を含む2冊の執筆には長い時間を要した。学術界およびビジネス界の同僚や学生、協力者、友人たちの長年にわたる惜しみないサポートがなければ、どちらの本も完成に至らなかっただろう。

学術界では、オックスフォード大学サイードビジネススクール（「スクール」）の同僚の皆さんにとても感謝している。「スクール」は、新しいアイデアについて議論し、研究テーマや調査手法の確実なアプローチについてアドバイスを求め指示を得ることができる、極めて平等で協力的な環境が整っている。幹部教育・企業関係学部副学部長アンドリュー・ホワイト博士と、元学長ピーター・トゥファーノ教授の賢明な助言や、個人的、組織的な手厚いサポートに加え、私の研究グループ（テクノロジー、業務管理、組織研究――ＴＯＰＯＳ）のメンバーにはとくに感謝しなければならない。

ほかの研究機関の同僚との緻密なネットワークの力も、大いに頼りにさせてもらった。なかでも感謝すべきは、博士課程時代の指導教官で長年の師である、ケンブリッジ大学ジャッジ・ビジネススクールのフィリップ・スタイルズ博士だ。１つの大きな節目となったこの本の執筆を含め、私の人生において常にフィリップは私を導き、精神的にも支えつづけてくれたかけがえのない人である。戦略的アラインフレームワークの根本的概念を批判的な観点から考察してみてはどうかと勧めてくれた、バージニア大学ダーデン・スクール・オブ・ビジネスのスコット・スネル教授にもお礼を言いたい。

ほかの研究者の方々も、時間を惜しまず協力してくれた。慶應義塾大学ビジネス・スクールの浅川和宏教授、早稲田大学ビジネススクールの池上重輔教授、惜しまれながら亡くなった故太田正孝名誉教授、ケンブリッジ大学ジャッジ・ビジネススクールのピーター・ウィリアムソン教授、ロンドン・スクール・オブ・エコノミクス・アンド・ポリティカル・サイエンス経営学部のサンディ・ペッパー教授。

ビジネス界では、戦略や組織行動に関する私の授業を受けてくれた学生の皆さんに、深く感謝している。15年間にわたり私は研究から得られた独自の内容を教えようとしてきたが、そうした指導経験の中で、大学生、大学院生、企業幹部など、彼らの批判的だが建設的なフィードバックは、この本の執筆を支えた豊かなエネルギーの源だった。数多くの研究テーマ／ケーススタディ、幹部教育のクライアントおよびコンサルタント業のクライアントにも感謝する。彼らは長年私に協力し、戦略的アラインのコンセプトを実際に活用し、リーダーシップ・チームをはじめ社内の人々にこれから起こりうる変化をどう乗り切っていけばいいかを教えている。各企業はある意味、業績改善を目的とした戦略的アライン・アプローチを導入するための実験室のようだった。実験結果はもとより、研究論文をまとめるための知見を得るのに必要な情報へのアクセスを、誰もが惜しむことなく提供してくれた。

ビジネス界の多くの人たちは、執筆作業中の私を励まし、支えてくれた――数が多すぎて一人ひとりの名前を挙げることはできないが、皆さん、どうもありがとう。とりわけお礼を言いたいのが、本書のいくつかのコンセプトを生み出し、磨きをかけるのに計り知れないほどの貢献をしてくれた、バリー・ヴァルコー博士だ。バリーはビジネスと経営管理の分野で経験豊富な実践家にして思慮深い学者である。彼は私の著書の土台づくりに広く協力し、バックアップしてくれた。また、以下の人たちは、私が正直さとビジネスの世界への適性を保てるように、友人としてあえて手厳しい意見をくれた――そして、信じがたいほど多忙な生活にもかかわらず、私が必要としたときはいつでも電話で話を聞いてくれた。ニーナ・ビヨルンスタ、ニコラ・ダウニング、シンゴ・コバヤシ、クララ・モール・シャック、ポール・ナニンハ、フィル・リーマン、シン・シノザキ、ジョナサン・トリンブル、ビクトリア・ライト（アルファベット順）。

よいもの悪いものひどいものとさまざまだった私の執筆のアイデアやプランに、ときに原稿整理編集者や相談役となってアドバイスし、先を見越して誠実に本書の草案作成に力を貸してくれた、ルー・コミュニケーションズのトビーとビッキー・ルーに大変感謝している。そして、出版社ブルームズベリーのチームにも心からお礼を言いたい。責任編集者イアン・ホールワースはアイデアの段階から出版に至るまでこのうえなく協力的で、編集者のアリー・コリンズ、編集アシスタントのマット・ジェームズのサポートも見事だった。

いつも支えてくれる、愛する両親、どうもありがとう。前作の出版以降、あらゆる書店を巡って私の本を探し、真面目に結果を報告するのが彼らの休みの日課になった。最後に、最大の感謝を妻のクララに。執筆作業中は気もそぞろに（そのうえ、すまない、時々不機嫌にも）なる私にがまんしているだけでなく、両書籍合わせてドラフトを30回ほど書き直したが、それを毎回すべてのページを一字一句読んで校正し、私を教育し、ときにおだて、ゴールテープを切らせてくれた。君の協力がなかったら、ここまで来られなかったよ。ありがとう。

APPENDIX――日本語版オリジナルコンテンツ
著者ジョナサン・トレバー博士へのインタビュー

日本企業における戦略的リアラインの捉え方
～DXはリアラインをどのように加速させるのか？～

本書の内容を、日本の事業環境に合わせて実際に適用するためにはどのようにすべきか？ というテーマのもとで、本書の監訳者かつ著者と親交の深い池上教授と、日本企業におけるクライアントの経営課題と日々向き合う立場にあるNTTデータ経営研究所のコンサルタント2名が、お話を伺った。

回答者 オックスフォード大学サイードビジネススクール
マネジメント・プラクティス准教授　ジョナサン・トレバー　博士

司会・質問者 早稲田大学　大学院　経営管理研究科　池上 重輔　教授

質問者 NTTデータ経営研究所　クロスインダストリーファイナンスコンサルティングユニット　マネージャー　藤岡 春
NTTデータ経営研究所　ビジネスストラテジーコンサルティングユニット　マネージャー　坂本 新太郎

池上 今日は、トレバー先生の前著である『アラインン（Align）』と今回刊行された『リアライン（Re:Align）』の間の溝を埋めたいと思います。

ご存じのように、非常に多くの日本企業が（コロナをはじめとする）事業環境変化に対応するための企業変革に苦慮しています。

自らを変革していくためには、まさにこの本で書かれているように、自らのパーパス・事業戦略・組織ケイパビリティなどを見直す必要がありますが、その方法について説明している本や理論は多くなく、多くの日本企業にとって非常に助けになるものと認識しています。

私たちは皆『リアライン』の愛読者ですが、今日はその内容をより日本企業の状況に照らし合わせて伺うことで、実践的な知識として理解したいと考えています。

リアラインの観点から見た日本企業の状況

池上 ではまず、戦略的リアラインという点で日本企業の状況についてお聞かせください。トレバー先生は日本の大手企業へのコンサルティングや講演が多く、日本企業の状況をご存じでしょうし、もちろん日本以外の企業、欧米やアジアの企業もたくさんご存じだと思います。日本企業の状況をリアラインの点からどのように見ているのか、印象をお聞かせください。

トレバー 私は、この本の目的は世界中のあらゆる産業、あらゆる企業が直面する重要な課題をグローバルの観点で捉えることだと考えています。そのため、この本ではイギリスおよび欧米、そしてアジアと幅広い国の企業におけるケーススタディを取り上げています。

池上先生や日本企業との仕事を通して、「日本はハイコンテクスト文化の非常に特殊な国であり、海外における課題の多くは日本とは異なる」という考えがあることを知りました。しかし私は、実際には日本企業やリーダーが直面する課題は海外とそれほど変わらないと考えています。

ジョナサン・トレバー

厳密にターゲットを絞り、カスタマイズして考えるべきなのは、課題そのものではなく、課題に対するリアラインのソリューションについてであると考えます。これは、同じ日本国内であっても、企業によって異なるべきです。A社でうまくいくことが、B社でもうまくいくわけではありません。

そのため、企業のリーダーには、自身のビジネスについて注意深く考え、ほかのビジネスやソリューションを模倣したいという誘惑に抗うことが求められます。

しかし、逆に言えば、これは競合企業がまねできない非常にユニークなソリューションを生み出すチャンスでもあると捉えられます。

池上 なるほど、ありがとうございます。日本企業のハイコンテクスト性というお話がありましたが、そのハイコンテクスト性が、日本企業の戦略的リアラインの特徴に影響しているということはあるでしょうか。

トレバー 私は、日本はハイコンテクストな要素もありますが、先ほども申し上げたように、日本と欧米のビジネスにそれほど大きな違いはないと考えています。

確かに、日本企業と欧米企業ではいくつか構造的な違いがあり、例えば、雇用形態は大きく異なります。一方、私が一緒に仕事をした（海外の）企業の多くは、それぞれ人材戦略において非常にユニークなアプローチを有していました。これは文化、法制、技術面などさまざまな理由に起因するものであり、（雇用形態の違いもその1つと捉えれば、）それほど日本だけが特殊だとは思いません。

真の課題は、新しい公衆衛生上の危機、ChatGPTのような大きな技術革新、ブレグジットのような経済・政治変動など、世界規模の大きなディスラプション（混乱）に直面したときに、どのようにリアラインし、リーダーシップを発揮する組織ケイパビリティを構築し、将来に向けた自身のビジネスを見つめ直すかということだと私は思います。

マトリクスの中心に位置することの有意性

池上 トレバー先生が提唱されている「連携性」、「自律性」、「安定性」、「俊敏性」から構成される2×2のマトリクスの戦略的アラインフレームワーク（SAF）について伺わせてください。連携性、自律性、安定性、俊敏性、いずれも重要な要素ですが、この2×2のマトリクスの中心に企業を位置づけることができるでしょうか。企業がこのマトリクスの中心に自社を位置づけ、4項目のバランスを取ろうとする場合、トレバー先生はどのように評価しますか。

トレバー すばらしい質問だと思いますが、これにはとてもシンプルな答えがあります。マトリクスの中心にいるということは、バランスを意味しているわけではありませんし、4項目のベストな位置にあるという意味でもありません。また、安定や俊敏であるという意味でもありません。すべてにおいてベストではない、すなわちワーストであると言えます。

中心にいるということは、「何でも屋」でありながら「何の達人でもない」、「効率は悪いが柔軟性もない」、「内部だけに集中しているわけではないが、外部とのつながりもない」ということを意味しています。ある意味、中途半端で非常に厄介な状況です。つまり、競争力を高める特徴的な顧客価値や機能を見出すことができていないということを指します。これは、戦略的アラインフレームワークについて覚えておくべき本当に重要な原則だと思います。

フレームワークとは、事業を実行できるようにするための基礎のことを言っているのではありません。すべての事業には、優れた戦略実行力、優れたマネジメント、優れたガバナンスが必要です。ただし、これらは基本的な最低ラインにすぎず、必要最低限の要件です。単に事業として存在し、生き残るためになければならないものです。

しかし、それらは必ずしも競争力を高めるものではありません。事業はそれらの基本的な機能のうえに成り立っていますが、競争力を高めるに当たっては、戦略的アラインフレームワークの相反するオプションの中から最適な選択肢を選ぶ必要があります。

あなたにとって、ビジネス上どれがより重要あるいは重視すべきなのでしょうか。安定性でしょうか、それとも俊敏性でしょうか。安定性はスケーラビリティ、標準化、コントロール、一貫性、コスト管理をもたらします。俊敏性は柔軟性、カスタマイズ性、ある程度の探索行動などをもたら

池上 重輔

します。どちらかを選択しなければなりません。両方というわけにはいきません。ワールドカップで優勝したサッカー選手とウィンブルドンで優勝したテニス選手、どちらか一方を選ばなければなりません。

これは、自分たちの競争力を定義するという挑戦であり、戦略的アラインフレームワークによってこのような思考を促したいと考えています。

池上 なるほど。マイケル・ジョーダンは野球のスーパープレーヤーにはなれないということですね。

トレバー もし、そんなことができたら、その人はスーパーマンですね。

コーポレート・ガバナンスの最適配置とは

池上 もう1つ質問してよろしいでしょうか。最近、学生から「コーポレート・ガバナンスは非常に重要な問題だと考えていますが、コーポレート・ガバナンスは、目的、戦略、企業機能、システムの中でどこに位置づけられるのでしょうか」と尋ねられました。先生のフレームワークでは、コーポレート・ガバナンスはどこに位置づけられるべきなのでしょうか。

トレバー すばらしい質問だと思いますが、2つの質問をされていると思います。つまり、「コーポレート・ガバナンス」と「コーポレート・ガバナンス機能」についてであり、これらは同じものではありません。企業のバリューは企業のバリューチェーン全体を通して表出されるべきであり、リーダーシップもバリューチェーン全体を通して発揮されるべきです。これと同じように、コーポレート・ガバナンスもバリューチェーン全体を通して存在すべきです。バリューチェーンは、企業のパーパス、事業戦略、組織ケイパビリティ、組織アーキテクチャー、経営管理システム、さらにはパフォーマンスにも密接に絡み合っているからです。

池上 まさにそのとおりです。

トレバー しかし、人事の専門家が経営管理部門に位置づけられるのと同様に、コーポレート・ガバナンスの専門家（機能）は経営管理部門に位置づけられることがよくあります。実際に、CDOやCTO、CIOも経営管理部門に位置づけられがちですが、実はこれらの機能は、課題、特性、懸念事項に応じて、バリューチェーン全体を通して存在し、影響を与えるべきものです。

池上 非常に明快ですね。ありがとうございます。

デジタル変革（DX）と戦略的リアラインの関係性

坂本　日本の企業における戦略的リアラインについて、DXの観点を含めて質問させてください。ここでDXとは、デジタル技術を活用したビジネスモデルの変革という意味としてお話しさせていただきます。

現在、私たちのクライアントの多くは、事業環境におけるデジタル技術の浸透をきっかけに、自社の組織をどのように変えるべきか見直すようになってきています。

そこで伺いたいのですが、DXに成功していると言われる海外企業の戦略的リアラインの方向性には、何か特徴があるのでしょうか。例えば、GAFAMのような〝ピュアIT〟企業の多くはSAFでいうネットワーク・エクスプロイターの方向性を取っているように見受けられますが、いかがでしょうか。あるいは、その他多くの〝ノン‐ピュアIT企業〟においてはいかがでしょうか。

トレバー　その質問に回答するうえで重要な原則として、2点お話しさせてください。

1つ目として、デジタルがすべての問題を解決する唯一のソリューションであると考えられる方が多く見受けられますが、私はデジタルは非常に重要なテーマではあるものの、あくまで組織がその潜在能力を最大限に発揮し、最高のパフォーマンスを発揮するための一要素にすぎず、個人のケイパビリティや組織文化といったほかの要素といかにうまく統合されていくかということが重要と考えています。

2つ目は、デジタルはあくまで目的を達成するうえでの手段の1つとして理解すべきということです。

これらの原則をふまえて言えば、SAFは本書の核をなすフレームワークですが、私にとってITを含むか含まないかにかかわらず、デジタルはそれぞれの象限において異なった方法で戦略実現をサポートしていると考えています。

例えば、エフィシェンシー・マキシマイザーにおいて、デジタルは業務プロセスなどを可能な限り効率化するための手段にもなりうるし、エンタープライジング・レスポンダーにおいては、データをもとに優れた顧客インサイトを深掘りするためのツールにもなります。ネットワーク・エクスプロイターについて考えてみると、デジタルはネットワークの連携をサポートする手段として活用できます。

このように、デジタルは目的を達成する手段として捉えておき、ほかのリソースや機能とどのように統合しマネジメントしていくかを試行錯誤することが、最大の価値を得る方法だと考えます。

池上 そこがとても重要なところですね。デジタルを使う前に、自身の戦略が何なのかを明確にしなければならない、ということですね。

異なる性質を持つ組織のマネジメント「両利きのマネジメント」の成功のためにDXが貢献できること

藤岡 もう1つ質問させてください。企業内の各部門がSAFに関して異なる戦略的アプローチをとる場合、組織体制はどのようになるのでしょうか。

藤岡 春

私たちNTTデータ経営研究所は、DXを推進する際に、「顧客第一主義」、「スピーディーかつアジャイルな変革」、および「デジタル技術を活用した多様な顧客接点」という3つの観点が必要だと考えています。

この3つをSAFと照らし合わせると、複数の象限に散らばっていると思いますが、DXを推進する企業が1つの企業の中に複数タイプの組織を持つことは可能でしょうか。

トレバー　すばらしい質問ですね。多くの点で、日本だけでなく世界におけるリーダーシップの最大の課題の1つだと思います。

戦略的アラインのコンセプトは、「私たちが選択した戦略に沿って目的を果たすために、何を得意技にしなければならないのか」という問いを自らに投げかけることです。

この問いに対し、1つのことが得意であれば十分という場合、比較的シンプルに考えることができます。一方で、複数の異なることを得意とする必要がある場合は、複数の異なるビジネス部門を持ったり、複数の異なる地域でビジネスを展開することが必要となり、組織はより複雑になります。

多様な機能をマネジメントし、個々の機能および横断的な機能を得意技にすることは、非常に難しいリーダーシップ上の挑戦です。とくに、個々のビジネス部門がまったく異なる機能の性質を持っている場合、同時に複数の機能を新たな得意技に仕立て上げるのは至難の業になります。例えば、標準化された商品を効率的に提供することと、顧客中心の考え方のもとでカスタマイズ性に優れた商品を提供することを同時に実現することは非常に困難です。これらは、根本的に異なる命題なのです。

これらの異なる機能を両立するためには、異なる文化、異なる人材のスキルや知識を併せ持ち、マネジメントする「両利きのマネジメント」が必要です。

この困難な課題に対し、これまで多くの事例では、1990年代に始まったダイバーシティ化のプロセスを逆行させ、組織体を分割させることで対応がなされてきました。例えば、ゼネラル・エレクトリックは、現在3つの会社に分かれています。なぜでしょうか。その理由は、コングロマリット構造をマネジメントするのが難しかったからだと思います。IBMを見ても、同じように分割されています。事実上すべての産業で、このようなことが見られます。

一方で、DXの将来に向けた潜在的利点の1つは、異なる機能の両立に必要な「両利きのマネジメント」をサポートできることだと思います。戦略的なデータのマイニング・分析・活用は、異なることを同時に得意とするために非常に大きな役割を担っていると思います。

しかし、これは現在私たちが取り組んでいる困難な課題であり、多くの組織がこの課題に直面したとき、いまだに分割による簡素化を選択しているのが実情です。本当にホットな話題を取り上げていただき、感謝します。

コングロマリット企業におけるリアラインとは

池上 いまコングロマリットというお話がありましたが、これも日本では非常に重要な問題です。ご存じのように、日本の大企業の多くは多様なビジネス部門を抱えるグループ企業体、つまりコングロマリットを形成しています。このようなコングロマリット、つまり、異なるビジネス部門を管理する必要がある場合、リアラインを進めるうえで注意すべき重要なポイントは何でしょうか。

トレバー この件に関しては、重要な課題があると思います。

興味深いことに、この本の第7章で引用しているケーススタディの1つは、コングロマリット企業の話です。そこでは、「コングロマリット・ディスカウント」という考え方について説明しています。これは、多様な事業会社を持つグループにおいて、グループ全体が個々の事業会社よりも低く価値評価されるという考え方です。コングロマリット・ディスカウントにより、以前は組織の一部分であったものを、分割や売却、あるいはまったく別の目的へ転用して別組織として分離することに導かれると私は考えています。これは、欧米企業では多く見られる傾向です。

しかし、日本企業ではこのような傾向は見られないと思っています。日本のコングロマリット企業のリーダーにとっての課題は、むしろ組織を複数の階層レベルでマネジメントすることだと思います。

　まず組織全体、つまりグループ企業レベルで、変化する環境の状況でのアラインとリアラインについて考えることが必要です。

　次に、個々の事業会社や部門レベルに落とし込みます。個々の組織に固有の要件は何か、グループ全体とどのように適合させるか、そのアラインはどの程度強固なものか、そして同様に、ほかの事業会社とまったく異なる市場環境で事業展開をする場合、どのような変化が必要か、について考える必要があります。

　さらに下層に降りて、個々の部門間の連携について検討することも必要だと思います。とくにコングロマリット企業において、「システムリーダー」の観点が必要と考えます。つまり、組織全体をさまざまに変化し適応する部品から構成される1つのシステムと捉え、変化する複雑な環境の中で、そのシステムの健全性について私たち全員がリーダーとして話し合い、意思決定を行うという観点が必要なのです。

　率直に言って、この点においては多分に改善の余地があると考えています。日本企業だけでなく、すべての企業においてそうだと思います。組織の複雑さはリアラインの実現にとって最も大きな障壁の1つですが、このような状況下でリアラインすることができれば、パフォーマンスは飛躍的に改善されるはずです。

池上　なるほど。以前にも、このような複雑な状況をマネジメントするためにはリーダーシップが非常に重要であるとおっしゃっていましたね。

トレバー 絶対に必要です。

事業会社・部門レベルでもパーパスから始まる自身のバリューチェーンを持つべき

池上 企業レベルの戦略におけるリアラインの成功要件は何かという点について伺えましたが、ビジネス部門レベルでリアラインを行う場合の成功要件について、もう少し掘り下げて考えをお聞かせいただけますか。

トレバー アラインの原則は、組織のあらゆるレベルに適用されると思っています。企業レベルを考えてみると、アラインは、本質的に、メーカーであれ、銀行であれ、政府機関であれ、また大学でさえ、あらゆる種類の事業体が、共通のパーパスから始まり、事業戦略、組織ケイパビリティ、組織アーキテクチャー、経営管理システムといった組織的要素に至るまで、共通の構成要素からなるバリューチェーンであるように思われます。

グループ企業全体のレベルでは、なぜ私たちは同じグループにいるのか、私たちのパーパスは何なのか、私たちは何をすべきかについて合意形成された「マスターバリューチェーン」が常にあり、そのうえで、通常は、ほかのコングロマリットを含む競合他社との違いを明確にしたグループ戦略を策定します。これらをふまえて、成功に向けたグループ各社の編成および運営をしていくべきなのです。階層を下りて、事業会社ごとにもそれぞれのバリューチェーンも持つべきだと思います。事業会社は、グループ構造にも配慮した明確なパーパスを持つことも必要ですが、自社を取り巻く市場環境にも注意を払わなければいけません。同様に、独自の事業戦略を持ち、独自の組織ケイパビリティ、構造、文化、プロセス、人材を持つべきです。もちろん、これらは部門ごとに異なるでしょう。

コングロマリット企業の戦略的リアラインにおいて最も重要な成功要件は、トップリーダーだけに依存せず、全員がリーダーシップを発揮すること

トレバー そして、まさにそこに（コングロマリット企業における）複雑さが忍び込んでいるわけですが、複雑な環境、複雑な組織においては、1人の人間だけをリーダーとして語るのは間違いであり、むしろ（複数による）〝リーダーシップ〟について語るほうがずっとよいと思います。

このリーダーシップとは、システム全体のビジョンやメッセージ、前提を共有している、組織横断でグループやネットワークとしてつながっている人々を指します。

リーダーシップは、互いに助け合うことにより、個々の事業部門内だけでなく、部門間のアラインを生み出すのに本当に役立つのです。

池上 先ほど、リアラインのKSF（成功要件）はリーダーシップとおっしゃいましたが、これは1人のトップリーダーだけでなく、組織全体として発揮されるリーダーシップという点でも重要ということですね。

つまり、組織ケイパビリティとは、戦略的リアラインを実践するケイパビリティという意味も含まれると思うのですが、私の理解で合っていますか。

トレバー まったくそのとおりです。多くの点で、組織的かつ戦略的なリアラインというのは、効

果的なリーダーシップにより実現されます。効果的なリアラインが実現されると、最終的には全体的なパフォーマンスの向上につながるのです。

池上 ある意味、鶏と卵ですよね。

トレバー 鶏と卵のようなものですが、私にとって、本当にすべてがリーダーシップから始まるのです。私の言うリーダーシップとは、単に実行力に優れているとか、マネジメントに優れているとかということだけではありません。組織のよりよい未来を描き、変化を引き起こし、ニューノーマルとしての新たな姿を構築する能力のことです。つまり、どのようにビジネスを変革し、リアラインするかということを別の側面から捉えると、このような考え方になるわけです。

現実は、ディスラプションがこれだけ広がり、物事の変化は急速になり、取り巻く環境は厳しさを増している今日の環境下で、安泰でいられるビジネスはないということです。

池上先生がおっしゃった、ケイパビリティとしてのリーダーシップの話は、まさにそのとおりだと思います。

企業のリアラインは誰が責任を持って推進するのか

トレバー 「企業のリアラインに責任を持つのは誰か」という質問をいつも受けます。

私が聴衆にこの質問を尋ね返すと、彼らはたいてい、「まあ、CEOでしょう」と答えます。もしくは、1つか2つの答えを出します。CEOかもしくは全社員の責任か、どちらかと。

しかし、現実はそのどちらでもありません。どんなにすばらしく、才能にあふれ、知的で、カリスマ的なCEOであっても、複雑なシステムを1人でマネジメントして先導することはできません。同様に、全社員の責任であるとすると、それはいとも簡単に、誰でもないということになってしまいます。

本当の答えはその両極の間のどこかにあります。だからこそ、私は、リーダーシップ文化を醸成し、質問し合うことをよしとし、オープンな議論を奨励し、議論を尽くした中から判断していく組織が必要であると考えるのです。

池上 すばらしいですね。ほとんどの日本企業は、リアラインを非常にうまく実行できる可能性を秘めているということかもしれませんね。

なぜなら、日本企業においては、管理職はもちろん一般の従業員でさえ、「カイゼン」を非常に得意としているからです。カイゼンとは、イニシアティブをとって、自分たち自身で物事をよりよくしていくことです。

カイゼンにより、業務能力を変化させられる可能性はありますが、重要なポイントはパラダイム、つまり考え方の転換が必要なのだと思います。ゆえに、アラインは全社員が責任感を持って、率先して取り組まなければいけないことなのでしょう。

ダイバーシティとインクルージョンの重要性

トレバー ここでは、ダイバーシティとインクルージョンがとても重要になると思います。

何が言いたいかというと、単に機会均等ということだけでなく、私たちが行う意思決定に、どれだけ多様な専門性、背景、経験を投入しているか、これらの意思決定に巻き込んでいるかということです。

個人の知恵に頼るのか、それとも大勢の知恵に頼るのか。そして、背景にあるその他大勢の多様性をどの程度取り込んでいくのか。

私たちはどのようにしたら、将来に向けた最善を尽くすための話し合いや意思決定、選択の場を可能な限りオープンなものにできるのでしょうか。

調査、課題、競争上の脅威に対して真っ向からオープンに立ち向かうことができ、グローバル感覚を有している人は世界中のあらゆる種類の問題を理解し、それに対応することができるものです。また、戦略立案プロセスはできるだけインクルーシブにすることも必要だと思います。

池上 それは本当にすばらしいですね。日本のトップリーダーがリアラインを推進する際に心に留めるべき点の1つとして、ダイバーシティ&インクルージョンの観点は非常に重要な部分かもしれません。

トレバー お伝えしたいことの1つ目は、世界中のどのような組織に対しても、「重要な課題に対するリーダーシップの意思決定プロセスにおいて、十分かつ多様な意見を拾えていますか?」と問いかけたいということです。

2つ目は、先行事例としての日本の事例についてです。欧米におけるカイゼンを含む意思決定への参加、関与、および取り組みについての考え方は、日本から来たものです。プロセスへの参加という考え方は、西洋のものではなく、日本のものでした。例えば、TQM（総合的品質管理）、同一ラインで混流生産を行うシステム設計などです。
これは絶対に、どこの誰にでも当てはまることだと思いますが、日本のビジネスや産業には、（意思決定）参加と関与に関する非常に長い伝統と財産があり、私はこれが業務プロセスのレベルを超えて、戦略のレベルに拡大されるべきだと考えています。

組織の一機能としてのDXの取り込み

池上　ありがとうございます。ここまで一般的な成功要件と、私たちトップリーダーが心に留めておかなければならないことについて議論しました。
ここで、DXにおける成功要件ついて少し触れると、先ほどツールであるDXを目標／目的と混同しないことが重要なポイントというお話がありました。これも示唆に富むものでしたが、ほかにDXを成功させる際に意識しておくべきことはありますでしょうか。

トレバー　私にとって、DXがすべての問題のソリューションにはなりえないというのは、先ほどのとおりです。一方で、DX推進プロセス、デジタルケイパビリティの開発や展開には、さまざまなアプローチがあるとも思います。
企業にとって、影響力のある事例や、うまくいったと思われる他社に目を向け、同じことをしたいと思うものですが、それは間違いにつながりがちと感じています。デジタルを含め、ビジネスのあらゆる側面で流行りというものがあります。最新のトレンドを模倣するのではなく、具体的に必要なことを自分で知り、安易なトレンドへの追随を避ける必要があります。

坂本 新太郎

ですから、デジタルを組織の一機能としてどのように活用するのがベストなのかを考える際に、私たちはよくよく精査して判断する必要があります。

企業がリアラインにおいて戦略の方向性をシフトする場合の意識すべきポイント

坂本 もう1つ、DXに関連した日本における具体的なケースについて伺いたいと思います。

日本の伝統的な企業の中には、エフィシェンシー・マキシマイザーのスタンスでDXを含めた改革を推進している例が多く見受けられます。これは、変革によるリターンが可視化しやすく、またリスクも低いからだと認識しています。

しかし一方で、ケースによっては、本質的な変革を進めるために、例えば、エフィシェンシー・マキシマイザーから、エンタープライジング・レスポンダーやネットワーク・エクスプロイターへと、戦略の方向性を変える必要があるのではないかと考えています。

このように、企業がリアラインにおいて戦略の方向性をシフトする場合、どのようなことに気をつけるべきでしょうか。


トレバー　まず前提として、それは状況によって異なるとお伝えしておきます。

私の個人的な意見ですが、多くの日本企業は、ほかの象限よりもエフィシェンシー・マキシマイザーの特徴を持っているように思います。しかし、これは多くの欧米企業にも言えることです。もう一度言いますが、「日本企業はユニークでハイコンテクストである」という考え方については、私は異議を唱えたいと思います。私たちが世界中で行ってきた伝統的なビジネススタイルは、これまで効率性を重視してきたと思っています。産業界では、階層や、規模の経済を最大化するトップダウン・マネジメントという支配的論理が私たちにはありました。それが、今までの考え方の絶対的な方向性でした。

そして、例えば、池上先生と私は、それぞれ別の大学でＭＢＡの学生を教えているのをご存じですよね。ＭＢＡはMaster of Business Administration（経営学修士）の頭文字をとったもので、ビジネスリーダーシップではなく、ビジネスアドミニストレーション（管理の方法論）です。最初のＭＢＡは19世紀末に産業界の階層管理の責任者を育てるために生まれました。今日、私たちが目にするのは、今ではより多様なビジネスの進め方があるということだと思います。

本書にあるＳＡＦは、戦略・ケイパビリティ・アーキテクチャー・文化・人材それぞれの選択を横断し、それらのアラインを行う中核のフレームワークですが、大きく４つの主要な戦略的アプローチをあげ、エフィシェンシー・マキシマイザーのアプローチはその1つにすぎません。しかし、どのアプローチがいちばんよいのでしょうか。その答えは状況によって異なると言わざるをえません。そして、それは企業ごとに異なると思います。

先ほどの藤岡さんの質問に戻りますが、1つの組織のさまざまな部分が、実は異なる象限に位置している場合があると思います。しかも、SAFの1つの象限にとどまるのではなく、すべての象限にまたがる組織をマネジメントすることが、本当に難しくなっていると感じています。

例えば、安定性を中心としてつくられ、ある特定のことに集中するチームがあります。また、俊敏性、およびコラボレーションまたは連携性を重視する別のチームもあります。これらは、パフォーマンスの定義、成功の定義、機能の定義が根本的に異なっていますが、その両方を同時に、しかし異なるアラインされた方法で管理しなければならなくなっています。組織はどこに向かうべきか、それは一概には言えませんし、それを解決するのがリーダーシップの課題だと思います。もし私たちが拙い選択をすれば、業績は悪くなるでしょう。よい選択をすれば、競争優位に立つでしょう。

繰り返しになりますが、すべてはリーダーシップという組織の質に左右されるのです。私が准教授であるのは、そうやって組織のリーダーたちと一緒になって組織のリアラインを行う手助けをすることで、ディスラプションを克服し、パフォーマンスの改善に貢献したいからなのです。

CEO、トップチームの本当の役割

藤岡 各部門がそれぞれ異なる戦略的アプローチを持っている企業が、その部門を統合的にマネジメントする際は、どのようなことを考慮すべきでしょうか。

1つの企業の中に異なる戦略的アプローチを持つ複数の組織がある場合、それらの組織をマネジメントするためには統合的マネジメントが重要だと考えています。異なる特性を持つ組織の統合的マネジメントの際には、何を考慮すべきでしょうか。

トレバー 本当にすばらしい質問だと思います。

1つ、キーポイントが含まれる短い話をさせてください。この話もまた、リーダーという概念から、リーダーシップ、そして機能としてのリーダーシップへの転換の一環です。

少し前のことですが、ある組織と仕事をしたときのことです。私はあるCEOから招集されました。この方は、将来の組織のあり方について、競合の脅威に適切に対応し、環境の変化に適切に対応するビジョンを策定し、進むべき道を見つけるのに苦労しており、その答えを見つけられない状況でした。「同じところに留まらず、我々はいかに将来成功するのか？」この問いに対して、CEOは答えを持ち合わせていませんでした。

その際、私がそのCEOに伝えたのは、「1人で答えを出すのはあなたの仕事ではない」、ということです。あなたの仕事はあなたのチームを巻き込むことであり、チームのメンバーの仕事は彼らのチームを巻き込むことです。一丸となって一緒に答えを見つけ、そして一緒に戦略的リアラインを推進することです。こうしたプロセスをいかにうまくマネジメントするかが、成功の重要なポイントになると思います。

そのCEOは同意し、私に取締役会に同席するよう求め、「私のチームに会ってください」と言いました。私自身を含めて10～12人で会議が行われ、その最後にCEOは私に「私のチームについて、どのような印象を持たれましたか」と尋ねました。

私は、「あなたの取締役会はチームではありません。委員会です」と答えました。チームとは、共通の目標を持ち、全員にとって1つの成果を達成するために、共通の方法で働く個人の集団です。委員会とは、個別の利益や考えを代表する個人の集団です。

私がここで言いたかったのは、取締役会の各メンバーは、異なる事業分野や機能を代表しており、会社についての議論に臨む際には、会社全体ではなく自分の所掌分野の目線だけで参加しているということです。彼らは、会社全体ではなく、自分の分野への影響だけを考え、会社全体の業績ではなく、自分たちの業績を守ろうとしていました。

この状況において危険なのは、異なる事業部門間のシナジーの一部を失うだけではなく、企業全体とその将来の方向性について、戦略的かつ関係者を巻き込んで考える能力も失ってしまうことです。

比率で置き換えて考えてみるとわかりやすいと思います。

その会議では、個人の注意力の80％は自分自身が所属する事業部門に向けられ、おそらく会社全体には20％程度しか向けられていなかったと思います。ですが、この比率は逆であるべきだったと思うのです。あのときの取締役会では、会社全体に80％、個人の分野に20％という配分であるべきだったのです。

つまり、トップの仕事とは何かということです。複雑で多様な組織の中でアラインを生み出すには、個々の事業部門の損益を脇に置き、チームとして企業全体について一緒に考え、将来的にどう変わるべきかを模索することが重要だと思います。

英語には「A fish rots from the head（魚は頭から腐る）」という表現があります。ちょっと嫌なフレーズですが、真実でもあります。

トップチームが一緒になって、自分たち個々の分野だけでなく、企業全体の将来について戦略的に考えなければ、組織全体にアラインやアラインの文化を生み出すことはできません。結果としてその組織は衰退することになるでしょう。

各組織・機能間のアラインは3D（水平連携×垂直連携）から4D（＋時間軸）で考える

池上　いま部門間のシナジーに関してお話しされたかと思います。

シナジーというのは、複数の部門を持つほとんどの日本企業にとって、かなり高度なキーワードだと思います。つまり、各部門ごとの明確なアラインがあるべきだとするならば、それぞれのビジネス部門の性質や環境が異なる場合、部門間でシナジーを探求するのは少しリスクが高いと理解してよいでしょうか。

トレバー　そうだと思います。しかし、私の答えは以前と同じで、シナジーは常によいことなのでしょうか、ということです。

答えは、状況によって異なるです。シナジーを追求すべきでしょうか。これもまた、一概には言えません。

私は、組織、つまり複雑なシステムをマネジメントすることの一部は、さまざまな部分の類似性や相違性を理解し、さらにそれらをアラインさせる必要があるのかないのか、価値を理解することが必要だと考えています。

戦略的な意味でのアラインもありますが、垂直的なアラインもあれば、水平的なアラインもあり、すべてが水平的にアラインされる必要はないのではと思います。

池上 3Dの観点から考えなければなりませんね。

トレバー そのとおりですね。少なくとも3D、あるいは4Dかもしれません。そして、4番目の次元は時間だと思います。冗談ではなく、文字どおり「時間」です。おそらく、時間に応じてある点で統合される必要があり、その後、また分離して元に戻ったりするかもしれません。これも状況次第であります。

これらは本当に、環境と、勝つためにどのように競争を行うかによって異なります。とくにネットワークベースの組織では、パートナーを集めてコラボレーションを行い、また分離するということを行っていると思います。

バリューチェーン全体のアラインをサポートするデジタル

藤岡 私たちNTTデータ経営研究所は、デジタル技術によってこれからの組織の在り方が変わるだろうと考えています。例えば、デジタル化によってビジネスプロセスやKPIが変化し、かつその結果を可視化できるようになるため、従来の報告プロセスが不要になります。

このようにデジタル化によって組織構造の前提が変わると、戦略的リアラインの考え方にどのような影響があるとお考えでしょうか。

トレバー　それは未来を推測しようとする試みであるため、回答が難しい質問ですが、しかし、アラインとの関係でお伝えできる見解がいくつかあると思います。

私が提示したい課題は、デジタルがすべての組織にとって、等しく革命的なものになるかどうかわからないということです。ある組織には非常に大きな影響を与えるでしょうし、ほかの組織にはそれほど大きな影響を与えない場合も考えられます。しかし、企業の外部と内部の両方で、多くのことが変化することは確かだと思います。

企業の外部では、顧客の考え方や行動の仕方が変わり、それに対して組織や企業が、製品ベースであれサービスベースであれ、対応することが必要になると思います。すでに、例えば製品やサービスのパーソナライゼーション、すなわちＩＴの結果、購買行動に変化が生じていることがわかっています。企業がデジタルケイパビリティに投資をしているのは、より高度なポートフォリオの統合、より高度な顧客のパーソナライゼーション、あるいは製品やサービスのカスタマイゼーションを提供することによって、顧客の購買行動の変化に対応するためです。一般的に、事業環境においてデジタルが与える影響としては、これがいちばん大きいと思います。

一方で企業の内部では、大きな影響が見られると思います。デジタルによって、以前は不可能であった、より優れた、あるいは新たな機能を発揮することができるようになったことです。

例えば、地理的に離れた場所にいるバーチャルチーム間であっても、リアルタイムにコラボレーションできるようになりました。以前は上司から部下へ行われていた情報共有は、民主化され、末端社員でも容易に情報にアクセスできるようになりました。今日では、世界のさまざまな場所にいる従業員同士でP2Pの情報共有が可能になりました。

いま私たちは、以前はできなかったような方法で働くことができています。それは、単に、以前はデジタル技術がなく、アナログソリューションしかなかったからです。例えば、私が電話で池上先生と話すとします。これは現在では、非常に非効率的な情報共有の方法です。このあたりに大きなポイントがあると思います。

つまり、デジタルは「組織についてどう考えるか」、「組織の構築についてどう考えるか」、「情報をどう使うか」の方向づけをし、バリューチェーン全体のアラインを支援できる可能性を持っていると思います。

デジタルを活用することで、組織にとっての目的や影響力がより明確になり、社内外のステークホルダーが常にそのデータを利用することができます。業績開示もその1つです。財務情報だけではなく、ESGやCSR、持続可能性など、私たちがどのような成果を上げているのか、どのような違いを生み出しているのかについてあらゆるデータを集め、統合的な観点を提供できます。

同様に、よりよい戦略を選択するためにデータを活用することもでき、うまく遂行能力を統合してリアルタイム・データを得るために活用することもできると考えています。

ある意味、デジタルは、企業のさまざまな側面に関する情報をリアルタイムにリーダーに提供することで、より強いアラインを支援することができると思います。

しかし、それでもなお、デジタルはリーダーを支援する道具にすぎません。それが基本的なポイントです。デジタルはそれ自体が目的ではありません。デジタルは目的を果たすもので、私にとってその目的とは、最終的にリーダーの意思決定をサポートすることです。

デジタルがプラットフォームやエコシステムを基盤としたビジネスモデルを可能に

池上　トレバー先生は、デジタルはリーダーシップへの支援を行い、またリーダーシップや組織にも影響を与える可能性があるとおっしゃいました。それがどのような影響を与えるかは、おそらく状況によって異なると思いますが、デジタルがリーダーシップや組織に与える影響について、一般的なトレンドはあるのでしょうか。

デジタル化によって、リーダーは従業員とより密接な関係を築けるようになり、それが一般的なトレンドになると思われます。そして、そのようなリーダーは、組織をより速く変化させることができるかもしれませんし、そのスピードは変わらないかもしれません。トレバー先生はいかがお考えですか。

トレバー　私は、あなたが最初に言った状況によって異なるということが、まさにそのとおりだと思います。

また、それ以外のことについてもすべて同意します。とくに、以前よりもハイブリッドでバーチャルな環境になった今日、デジタルによって、リーダーは部下とより密接な関係を築けるようになり、組織は顧客やパートナー企業との距離を縮められるようになりました。

デジタルが将来のビジネス環境にもたらすことができる過去との最も大きな違いの1つは、これまで不可能だったプラットフォームやエコシステムを基盤としたワークモデルを可能にすることです。そのワークモデルは新しいものではありませんが、デジタルが可能にする「パートナーとの結びつき」がこれまでほとんどなかったため、これまでは困難でした。

今後は、ヒエラルキーモデルではなく、エコシステムモデルに近い組織がますます増えていくのではないでしょうか。というのも、そのエコシステムを通じて、より多くのリソース、機能、知識、イノベーションを得ることができ、また、デジタルにより、そのエコシステムが1つの影響力として集結し、力を発揮できるようになるからです。組織は、以前にはなかったデジタル技術による関係構築の手段を持つようになったため、今後ますますオープンになっていくでしょう。

しかし、依然として社内中心主義を貫く効率重視の組織でも、効率化を図るケースもあると思います。これは単に、そのような組織であっても、より多くの情報を自由に活用できるようになるため、よりよい資源配分の決定をリアルタイムかつ迅速に行うことができるからです。

まさにデジタル革命そのものです。デジタルは、企業が持つ潜在能力を可能な限り発揮できるベストな状況に引き上げるためのツールなのです。

池上　わかりました、とても興味深い話ですね。

組織が外部のエコシステムに対してオープンになり、それがリーダーシップのタイプに影響を与えるかもしれないとおっしゃいましたが、このような循環が起こる可能性があるのでしょうか。

トレバー　はい。そのとおりです。

池上　同時に、組織がどのようにマネジメントされ、どのように影響を及ぼされるかは状況によって異なると思います。

かなり表面的なレベルにおいて私たちが最近直面していることは、コロナ禍が始まった後にZoomなどのウェブ会議システムを手に入れたことです。コロナ期間中は、人々はより距離を置き、オンラインでリモートワークをするようになりました。

しかし、新型コロナウイルス感染症が落ち着いてきた昨今、目の当たりにすることは、リモート化が進む企業もあれば、対面形式に戻った企業もあるということで、業界や組織、そしてリーダーシップによって選択は大きく異なっています。

トレバー　おっしゃるとおりですね。ハイブリッドワークも含め、うまく管理できないと緊張の源になりますし、うまく管理すれば競争優位の源になると思います。繰り返しになりますが、だからこそ、この話は「リーダーシップの質」に戻ってくるのだと思います。

日本の読者に対するメッセージ

池上　トレバー先生、本日は本当にありがとうございました。最後に、日本の読者にメッセージをお願いします。

トレバー　私は2002年から仕事で日本を訪れており、日本との関わりはおよそ20年にもなります。事業環境としてだけでなくイノベーションの源泉として、日本に深くコミットしています。これまで50回ほど日本を訪れ、多くのすばらしい企業や、池上先生、ほかの同僚のようなすばらしい共同研究者と一緒に仕事ができ、大変光栄です。

本書は、すべての場所のすべての人のために書かれたものですが、私は、とくに日本の読者の皆様には本書から真の価値を見出し、皆様のリーダーシップ・ジャーニーにお役立ていただけることを心から願っています。

『リアライン』の日本語化を終えて

株式会社NTTデータ経営研究所　代表取締役常務　浦野　大

オックスフォード大学サイードビジネススクールのマネジメント・プラクティス准教授であるジョナサン・トレバー博士に会うために私がオックスフォードを訪問したのは2022年9月末だった。事前にオンラインで論点のすり合わせをしたうえで訪問したものの、お互いの認識と今後の活動計画の議論に半日以上の時間を割いていただいた。

コロナ禍以前から始まっていた企業変革の波はさらに加速しており、デジタル化による情報量の増加や計算能力の発展、これまでにないエコシステムの構築、エクスペリエンスの高度化など、すべての面で過去の常識では考え及ばなかったことが実現可能となり、これらをうまく活用することが事業や組織の変革に直結し、社会や企業の発展に欠かせないことは今さらこの場で言うまでもない。

一方で、私たちは認知しやすいデジタル技術という手段を活用し、どうやって企業変革を実現するかという思考、つまり手段の目的化に陥りやすい。本来は、アカデミアにおける研究成果の積み重ねやビジネスの現場での実践により検証された理論が、デジタル技術の活用により目的実現の容易性が高まっていることに注目すべきである。

ジョナサン・トレバー博士の理論である、SAF（The Strategic Alignment Framework）は、それぞれが個別の理論として研究されてきた、企業パーパス、事業戦略、組織ケイパビリティ、組織アーキテクチャー、マネジメント論、リーダーシップ論が、2軸で表した4象限マトリクス上で、異なる事業環境に対応した形で見事に整理されている。本書では、事業環境の違いに合わせて経営の仕方が異なるという前提に立ち、事業環境別に事業戦略、組織ケイパビリティ、組織アーキテクチャー、マネジメントシステム、リーダーシップのアラインの重要性を実際のケースを用いて説いており、企業の経営者やマネジメントの方々のみでなく、お客様の企業の変革をお手伝いするコンサルタントにとっても、非常に説得力のある指南書である。

デジタルやITを用いた変革支援の専門家であるNTTデータ経営研究所がジョナサン・トレバー博士の理論を学び、その内容を環境変化への対応に苦心されている日本の経営者やリーダーの皆様、お客様企業の変革を支援するコンサルタントの方々にお届けしたいという強い動機から日本語版発刊のお手伝いをするに至った。

まずは、早稲田大学ビジネススクールの池上重輔教授に深くお礼申し上げる。以前から研究活動を通してジョナサン・トレバー博士との深い信頼関係を構築されている池上教授に本書の監訳をいただけたことは、非常に心強かった。加えて、特別インタビューでも当社コンサルタントへのご指導や議論のリードをいただいた。

本書は、本編部分に関しては、英語翻訳者の安藤貴子氏が翻訳し、専門用語などについてNTTデータ経営研究所のRe:Align研究チームがチェックさせていただいた。事業戦略や組織論の専門用語が多用されている原書を、わかりやすく日本語に翻訳いただいた同氏にも、この場を借りてお礼申し上げたい。

日本語版オリジナルの特別インタビューについては、企画および英語での実施から日本語への翻訳までを当社のRe:Align研究チームが担った。チームは、当社のコンサルタントである加藤賢哉パートナー、岩澤信一郎、坂本新太郎、Ganmurun Munkhbaatar、馬場勇介、藤岡春らを実働メンバーとし、日々のタフなプロジェクトアサインメントの合間を縫って、日本の読者に向けたビジネス書としてよりわかりやすくお届けするための専門用語の日本語化統一、本編全体の推敲などにも尽力した。

また、日本語版『リアライン』の発刊に当たっては、NTTデータ経営研究所のグローバルビジネス部門ヘッドの石塚昭浩がジョナサン・トレバー博士や池上教授との調整や本出版プロジェクトの全体統制をリードした。

最後に、東洋経済新報社の向笠公威氏にも、イギリスの出版社との調整や日本語版発刊に当たってさまざまなアドバイスをいただき、この場でお礼を申し上げたい。
『リアライン』の日本語版が、経営者およびマネジメント層の皆様にとって今後の企業経営の舵取りの一助になれば幸いである。

NTTデータ経営研究所 Re:Align研究チーム

浦野　大　代表取締役常務
石塚　昭浩　取締役　グローバルビジネス推進センター長
加藤　賢哉　執行役員／パートナー　ビジネスストラテジーコンサルティングユニット ユニット長（兼）クロスインダストリーファイナンスコンサルティングユニット ユニット長
岩澤　信一郎　マネージャー　ビジネスストラテジーコンサルティングユニット
坂本　新太郎　マネージャー　ビジネスストラテジーコンサルティングユニット
Ganmurun Munkhbaatar　マネージャー　ビジネスストラテジーコンサルティングユニット
馬場　勇介　マネージャー　クロスインダストリーファイナンスコンサルティングユニット
藤岡　春　マネージャー　クロスインダストリーファイナンスコンサルティングユニット

監訳者　あとがき

組織のパーパスと戦略と組織とが整合していないとうまくいかないことを知っている人は多いが、自分の所属する組織では何がどの程度整合しているのかを把握できている人も、どうすればそれらをうまく整合させられるのかを具体的に知っている人も極めて少ない。思ったような発展が実現できていない日本企業が少なくないが、戦略に問題がある場合もあれば組織に問題がある場合もある。イノベーションが問題だという声もよく聞くが、実はイノベーション自体は社内に存在していても、戦略や組織の整合性が取れていないので、イノベーションを活用し発展させることができていない場合が少なくない。

ジョナサン・トレバー博士によるこの『リアライン』は、こうした問題に対する明確な処方箋を示してくれている。私自身も、経営コンサルティング会社、消費財と産業財のメーカー、ネットビジネスの経営、新興企業への投資などのさまざまな仕事を経験した中で、戦略と組織をいかに成功させるかという問題は常に主要な課題であった。実務を経てビジネススクールの教員となり、１００社を超えるさまざまな企業の経営幹部と語り、また経営者育成に携わってきた中で、私自身は主に戦略の構築を中心に議論をしてきたが、その戦略を実行する組織とどのように整合性を取っていくかということはやはり課題でありつづけた。戦略が組織に従うのか、組織が戦略に従うのかという点に関しては、戦略と組織は相互に影響し合う関係であるということが実務家の率直な実感であろう。

この本はいくつかのすばらしい特徴がある。特徴の1つ目は、通常は個別に語られることの多いパーパス、事業戦略、組織ケイパビリティ、組織アーキテクチャー、経営管理システムを企業内バリューチェーンという包括的なフレームワークの中に組み込んで語っていることである。自社の動きの足並みが何かそろっていないという違和感を持つ人は、本書によってなぜ自社の経営がスムーズに回っていないか、どのようにアプローチするべきかのヒントが見えてくるだろう。とくに、組織に関する要素を組織ケイパビリティ、組織アーキテクチャー、経営管理システムの3つに区分けして扱いやすくしてくれている点は極めて実務的だと思う。自社組織の強みとなる資源は何かを語ることは多いが、思い描く戦略を実行するための組織ケイパビリティはどのようなもので、現状と必要な組織ケイパビリティのギャップは何かが語られることは意外に少ない。昨今、伝統的な階層型のピラミッド組織形態は時代遅れで、自律分散型のネットワーク型の組織形態にシフトしなくてはいけないという主張をしばしば聞く。本書を通じて、実は、状況次第では階層型のピラミッド組織形態が適切である場合があることや、自律分散型のネットワーク型が合わない戦略があることが明確になるだろう。また、人事、IT、ワークプレース、財務会計、調達、業務などのシステムを担当している人は、真面目に一生懸命に仕事をしているのに、なぜ思ったような成果が出ないのか、どうすれば自分たちの仕事が会社の業績につながるのかが見えてくるだろう。

2つ目の特徴は、戦略と組織をいかに整合させればよいかを具体的に考察するための軸を提示して説明してくれている点であろう。ジョナサンは最適な戦略や組織は1つではなく、"it depends（状況によって異なる）"と繰り返し述べているが、単に状況によると言っているだけではない。彼は、どのように〝状況によるのか〟を明確に提示している。それが、「戦略的アラインフレームワーク（SAF）」である。SAFは企業内バリューチェーンにおいて組織の目標や価値観をどう連携させればよいかを説明している。SAFでは縦軸に連携性（Connectivity）と自律性（Autonomy）を、横軸に安定性（Stability）と俊敏性（Agility）を置いている。この4つの要素はどれも戦略上重要であるが、連携性と自律性はその両方において秀でることは難しいトレードオフの関係にあり、安定性と俊敏性もトレードオフの関係にある。自社がこれらのどの要素において秀でたいかによって、ポートフォリオ・インテグレーター（企業ポートフォリオの統合）、ネットワーク・エクスプロイター（ネットワークの最大活用）、エフィシェンシー・マキシマイザー（効率の徹底追求）、エンタープライジング・レスポンダー（大胆進取な環境対応）という4種類の戦略的アプローチが特定され、それぞれの戦略を実行するためにはどのような異なる組織ケイパビリティ、異なる組織アーキテクチャーや経営管理システムが必要になるかが多様な事例とともに記述されている。

3つ目の特徴は理論と実践が高度に融合している点であろう。ジョナサンは世界最高のアカデミアの1つであるオックスフォード大学のサイードビジネススクール（SBS）に在職しており、『リアライン』のSAFフレームワークの背景にはしっかりとした学術的な裏づけが存在する。一方で、ジョナサンはSBSで幹部研修の中核教員であり多くの企業幹部の育成に携わり、コンサルティングも行っているので企業経営の実態にも精通している。それゆえに、本書は豊富な事例を通じたわかりやすさと、アカデミックな裏づけが両立している。

4つ目の特徴は、アラインができている会社が何らかの理由でその整合性が崩れたときに、どのようにその整合性を再構築するかということも語っていることである。どんなにうまくいっている会社でも社外・社内の状況変化によって、必要となる戦略や必要となる組織ケイパビリティを変えなくてはいけないときがある。長らく成功を収めてきた会社が、変化に対応しきれずに凋落する例は皆さんもよく目にするのではないか。現在の日本企業の多くに必要なのはまさにこの〝リアライン〟なのではないだろうか。

5つ目の特徴は彼が日本通であるという点である。日本の財閥系グループ企業、独立系の大手製造業、総合商社、銀行などの日本を代表する企業の幹部育成を担当してきただけでなく、複数の日本人研究者と共同研究を行ってきた彼の日本企業への洞察が本書の至るところで発見できるだろう。

今の日本では〝こうすればうまくいく成功の何カ条〟のように、シンプルにするべきことを提示する本が人気である。しかし彼は、実際のビジネスで、どんな組織のどんな状況にも当てはまる成功法則はなく、パーパスと状況に合わせて最適な戦略、組織ケイパビリティ、組織アーキテクチャー、経営管理システムをどのように整合させればよいかの指針を示している。いわゆるコンティンジェンシー学派なのだが、状況に合わせて読者が自分で考えなくてはいけない本は読者への負荷は小さくない。しかし、ジョナサンがこの『リアライン』で提示するコンセプトを理解し、ＳＡＦを適切に適用することによって、真に自社に合った戦略を構築でき、その戦略の実効性は飛躍的に高まるのである。実際、私が担当してきた数多くの製造業、サービス業に対してこのアラインおよびリアラインのフレームワークを紹介し、可能な限り実際にジョナサンに講義をお願いしてきた。この講義を実際に受けた企業幹部の反応は、まさにこれが我々が求めていたものである、これまで悩みつづけてきた課題にどのように対処したらいいかの道筋が見えてきたというものであった。

ぜひ、日本の読者の皆様もこのリアラインを通じて、非連続的な変化にうまく対応してさらなる発展を遂げてほしい。

池上重輔
早稲田大学

Institutional isomorphism and collective rationality in organizational fields'. *American Sociological Review*, pp. 147–160.
173 english.jr-central.co.jp/about/punctuality.html
174 Fujiyama, T. (2018). 'Comparing railway systems in the UK and Japan from the view of their punctuality'. Daiwa Foundation Seminar, May 2018.
175 国土交通省（2017）プレスリリース。「遅延の『見える化』を開始」www.mlit.go.jp よりダウンロード。
176 www.jniosh.go.jp/en/
177 www.atlasobscura.com/articles/pointing-and-calling-japan-trains
178 Felin, T. (2016). 'When strategy walks out the door'. *MIT Sloan Management Review*, 58(1), August 2016, p. 95.
179 Hansen, M.T. & Von Oetinger, B. (2001). 'Introducing T-shaped managers. Knowledge management's next generation'. *Harvard Business Review*, 79(3), pp. 106–116.
180 www.huawei.com/uk/about-huawei
181 Tao, T., De Cremer, D. & Chunbo, W. (2016). *Huawei: Leadership, Culture, And Connectivity*. Sage Publications, California.
182 Parsons, B. (2013). 'ARM Case Study, Future of Reward Conference'. Downing College, Cambridge.
183 www.businessweekly.co.uk/news/hi-tech/15787-arm-world's-top-five-innovators
184 Ralph, A. (2021). 'Chipmaker ARM "stuck in the mud"'. *London Times*, 27 July.
185 deloitte.wsj.com/cio/2018/03/12/it-spending-from-value-preservation-to-value-creation/
186 (2017). 'Top trends in facilities management: How society, demographics and technology are changing the world of FM'. CBRE.
187 Trevor, J. (2010). 'Can Pay Be Strategic?'. In *Can Pay Be Strategic?*. pp. 168–199. Palgrave Macmillan, London.
188 McCord, P. (2014). 'How Netflix reinvented HR'. *Harvard Business Review*, 92(1), pp. 71–76.
189 Wingfield, N. (2013). 'Microsoft abolishes employee evaluation system'. *New York Times*.

159 Smircich, L. (1983). 'Concepts of culture and organizational analysis'. *Administrative Science Quarterly*, pp. 339–358.
160 Schein, E.H. (2010). *Organizational Culture and Leadership (Vol. 2)*. John Wiley & Sons.
161 Donaldson, L. (2001). *The Contingency Theory of Organizations*. Sage Publications, California.
162 Schuler, R.S. & Jackson, S.E. (1987). 'Linking competitive strategies with human resource management practices'. *Academy of Management Perspectives*, 1(3), August 1987, pp. 207–219.
163 Arthur, J.B. (1994). 'Effects of human resource systems on manufacturing performance and turnover'. *Academy of Management Journal*, 37(3), June 1994, pp. 670–687.
164 O'Reilly, C. (1989). 'Corporations, culture, and commitment: Motivation and social control in organizations'. *California Management Review*, 31(4), pp. 9–25.
165 Kang, S.C., Morris, S.S. & Snell, S.A. (2007). 'Relational archetypes, organizational learning, and value creation: Extending the human resource architecture'. *Academy of Management Review*, 32(1), January 2007, pp. 236–256.
166 Delery, J.E. & Doty, D.H. (1996). 'Modes of theorizing in strategic human resource management: Tests of universalistic, contingency, and configurational performance predictions'. *Academy of Management Journal*, 39(4), August 1996, pp. 802–835.
167 www.nytimes.com/2004/12/14/technology/oracle-to-acquire-peoplesoft-for-103-billion-ending-bitter-fight.html
168 Trevor, J. & Kotosaka, M. (2017). 'Strategic human resource management: an agenda for Japanese companies in the 21st century'. *Harvard Business Review*.
169 ケンブリッジ・ジャッジ・ビジネス・スクールでのオラクルのプレゼンテーション（2004）
170 Morris, S., Snell, S.A. & Lepak, D. (2006). 'An architectural approach to managing knowledge stocks and flows: implications for reinventing the HR function'. In *Reinventing HRM*, pp. 67–90. Routledge.
171 Trevor, J & Stiles, P. (2007). Oracle Case Study, Global Human Resource Research Alliance, Cambridge Judge Business School Working Paper Series.
172 DiMaggio, P.J. & Powell, W.W. (1983). 'The iron cage revisited:

Companies. Random House.
145 www.aboutamazon.com
146 www.brucebnews.com/2018/08/the-amazon-ecosystem-the-company-that-wants-to-sell-everything-to-everyone/
147 Thietart, R.A. & Forgues, B. (2011). 'Complexity science and organization', in *The SAGE Handbook of Complexity and Management*, Allen P., Maguire S. & McKelvey, B. (eds.). Sage, London, 2011, pp. 53–64.
148 www.bbc.co.uk/news/uk-england-northamptonshire-45124215
149 Schein, E.H. (1991). 'What Is Culture?'. In Frost, P.J., Moore, L.F., Louis, M.R., Lundberg, C.C. & Martin, J. (eds.). *Reframing Organizational Culture*. Sage Publications, California, pp. 243–253.
150 Nahapiet, J. & Ghoshal, S. (1998). 'Social capital, intellectual capital, and the organizational advantage'. *Academy of Management Review*, 23(2), pp. 242–266.
151 Nadler, D.A. and Tushman, M.L. (1980). 'A model for diagnosing organizational behavior'. *Organizational Dynamics*, 9(2), pp. 35–51.
152 Nadler, D.A. and Tushman, M.L. (1980). 'A model for diagnosing organizational behavior'. *Organizational Dynamics*, 9(2), pp. 35–51.
153 Beer, M. & Nohria, N. (2000). 'Cracking the code of change'. *HBR's 10 Must Reads: On Change Management*, 78(3), pp. 133–141.
154 Nadler, D., Tushman, M., Tushman, M.L. & Nadler, M.B. (1997). *Competing By Design: The Power of Organizational Architecture*. Oxford University Press.（デーヴィッド・A・ナドラー、マイケル・L・タッシュマン、『競争優位の組織設計』、斎藤彰悟監訳、平野和子訳、春秋社、1999 年）
155 Barney, J.B. (2001). 'Resource-based theories of competitive advantage: A ten-year retrospective on the resource-based view'. *Journal of Management*, 27(6), December 2001, pp. 643–650.
156 Barney, J. (1991). 'Firm resources and sustained competitive advantage', *Journal of Management*, 17(1), March 1991, pp. 99–120.
157 Dess, G.G. & Picken, J.C. (1999). *Beyond Productivity: How Leading Companies Achieve Superior Performance by Leveraging their Human Capital*. American Management Association.
158 Lepak, D.P. & Snell, S.A. (1999). 'The human resource architecture: Toward a theory of human capital allocation and development'. *Academy of Management Review*, 24(1), pp. 31–48.

corporation'. *Harvard Business Review*, May–June 1990, pp. 79–91.
129 Kang, S.C., Morris, S.S. & Snell, S.A. (2007). 'Relational archetypes, organizational learning, and value creation: Extending the human resource architecture'. *Academy of Management Review*, 32(1), pp. 236–256.
130 Hindo, B. (2007). 'At 3M, a Struggle Between Creativity and Efficiency'. *Business Week*.
131 Nahapiet, J. & Ghoshal, S. (1998). 'Social capital, intellectual capital, and the organizational advantage'. *The Academy of Management Review*, 23(2), April 1998, pp. 242–266.
132 https://blog.ongig.com/job-titles/c-level-titles/
133 www.mckinsey.com/business-functions/organization/our-insights/building-capabilities-for-performance
134 Delery, J.E. & Doty, D.H. (1996). 'Modes of theorizing in strategic human resource management: Tests of universalistic, contingency, and configurational performance predictions'. *The Academy of Management Journal*, 39(4), pp. 802–835.
135 Powell, W.W. & DiMaggio, P.J. (eds.). (1991). *The New Institutionalism in Organizational Analysis*. University of Chicago Press.
136 Hamel, G. & Prahalad, C.K. (1990). 'The core competence of the corporation'. *Harvard Business Review*, 68(3), May–June 1990, pp. 79–91.
137 Prahalad, C.K. (1993). 'The role of core competencies in the corporation'. *Research-Technology Management*, 36(6) 1993, pp. 40–47.
138 Grant, R.M. (1999). 'The resource-based theory of competitive advantage: Implications for strategy formulation'. *Knowledge and Strategy*, April 1999, pp. 3–23.
139 Horowitz, B. (2003). 'It's Back to Basics for McDonald's'. *USA Today*, 2003.
140 Taneja, H. (2018). 'The End of Scale'. *MIT Sloan Management Review*, 59(3), Spring 2018, pp. 67–72.
141 Burton, D & DeLong, T. (2000). 'Morgan Stanley: Becoming a "One-Firm Firm"'. Harvard Business School, Case Study 9-400-043, May 2000.
142 www.morganstanley.com/about-us-governance/businesssegments
143 Davis, S. & Lawrence, P. (1978). 'Problems of Matrix Organizations'. *Harvard Business Review*, May 1978.
144 Collins, J. & Porras, J.I. (2005). *Built to Last: Successful Habits of Visionary*

Successfully Harness the Power of Partners'. *California Management Review*, 55(1), pp. 24–46.
115 Heckscher, C., Heckscher, C. & Donnellon, A. (eds.). (1994). 'Defining the Post-Bureaucratic Type'. *The Post-Bureaucratic Organization: New Perspectives on Organizational Change*. Sage, Thousand Oaks.
116 Prahalad, C.K. & Ramaswamy, V. (2000). 'Co-opting customer competence'. *Harvard Business Review*, 78(1), pp. 79–90.
117 www.rolls-royce.com/products-and-services.aspx
118 Trevor, J. & Stiles, P. (2007). 'GHRRA Case Study Report, Rolls-Royce Plc'. Cambridge University.
119 www.economist.com/node/18073351
120 Rogoway, T. (2020). 'Northrop Grumman's Plan to Replace the MQ-9 Reaper with Stealthy Autonomous Drones'. *The Warzone, The Drive*: www.thedrive.com/the-war-zone/37498/northrop-grummans-plan-to-replace-the-mq-9-reaper-with-stealthy-autonomous-drones
121 Adner, R. (2013). *The Wide Lens: What Successful Innovators See That Others Miss*. Penguin.
122 Donaldson, L. (2001). *The Contingency Theory of Organizations*. Sage Publications, California.
123 Goold, M., Campbell, A. & Luchs, K. (1993). 'Strategies and styles revisited: Strategic planning and financial control'. *Long Range Planning*, 26(5), pp. 49–60.
124 Schneider, M. & Somers, M. (2006). 'Organizations as complex adaptive systems: Implications of complexity theory for leadership research'. *The Leadership Quarterly*, 17(4), pp. 351–365.
125 Raisch, S., Birkinshaw, J., Probst, G. & Tushman, M.L. (2009). 'Organizational Ambidexterity: Balancing exploitation and exploration for sustained performance'. *Organization Science*, 20(4), July–August 2009, pp. 685–695.
126 Aversa, P., Furnari, S. & Haefliger, S. (2015). 'Business model configurations and performance: A qualitative comparative analysis in Formula One racing, 2005–2013'. *Industrial and Corporate Change*, 24(3), June 2015, pp. 655–676.
127 'Why General Electric Is Struggling'. *The Economist*, 30 November 2017.
128 Prahalad, C.K. & Hamel, G. (1990). 'The core competence of the

competency models: Does one size fit all', *ACA Journal*, 5(1), January 1996, pp. 56–65.
97 Roche, W.K. (1991). 'Trust dynamics and organizational integration: The micro-sociology of Alan Fox', *The British Journal of Sociology*, 42(1), March 1991, pp. 95–113.
98 White, A. (2016). 'Lessons from Companies that Put Purpose Ahead of Short-term Profits'. *Harvard Business Review*, pp. 56–65.
99 www.telegraph.co.uk/technology/2021/07/15/revolut-becomes-valuable-british-fintech-company/
100 www.businessinsider.com/facebook-actually-paid-3-billion-for-oculus-vr-2017-1?r=US&IR=T
101 www.telegraph.co.uk/technology/2019/02/25/microsoft-betting-augmented-reality-future-workplace/
102 www.bbc.co.uk/news/business-47336304
103 www.statista.com/statistics/301735/tomato-ketchup-usage-frequency-in-the-uk/
104 Porter, M.E. & Advantage, C. (1985). 'Creating and sustaining superior performance'. *Competitive Advantage*, 167, pp. 167–206.
105 Porter, M.E. (1997). 'Competitive strategy', *Measuring Business Excellence*, 1(2), 1997, pp. 12–17.
106 www.ibm.com
107 Sky News, 'Perfect storm for retailers', March 2018.
108 www.coutts.com
109 Kaplan, R.S. & Norton, D.P. (2006). *Alignment: Using the Balanced Scorecard to Create Corporate Synergies*. Harvard Business Press.
110 Cooper, R.G., Edgett, S.J. & Kleinschmidt, E.J. (1999). 'New product portfolio management: Practices and performance'. *Journal of Product Innovation Management*, 16(4), July 1999, pp. 333–351.
111 uk.reuters.com/article/uk-byd-results/chinas-byd-expects-2018-profit-to-fall-by-a-third-as-competition-rises-idUKKCN1N31MK?utm
112 www.economist.com/node/18441175
113 Cohen, W.M. & Levinthal, D.A. (1990). 'Absorptive capacity: A new perspective on learning and innovation'. *Administrative Science Quarterly*, March 1990, pp. 128–152.
114 Williamson, P. J. & De Meyer, A., 2012, 'Ecosystem Advantage: How to

Harvard Business Review, 94(5), May 2016, pp. 40–50.

80 Winter, R. 'Mass customization and beyond — evolution of customer centricity in financial services'. In Rautenstrauch, C., Seelmann-Eggebert, R. & Turowski, K. (eds.). *Moving into Mass Customization*, pp. 197–213. Springer, Berlin/Heidelberg.

81 Wright, S. (ed). (2014). *Competitive Intelligence, Analysis and Strategy: Creating Organizational Agility*. Routledge, Abingdon.

82 Jarillo, J.C. (2013). *Strategic Networks: Creating the Borderless Organization*. Routledge, Abingdon.

83 Landsberg, M. (2003). *The Tools of Leadership: Vision, Inspiration, Momentum*. Profile Books.

84 Leider, R.J. (2015). *The Power of Purpose: Creating Meaning in Your Life and Work*. Berrett-Koehler Publishers.

85 White, A. (2016). 'Lessons from Companies That Put Purpose Ahead of Short-Term Profits', *Harvard Business Review*, June 2016.

86 Collins, J. & Porras, J.I. (2005). *Built to Last: Successful Habits of Visionary Companies*. Random House.

87 https://thewaltdisneycompany.com/about/#our-businesses

88 'How Disney Encourages Employees to Deliver Exceptional': hbr.org/sponsored/2018/02/how-disney-encourages-employees-to-deliver-exceptional-customer-service

89 Herbert, F. (1969). *Dune Messiah (Vol. 2)*. Hodder, London.（フランク・ハーバート、『デューン　砂漠の救世主』、矢野徹訳、早川書房、1973 年）

90 www.wholefoodsmarket.com/our-mission-values

91 www.cnbc.com/2018/06/15/a-year-after-amazon-announced-whole-foods-deal-heres-where-we-stand.html

92 Kular, S., Gatenby, M., Rees, C., Soane, E. & Truss, K. (2008). 'Employee engagement: A literature review'.

93 www.nytimes.com/2014/06/01/opinion/sunday/why-you-hate-work.html?_r=1

94 news.gallup.com/reports/189830/e.aspx?utm_source=gbj&utm_medium=copy&utm_campaign=20160830-gbj

95 www.forbes.com/sites/simonmainwaring/2013/07/16/marketing-3-0-will-be-won-by-purpose-driven-social-brands-infographic/#418f50751886

96 Zingheim, P.K., Ledford, G.L. & Schuster, J.R. (1996). 'Competencies and

Penguin UK.（ネイト・シルバー、『シグナル&ノイズ 天才データアナリストの「予測学」』、西内啓解説、川添節子訳、日経 BP 社、2013 年）
60 www.bbc.co.uk/news/business-51499776
61 www.economist.com/podcasts/2021/02/17/hard-reboot-can-intels-new-boss-turn-the-chipmaker-around
62 www.bbc.co.uk/news/technology-53142989
63 www.ft.com/content/51f63b07-aeb8-4961-9ce9-c1f7a4e326f0
64 www.bbc.co.uk/news/business-52462660
65 www.bbc.co.uk/news/business-53605691
66 www.bbc.co.uk/news/business-56020650
67 Campbell, P., (2021), 'Jaguar Land Rover lays out electric plans in radical overhaul', Financial Times, February 2021: https://www.ft.com/content/4a7f386b-121b-450e-936c-e7935daab089
68 Donaldson, L. (2001). *The Contingency Theory of Organizations.* Sage Publications, California.
69 Paauwe, J. & Boselie, P. (2005). '"Best practices ... in spite of performance": Just a matter of imitation?', *The International Journal of Human Resource Management 16*(6), June 2005, pp. 987–1003.
70 Trevor, J. (2016). 'Future Work: Changes, Choices and Consequences'. *European Business Review.*
71 Hamel, G. & Zanini, M. (2018). 'The end of bureaucracy'. *Harvard Business Review*, 96(6), pp. 50–59.
72 Heckscher, C. & Donnellon, A. (1994). *The Post-Bureaucratic Organization: New Perspectives on Organizational Change.* Sage Publications, California.
73 Chesbrough, H., Vanhaverbeke, W. & West, J. (eds.). (2006). *Open Innovation: Researching a New Paradigm.* Oxford University Press on Demand.
74 www.pgconnectdevelop.com
75 www.fastcompany.com/3003448/when-co-creation-becomes-beating-heart-marketing-companies-win
76 Facebook Briefing (2018): https://newsroom.fb.come/company-info/
77 Taneja, H. (2019). 'The era of "move fast and break things" is over'. *Harvard Business Review* (21).
78 Reeves, M., Wesselink, E. & Whitaker, K. (2020). 'The End of Bureaucracy Again?', *Boston Consulting Group*, July 2020.
79 Rigby, D.K., Sutherland, J. & Takeuchi, H. (2016). 'Embracing agile',

Management: An Entrepreneur's Guidebook. McGraw-Hill, Irwin.
40 www.bbc.co.uk/news/business-56022908
41 www.bbc.co.uk/news/business-46424830
42 www.ft.com/content/340501e2-e0cd-4ea5-b388-9af0d9a74ce2
43 www.ft.com/content/b229250d-5d9e-4bb1-bb91-e57888233a98
44 www.foxconn.com/en-us/press-center/press-releases/latest-news/456
45 Ewenstein, B., Smith, W. & Sologar, A. (2015). 'Changing change management'. *McKinsey Digital*, pp. 1–4.
46 Handy, C. (2016). *The Second Curve: Thoughts on Reinventing Society*. Random House.
47 Aguilar, F.J. (1967). *Scanning the Business Environment*. New York: Macmillan.
48 www.bbc.co.uk/news/world-57368247
49 Christensen, C., Raynor, M.E. & McDonald, R. (2013). 'Disruptive innovation'. *Harvard Business Review*.
50 Panel Article. (2020). '15 Technologies That Will Disrupt the Industry in the Next Five Years'. *Forbes*.
51 Purdy, C. (2020). *Billion Dollar Burger: Inside Big Tech's Race for the Future of Food*. Penguin.
52 Estabrook, B. (2020). '"Billion Dollar Burger" Review: Wherefrom the Beef?'. *Wall Street Journal*, 8 June 2020.
53 Browne, A. (2021). 'Golden Nuggets: The Fake Meat Revolution Is on Its Way'. *The Spectator*, June 2021.
54 *Meat Global Industry Almanac* 2015–2024.
55 Dent, D. (2020). 'The Meat Industry Is Unsustainable'. IDTechEx Research Article.
56 Gratton, L. (2021). 'How to Do Hybrid Right: When designing flexible work arrangements, focus on individual human concerns, not just institutional ones'. *Harvard Business Review*, May–June 2021.
57 Smith, J.H. (1998). 'The enduring legacy of Elton Mayo'. *Human Relations*, 51(3), pp. 221–249.
58 www.forbes.com/sites/jackkelly/2021/04/01/google-wants-workers-to-return-to-the-office-ahead-of-schedule-this-looks-like-a-blow-to-the-remote-work-trend/
59 Silver, N. (2012). *The Signal and the Noise: The Art and Science of Prediction*.

20 Thompson, E.P. (1967). 'Time, work-discipline, and industrial capitalism'. *Past & Present*, (38), pp. 56–97.

21 Simon, H.A. (1990). 'Bounded rationality'. *Utility and Probability*, pp. 15–18. Palgrave Macmillan, London.

22 Varcoe, B. & Trevor, J. (2017). 'Leading the Aligned Enterprise'. *Developing Leaders Quarterly* (26), pp. 35–40.

23 www.home.barclays/content/dam/barclayspublic/documents/news/471-392-250413-salz-response.pdf

24 www.ft.com/content/0bc94580-7466-11e8-b6ad-3823e4384287

25 www.gallup.com/workplace/321032/employee-engagement-meta-analysis-brief.aspx

26 Hope, J. & Fraser, R. (2001). 'Beyond Budgeting: Questions and answers'. *CAM-I, BBRT, Dorset*, pp. 1–28.

27 Ferlie, E., Fitzgerald, L., McGivern, G., Dopson, S. & Bennett, C. (2011). 'Public policy networks and "wicked problems": A nascent solution?'. *Public Administration*, 89(2), pp. 307–324.

28 www.bbc.com/worklife/article/20200608-what-is-the-competency-trap?ocid=ww.social.link.linkedin

29 www.cnbc.com/2021/06/24/microsoft-closes-above-2-trillion-market-cap-for-the-first-time.html

30 www.forbes.com/companies/xerox/

31 Heracleous, Loizos Th., Papachroni, A., Andriopoulos, C. & Gotsi, M. (2017). 'Structural ambidexterity and competency traps: Insights from Xerox PARC'. *Technological Forecasting and Social Change* (117), pp. 327–338.

32 www.bbc.co.uk/news/business-56937428

33 www.bbc.co.uk/news/business-56910255

34 www.bbc.co.uk/news/business-54112461

35 Picoult, J. (2021), 'Peloton's Predicament: What to Do When Demand Outstrips Supply'. *Forbes*, January 2021.

36 www.oag.com/coronavirus-airline-schedules-data

37 www.airport-technology.com/news/all-nippon-trial-commonpass-digital/

38 Darwin, C. (1909). *The Origin of Species*（チャールズ・ダーウィン、『種の起源』、渡辺政隆訳、光文社、2009年), pp. 95–96. New York: PF Collier & Son.

39 Megginson, W.L., Byrd, M.J. & Megginson, L.C. (2000). *Small Business*

参考文献

1 Trevor, J. & Varcoe, B. (2016). 'A Simple Way to Test Your Company's Strategic Alignment'. *Harvard Business Review*. 16 May. Harvard Business School Publishing.

2 Trevor, J. & Varcoe, B. (2017). 'How aligned is your organization?'. *Harvard Business Review*. 7 February. Harvard Business School Publishing.

3 Trevor, J. (2020). 'How to align your organization in times of change'. Oxford Answers: www.sbs.ox.ac.uk/oxford-answers/how-align-your-organization-times-change

4 Gallup (2020). 'Align Your Purpose, Brand and Culture for a Winning Employee Experience': www.gallup.com/workplace/242240/employee-experience-perspective-paper.aspx

5 Lawrence, P.R. & Lorsch, J.W. (1967). 'Differentiation and integration in complex organizations'. *Administrative Science Quarterly*, pp. 1–47.

6 Trevor, J. (2013). 'From New Pay to the *New*, New Pay?' *WorldatWork Journal*, 22(1): pp. 19–28.

7 www.macrotrends.net/stocks/charts/MCD/mcdonalds/revenue

8 www.businessinsider.com/amazing-facts-mcdonalds-2010-12?r=US&IR=T

9 Sponsorship Research International (2014).

10 www.arm.com/company/arm-30-anniversary

11 www.arm.com/why-arm/partner-ecosystem

12 Williamson, P.J. & De Meyer, A. (2012). 'Ecosystem advantage: How to successfully harness the power of partners'. *California Management Review*, 55(1), pp. 24–46.

13 Trevor, J. & Williamson, P. (2019). 'How to Design an Ambidextrous Organization'. *European Business Review*, March–April, pp. 34–43.

14 www.bbc.co.uk/news/technology-54142567

15 www.reuters.com/article/us-arm-holdings-m-a-nvidia-elon-musk-idUKKBN2FU02N

16 www.arm.com/blogs/blueprint/arm-30-years

17 Project Management Institute. (2017). 9th Global Project Management Survey.

18 Economist Intelligence Unit. (2017). 'Closing the Gap: Designing and Delivering a Strategy That Works'.

19 Sharp, B. (1991). 'Competitive marketing strategy: Porter revisited'. *Marketing Intelligence & Planning*.

ま行

や行・ら行

た行

な行

は行

さ行

索引

英数

あ行

か行

【著者紹介】
ジョナサン・トレバー博士　Dr. Jonathan Trevor
戦略と組織をテーマに研究を行うかたわら、執筆、講演、授業をこなし、企業顧問としても活躍する。オックスフォード大学サイードビジネススクール、マネジメント・プラクティス准教授で、『ハーバード・ビジネス・レビュー』『MITスローン・マネジメント・レビュー』をはじめ、一流雑誌に定期的に論文を発表。また、日本を含む世界各国のさまざまなセクターの経営幹部チームに助言を行い、目的に適した組織改革に力を貸している。ケンブリッジ大学で経営学の博士号を取得。マサチューセッツ工科大学で客員研究員を務めた。

リアライン

ディスラプションを超える戦略と組織の再構築

2023年9月5日発行

著　者――ジョナサン・トレバー
訳　者――安藤貴子／NTTデータ経営研究所Re:Align研究チーム
監訳者――池上重輔
発行者――田北浩章
発行所――東洋経済新報社
〒103-8345　東京都中央区日本橋本石町1-2-1
電話＝東洋経済コールセンター　03(6386)1040
https://toyokeizai.net/

DTP……………………アイランドコレクション
装丁・本文デザイン……細山田デザイン事務所
印刷・製本……………中央精版印刷
Printed in Japan　ISBN 978-4-492-96221-3